WEIN ENTDECKEN

MIT JOANNA SIMON

WEIN ENTDECKEN

MIT JOANNA SIMON

DEUTSCH VON WOLFGANG KISSEL

HALLWAG VERLAG BERN UND STUTTGART

Für Robin

Die englische Originalausgabe ist 1994
unter dem Titel «Discovering Wine»
im Verlag Mitchell Beazley (Teil der
Verlagsgruppe Reed Consumer Books Ltd),
London, erschienen.

Fotos: James Johnson, Anita Corbin/John O'Grady,
Simon Wheeler
Karten: Lovell Johns
Illustrationen: Conny Jude

2. Auflage, 1995

Umschlaggestaltung: Robert Buchmüller
Satz: Jung Satzcentrum GmbH,
Lahnau-Waldgirmes
Produced by Mandarin Offset
Printed and bound in China

ISBN 3-444-10431-6

Hallwag

Inhalt

Vorwort 6

Teil 1

Jeder Schluck ein voller Genuß

Degustieren: warum und wie? 10

Perspektiven beim Servieren 22

Speisen und Wein 30

Wein richtig lagern 40

Die schwerste Frage: Wann ist der Wein genußreif? 44

Teil 2

Feine Weine und ihre Bereitung

Die Bedeutung der Traube 50

Die klassischen Weinstile und ihre Alternativen 60

Wo Wein wächst 82

Maßnahmen im Weinberg: Rebenpflege 84

Die Rolle des Kellermeisters 88

Teil 3

Feine Weine und ihre Herkunft

Frankreich 96

Deutschland 110

Italien 116

Spanien 124

Portugal 130

USA und Kanada 134

Südamerika 138

Australien 140

Neuseeland 144

Südafrika 146

Österreich und Schweiz 148

Osteuropa 150

Östliches Mittelmeer 154

Großbritannien und sonstige Länder 156

Register 158

Vorwort

Wie, noch ein Weinbuch? Ja – dieses aber, meine ich, schlägt Brücken zu wichtigen Aspekten eines so faszinierenden Themas. Es ist vernünftig, logisch, ohne überzogenen Anspruch und vor allem hilfreich und informativ.
Man kann es von Anfang bis Ende lesen und dabei sehr viel lernen, wie sehr man sich auch im Wein auszukennen glaubte. Man kann darin aber auch ausgewählte Schwerpunkte aufsuchen: praktische Tips zum Thema Degustieren, die Elsässer Weine säuberlich zusammengepackt, vernünftiger Rat zu der schwierigen Frage, wann ein Wein genußreif ist.
So erfrischend wie ein Schluck Champagner, so tief und gehaltvoll wie ein Glas Bordeaux – probieren Sie es selbst.

Michael Broadbent
Christie's London

Einleitung

Noch vor ein paar Jahrzehnten konnte sich ein Weinbuch auf die klassischen Gewächse Europas beschränken. Es gab wenig sonst, was mehr als nur lokale Bedeutung hatte. Der moderne Weinbau Kaliforniens stand noch am Anfang. Australien produzierte bis in die 1970er Jahre hinein vorwiegend gespritete Weine – der erste nennenswerte Chardonnay-Jahrgang kam nicht vor 1973 heraus. Bulgarien drängte erst ab 1980 auf die Exportmärkte. Südafrika exportierte bis in die Mitte der 1980er Jahre lediglich «Sherry». Neuseeland, ebenfalls Produzent gespriteter Weine, brachte vor den 1980er Jahren nicht genug Tischwein für größeren Export hervor. Und beim chilenischen Wein treten Fortschritte eigentlich erst seit den 1990er Jahren in Erscheinung.

Die traditionellen Weinbauländer Europas hatten zwar ihre eigene Regionalstile, aber nur die berühmten Namen aus Frankreich – Bordeaux, Burgund, Chablis, Champagner, Sauternes – und aus Deutschland – Rhein- und Moselweine – sowie Sherry, Port und vielleicht noch der ungarische Tokajer hatten in der Welt draußen einen tieferen Eindruck hinterlassen. Die meisten übrigen waren eher schlicht oder einfache Markenweine.

Natürlich gab es auch Experten, die sich im Barolo Italiens und im Rioja Spaniens auskannten und die besseren von der Masse (von der es vor zwei Jahrzehnten noch viel mehr gab als heute) zu unterscheiden wußten – solche Weine aber galten nicht allenthalben als «Klassiker». Auf den Weinkarten der Restaurants hatten sie keinen bevorzugten Platz; die Fachgeschäfte rückten sie nicht in den Vordergrund; in privaten Weinkellern fanden sie nur selten Aufnahme; bei Auktionen wechselten sie nicht zu hohen Preisen den Besitzer, und – der entscheidende Aspekt im modernen Weinbau – sie wurden nicht von den neuen Weinerzeugern in Amerika, Australasien und Südafrika (die ich in diesem Buch der Einfachheit halber unter dem Begriff Neue Welt zusammenfasse) imitiert. Den Beginn einer ganz neuen Ära in der Geschichte des Weinbaus – einer Ära des Wandels in vorher nie dagewesenem Tempo – bezeichnet eigentlich der Aufbruch, der in den 1960er Jahren in Kalifornien einsetzte.

Dem Weinfreund, der in den 1990er Jahren vor Regalen voller Wein steht, wird dieser Wandel am deutlichsten durch das Gewicht, das heute auf die Traubensorten gelegt wird. Noch vor 25 Jahren hatten nur wenige je etwas von Chardonnay – geschweige denn von Sauvignon Blanc, Cabernet Sauvignon und Merlot – gehört oder konnten sagen, in welchen klassischen Weinen sie eine Rolle spielten. Heute kommen Weine mit der Bezeichnung Chardonnay aus allen Gegenden der Alten wie der Neuen Welt. Bedeutsamer ist, daß das Interesse an den Rebsorten nun einen Schritt weiter geht. Ungewöhnliche, nur Fachleuten bekannte oder ganz und gar ausgefallene Trauben, die noch vor kurzem unter einer Flutwelle von Chardonnay und Cabernet unterzugehen schienen, werden nun wiederbelebt.

Doch die Betonung der Rebsorten ist keineswegs der einzige Wandel, der sich im Weinbau vollzogen hat, und auch nicht der wichtigste. Grundlegende Bedeutung kommt der Verbesserung in Qualität und Zuverlässigkeit zu, die der Wein auf allen Ebenen – und insbesondere auf der untersten – erlebt hat. Einfachste Weine, die man früher kaum trinken konnte, ohne es am nächsten Morgen zu bereuen, mögen heute zwar auch noch immer billig sein, sind aber doch höchst süffig und auf keinen Fall mehr wirklich gräßlich. Andernfalls ist eher ein schlechter Korken oder ungeeignete Aufbewahrung daran schuld. Die Auswahl an guten Weinen ist so groß geworden, daß die dürftigen, die es sicher auch noch gibt, kaum eine Chance haben, über die Grenzen der engeren Umgebung hinauszugelangen.

Die Verbesserungen ergaben sich aus Fortschritten in der Weinbau- und Kellertechnik – und diese wiederum entstanden in der Neuen Welt. Unbelastet durch Vorurteile und das Beharrungsvermögen älterer Generationen gingen die dortigen Erzeuger auf Reisen, fragten, studierten und wendeten dann die erworbenen Kenntnisse in modernsten Anlagen an. In kürzester Zeit traten ihre Weine sodann mit Spitzenprodukten der Alten Welt in Wettbewerb. Nun waren alle Spieße umgedreht: Die Alte Welt hatte von der Neuen zu lernen. Nach und nach (oft zähneknirschend) begannen die Weinerzeuger im traditionsreichen Europa von denselben kalifornischen, australischen und neuseeländischen Kellermeistern, die ursprünglich nach Europa gekommen waren, um vom «alten Regime» zu lernen, Lehren aufzunehmen und anzuwenden.

Aber der Wein von heute ist nicht nur besser, er ist auch anders. Nur wenige Weine aus der Neuen Welt müssen erst lange reifen, und viele europäische Klassiker werden inzwischen so bereitet, daß sie früher als bisher zu genießen sind – eigentlich um mit denen aus der Neuen Welt konkurrieren zu können. Darüber hinaus trinken heute mehr Menschen zu mehr Anlässen als früher Wein. Die Freude und das Interesse am Wein ist nicht mehr allein das Privileg derer, denen bei der Geburt ein Faß Port in die Wiege gelegt wird oder denen von Kindesbeinen an Bordeaux-Verehrung eingetrichtert wird. Wein zu genießen steht heute jedem frei – und dieses Buch soll dabei den Weg weisen helfen

Jancis Robinson

Jeder Schluck ein voller Genuß

1

Wein ist zum Trinken da, nicht zum Verehren, aber der Unterschied zwischen gedankenlosem Trinken und bewußtem Genießen ist riesengroß. Wenn man weiß, wie Wein gekostet werden will, damit alle seine Nuancen zur Geltung kommen, wenn man die richtigen Serviertemperaturen, weinfreundliche Gläser und den Sinn des Dekantierens kennt, wenn man Speisen und Wein mit sicherer Hand zusammenzustellen versteht und weiß, welche Weine noch ruhen und welche morgen getrunken sein wollen, dann hat man den Schlüssel zu einem Leben voller Freude und Genuß in der Hand.

Degustieren: warum und wie?

Wer nicht gerade professioneller Weinkoster werden will, dem wird es sicherlich kaum Spaß machen, das etwas verschrobene Ritual des Degustierens durchzuspielen – zuerst einen Schluck nehmen (oder vielmehr einschlürfen), dann (eher mehr als weniger geräuschvoll) Luft hineinziehen, darauf herumkauen wie auf einem zähen Steak und schließlich alles wieder ausspucken.

Und sicherlich würde es Ihnen auch kaum Spaß machen, über jeden Wein einen ganzen (meist von Vergleichen mit Früchten und Gemüsen aller Art strotzenden) Bericht zu verfassen und dann großartig als Probiernotizen auszugeben, oder? Es sieht so nach Show aus, nicht wahr?

Und Show ist es auch, wenn man es außerhalb einer tatsächlichen Weindegustation zelebriert. Nicht nur, daß man den Wein doch nicht wieder ausspuckt, wenn man zum eigenen Vergnügen trinkt. Man braucht überhaupt kein großes Getöse um sich selbst zu machen, wenn man volleren Genuß von jedem Schluck haben will. Das ist genau der Punkt: Man kann Wein als Kulisse für eine bedeutende Handlung auffassen – sei es eine Mahlzeit, ein Gespräch oder ein gutes Buch – oder ihm die Hauptrolle übertragen. Wenn Sie auf ihn achten, lohnt er es Ihnen.

Der Mittelweg zwischen dem gedankenlosen Trinken und dem peinlich wirkenden Ritual der Profis ist einfach der richtige, auf dem man den meisten Genuß erreicht. (Was der Profi macht, tut er schließlich nicht zum eigenen Vergnügen, sondern um herauszufinden, ob ein Wein zur rechten Zeit und zum rechten Preis schönen Genuß bereiten wird.)

Um mehr Genuß aus jedem Schluck, jedem Glas und jeder Flasche zu bekommen, brauchen Sie dem Wein nur in drei Schritten ihre Aufmerksamkeit zu schenken – zuerst anschauen, dann riechen und schließlich kosten. Wenn Sie sich nun alles für die Zukunft merken wollen, dann notieren Sie Ihre Eindrücke in derselben Reihenfolge und fügen Sie am Ende noch ein allgemeines Urteil an. (Sich allein auf das Gedächtnis verlassen zu wollen, ist, wie ich fürchte, ein Fehler, insbesondere wenn Sie mehr als nur einen Wein trinken.) Schön eingebundene Kellerbücher machen sich dabei gut – vorausgesetzt, man benutzt sie entsprechend. Ich meinerseits habe es nie auf mehr als nur ein paar Eintragungen darin gebracht, sondern bin stets wieder zu meinem guten alten, freilich weit weniger glanzvollen, dafür aber immer greifbaren Notizbuch zurückgekehrt. Zuerst notiere ich das Datum, den Ort (außer wenn es daheim ist), Angaben auf dem Etikett (darüber demnächst mehr), die Bezugsquelle, den Preis und die Flaschengröße. Alles in allem sind Weinetiketten heute recht leicht zu verstehen, dennoch sind die wirklich wichtigen Details nicht immer sofort zu entdecken. Am Ende dieses Buchs soll von Etiketten noch eingehender die Rede sein; inzwischen mag der Hinweis genügen, daß man vor allem auf die Bezeichnung des Weins und den Namen des Erzeugers, die Region oder Appellation, den Jahrgang und auf Angaben über die Rebsorte oder die Art des Weins achten soll. Und nun kann der Spaß losgehen.

Aussehen

Zunächst schauen Sie sich den Wein an, am besten bei gutem Licht – jedoch nicht von Leuchtstoffröhren – und vor einem einfarbigen hellen Hintergrund (etwa einem Blatt Papier). Beim Einschenken sollten Sie das Glas nicht zu voll gießen, das ist für das Degustieren viel günstiger. Halten Sie nun das Glas am Fuß oder am Stiel, so daß es etwa im Winkel von 45° von Ihnen weg geneigt ist. Wenn Sie das Glas zu voll eingeschenkt haben, bereuen Sie es jetzt. Nun können Sie beurteilen, wie klar der Wein ist, ob in ihm kleine Bläschen oder gar Fremdkörper schweben, wie tief die Farbe ist, welche Schattierung sie hat und wie sehr sich die Farbe von der Mitte zum Rand hin verändert. (Bei Weißwein ist es übrigens nicht so wichtig, das Glas zu neigen – man kann es auch in Augenhöhe halten und durch den Wein hindurchsehen –, trotzdem gewöhnen Sie sich das mit dem geneigten Glas am besten gleich an.)

Ganz oben links: **Zuallererst gilt es zu prüfen, ob der Wein hell und klar ist. Bei Weißwein braucht man nur hindurchzuschauen.**

Links: **Um zu sehen, was die Farbe – vor allem bei Rotwein – verrät, halten Sie das Glas schräg nach hinten geneigt vor einen hellen Hintergrund, z.B. ein Blatt Papier oder ein Tischtuch, und schauen Sie auf den Flüssigkeitsspiegel.**

Oben: **Fassen Sie das Glas entweder am Stiel (oben links) oder, wenn Sie eine ruhige Hand haben, am Fuß (oben rechts). Dadurch bleibt nicht nur das Aussehen des Weins unbeeinträchtigt, Sie erwärmen ihn auch nicht mit der Hand. (Die Hände um den Kelch zu legen ist ein probates Mittel, um zu kühlen Wein rasch zu erwärmen.)**

Wein soll immer hell und klar, auf keinen Fall trüb oder verschleiert sein. Eine Trübung kann allerdings von einem aufgewirbelten Bodensatz herrühren, dann ist sie nicht schlimm. Ungünstiger wäre es, wenn sie auf eine Verschmutzung zurückgeht. Ein Bodensatz kommt bei Weißwein nicht so häufig vor wie bei Rotwein und ist immer ein Anzeichen dafür, daß der Wein gut ausgereift (wahrscheinlich mindestens sieben Jahre alt) ist und beim Abfüllen nicht allzu streng gefiltert wurde – und das spricht nur für ihn. Wie beim Rotwein (bei dem sich schon nach ein paar Jahren ein Bodensatz bilden kann), gilt es auch bei Weißwein darauf zu achten, daß der Satz in der Flasche bleibt und nicht achtlos ins Glas gekippt wird, weil er Geschmack und Aussehen beeinträchtigt. Bei Weißwein sind kleine farblose Kristalle in Glas oder Flasche lediglich harmloser Weinstein und bilden einen Hinweis darauf, daß der Wein nicht allzuviel manipuliert wurde.

Blasenbildung in stillem Wein ist unter Umständen ein Alarmzeichen und ein Hinweis auf unerwünschte Nachgärung – ein paar kleine Bläschen aber, vor allem in einem hellen, leichten Weißwein, der jung getrunken sein will, sind oft sogar Absicht: Portugiesischer Vinho Verde beispielsweise wird mit etwas Kohlensäure abgefüllt, um ihm ein frisches Prickeln auf der Zunge zu verleihen. Die unerwünschte, auf einer Nachgärung beruhende Blasenbildung dagegen erkennt man an einem Essigstich in Geruch und Geschmack.

Links: Viele süße Weine entstehen aus von Edelfäule befallenen Trauben. Dabei handelt es sich um einen Schimmelpilz, der die Beerenschalen durchlässig macht und Wasser verdunsten läßt, so daß sich Geschmacks- und Farbstoffe konzentrieren – so kommt der Sauternes zu seinem tiefen Gold.

Links: Warmes Klima verleiht Weiß- und Rotweinen tiefere Farbe als kühles Klima. Allein nach der Farbe ist der sonnengoldene australische Chardonnay mit einem aus Chablis kaum zu verwechseln.

Links: Alter und Behandlung wirken sich auf mehrere Arten in der Farbe aus: Dieser Vin de Pays aus Südfrankreich verdankt seine helle Farbe seiner Jugend, einer kühlen Gärtechnik und einer frühen Abfüllung.

Die Farbe sagt bei Weißwein nicht so viel aus wie bei Rotwein: Sie schwankt von fast farblos über einen grünen Schimmer bei Mosel oder Chablis bis tiefgolden. Bemerken Sie jedoch einen bräunlichen Anflug, dann bedeutet das, daß die Dinge nicht gut stehen. Weißwein wird (im Gegensatz zum Rotwein) im Alter dunkler, und wenn einmal braune Töne auftauchen, ist er meist stark oxidiert oder maderisiert und nimmt dann einen sherryähnlichen oder *Rancio*-Geschmack an. Allgemein läßt sich sagen, daß helle Weißweine aus kühlen, dunkelgoldene dagegen aus wärmeren Gegenden, vor allem der südlichen Hemisphäre, stammen, aber auch süße Weine mit Edelfäule (siehe Seite 92), beispielsweise aus Deutschland, und im Eichenfaß ausgebaute Weine zeigen vollere Farbe.

Beim Rotwein verrät die Farbe mehr über Alter, Qualität und Herkunft. Er wirft nämlich seine Farbe mit der Zeit ab (als Bodensatz), er wird also mit zunehmendem Alter heller, geht von Purpurrot und Rubinrot zu Ziegelrot über und wird an seinem seligen Ende braunrot. Will man sich ein Urteil über das Alter eines Rotweins bilden, dann muß man den Rand betrachten: Je heller oder bräunlicher er aussieht (und je größer die Farbabweichung zur Mitte des Glases hin erscheint), desto ausgereifter ist der Wein. Ein Rotwein guter Qualität, der noch eine Zeitlang reifen und nicht in den ersten zwei oder drei Jahren getrunken werden soll, muß von Anfang an kräftige Farbe haben, denn sie hängt eng mit dem für den Rotwein wichtigen Tanningehalt zusammen.

Rechts: **Faßreife wirkt sich bei Rotwein umgekehrt auf die Farbe aus wie bei Weißwein: Weißwein wird dunkler, während Rotwein wie dieser im Eichenfaß ausgebaute Rioja an Farbe einbüßt.**

Rechts: **Cabernet Sauvignon, der Hauptbestandteil in diesem 1983er Château Cos d'Estournel, erbringt stets dunklen Wein, nach über 10 Jahren aber hat sich die Farbe rubingranatrot gewandelt.**

Rechts: **Der 1990er Château Léoville-Las-Cases gibt sich durch seine dichte, lebhafte Purpurfarbe als ein noch junger, auf Cabernet Sauvignon beruhender Bordeaux der Spitzenklasse zu erkennen.**

Allerdings bringen bestimmte Rebsorten und Klimaverhältnisse mehr Farbe zuwege als andere. Wie beim Weißwein entsteht in wärmeren Gegenden dunklere Farbe, aber Cabernet-Sauvignon-Trauben beispielsweise dürften überall eine kräftige Färbung ergeben. Das gilt auch für Syrah (oder Shiraz) und Nebbiolo. Trotz seiner dunklen Farbe wird Nebbiolo rascher braun als andere Weine, und auch für Grenache trifft das zu. Pinot Noir dagegen ist von Natur aus heller.

Auch die Behandlung von Rotwein hat Auswirkungen auf die Farbe. Im Faß gereifte Weine büßen ihre Farbe generell stärker ein als in der Flasche gereifte: Ein typisches Beispiel hierfür ist faßgereifter Tawny Port gegenüber flaschengereiftem Vintage Port. Auch beim Rioja zeigt sich das: Obwohl die Tempranillo-Traube tiefdunkle Weine hervorbringt, sind Reservas und Gran Reservas infolge der langen Reifezeit im Eichenfaß oft ziemlich hell.

Rechts: Lassen Sie das Glas sanft kreisen, damit der Wein mit Luft in Berührung kommt und das Aroma freisetzt.

Unten: Nach dem Schwenken schauen Sie nach, ob der Wein auf der Glaswand «Beine» oder «Tränen» zieht: Sie bilden einen Hinweis auf den Alkohol- und Süßegehalt des Weins.

Schwenken

Und nun geht es ans Schwenken. Stellen Sie das Glas entweder auf den Tisch oder halten Sie es weiterhin am Stiel oder am Fuß. Dann versetzen Sie es in drehende Bewegung, so daß der Wein im Glas kreist – am besten üben sie das daheim zunächst mit Wasser, ehe Sie bei der nächsten Weinprobe ihren Nachbarn in Gefahr bringen. Der Sinn der Sache ist, den Wein intensiv mit Luft in Berührung zu bringen, damit er seine Duft- und Aromastoffe freisetzt. Bevor Sie nun aber die Nase ins Glas stecken, betrachten Sie den Wein noch einmal.

Die Art, wie der Wein an der Glaswand haftet und dann langsam hinunterläuft, verrät nämlich auch einiges. Ein Wein, der nur langsam zurückläuft und dabei Streifen oder «Beine» zieht, ist ziemlich zähflüssig und hat hohen Alkohol- und/oder Zuckergehalt. Zieht sich der Rand rasch und ungleichmäßig zurück, dann ist der Wein eventuell alt, sehr leicht und trocken, oder Ihr Glas war nicht gut gespült! (Reste vom Spülmittel oder Fusseln vom Küchentuch beeinträchtigen die Oberflächenspannung.)

Geruch

Stecken Sie jetzt die Nase ins Glas und schnuppern Sie. Dann schwenken Sie erneut und schnuppern Sie wieder. Meistens ist ein tiefer Zug günstiger als mehrfaches kurzes Schnuppern, aber machen Sie es, wie es Ihnen am besten scheint.

Das erste, was Sie bemerken, ist, daß Wein – sofern er nicht von der Muskatellertraube stammt – nicht nach Trauben riecht. Vielmehr riecht er nach Wein. Und Wein riecht nach ... ja, wenn Sie nicht befürchteten, daß es sich anhört wie Weinbuchschreiberpoesie, dann würden Sie jetzt sagen, daß er Sie an schwarze Johannisbeeren, Stachelbeeren, Gras, Vanille, Petroleum, Linoleum, Schweiß erinnert – und damit hätten Sie recht, und zwar deshalb, weil das, was Ihr Gehirn mit diesen Düften assoziiert, eben das ist, was zählt. Es wäre sinnlos zu behaupten, daß ein Wein nach Ananas, Butter und Vanille riecht, weil er Ihrer Meinung nach so riechen müßte, während er Sie in Wahrheit an alte Treppenläufer, Karton und Kohl erinnert. Sie können und sollen sich selbst und anderen nichts vormachen.

Noch aus einem anderen Grund tun Sie recht daran, auf Ihre eigenen Sinne zu vertrauen, denn so weit hergeholt auch Ihre Kennzeichnung eines Dufts erscheinen mag, Sie treffen damit vielleicht genau ins Schwarze. Wein riecht nämlich nach Erdbeeren, Bananen, schwarzen Johannisbeeren, Pfirsichen, Paprika und erstaunlich vielen anderen Dingen, weil er die gleichen flüchtigen chemischen Bestandteile wie diese enthält. Bisher hat die Wissenschaft im Wein rund 500 aromatische Komponenten ermittelt (Näheres auf der nächsten Seite), die teils aus der Traube selbst, teils aus dem Gärprozeß und dem Reifevorgang stammen.

Die vordergründigsten und fruchtigsten (die sogenannten primären) Aromen kommen aus den Trauben, insbesondere aus der Beerenhaut und dem direkt unter ihr befindlichen Fruchtfleisch. Der Gärungsprozeß bringt komplexere (sekundäre) Aromen ein, vor allem Hefe, Butter, frisch gesägtes Eichenholz und andere mit Eichenholz verwandte Nuancen wie Vanille, Gewürze und Toast. Die komplizierten, teilweise noch mysteriösen chemischen und physikalischen Veränderungen, die sich während der Reifezeit abspielen, bringen die sogenannten tertiären Aromen hervor – sie sind am subtilsten, am schwersten zu beschreiben und zu identifizieren, gewähren aber den höchsten Genuß. Bei trockenen und lieblichen Weißweinen treten sie vor allem als Honig, im Champagner (wo sie übrigens nicht von Eichenholz stammen) als Toast oder Brioche und im Riesling als Petroleum in Erscheinung. Im Rotwein sind die Aromen der Reife noch schwerer zu fassen, mit der Ausnahme, daß der Fruchtcharakter sich mildert und gute Weine einfach tiefer und voller werden (manchmal bis zu überreifer Fülle). Die sekundären und tertiären Aromen zusammen werden das «Bukett» genannt, allerdings wird dieser Begriff ziemlich locker und oft für den Duft des Weins insgesamt verwendet. Der weniger blumige, jedoch bündige Begriff «Nase» bezeichnet ebenfalls den Geruch insgesamt.

Soweit die Wissenschaft. Wie aber fügt sich das in der Praxis zusammen? Nehmen wir an, ein Wein ist in Bestform (ohne besondere Fehler und noch nicht zu alt), dann soll er stets sauber und frisch riechen und nicht schal oder gedörrt – auch wenn es bei einem etwas älteren Wein nicht mehr unbedingt die kraftvolle Frische der Jugend sein muß. Er soll auch in gewisser Weise fruchtig riechen, selbst wenn nicht alle Traubensorten ein so unverkennbares Fruchtaroma haben wie etwa Cabernet Sauvignon (schwarze Johannisbeeren) oder Gewürztraminer (Litschi); bei älteren Weinen wird die lebhafte, jugendliche Frucht durch mildere, komplexere, nicht mehr so klar umris-

Ausführlichere Beschreibungen von Weinen und Trauben finden sie im letzten Abschnitt (Seiten 94–157) und unter «Die Bedeutung der Traube» (Seiten 50–59).

Rechts: Wenn Sie Ihr Glas geschwenkt und damit den Duft freigesetzt haben, dann schnuppern Sie ihn tief und kräftig ein.

sene Fruchtaromen ersetzt – sie haben manchmal eher den Charakter von Trockenfrüchten oder herbstlichen Kompotten.

Alles in allem sollten diese Aromen ansprechen, doch insbesondere bei alten Weinen gibt es einige ehrenwerte Ausnahmen. Gut ausgereifter Burgunder beispielsweise kann nach Bauernhof und Kuhstall riechen, und andere Rotweine, insbesondere Bordeaux, erinnern oft eigentümlich an Pilze. Rotweine von der Syrah-(Shiraz-)Traube erscheinen gelegentlich lederig oder teerig, und im Hunter Valley in Australien zeigte der Shiraz oft eine kräftige Duftnote, die an verschwitzte Sättel erinnerte; heutzutage allerdings gilt dies als ein Bereitungsfehler. Bei Weißweinen kann der kräftige Benzingeschmack, den der Riesling annimmt, dem Uneingeweihten einen Schock versetzen, und in jungem Sauvignon Blanc und Müller-Thurgau behaupten Enthusiasten gelegentlich, Katzenpipi zu entdecken.

Wenn Sie also einem zwar auffälligen, aber nicht unbedingt widerwärtigen Geruch begegnen, dann ordnen Sie ihn doch einfach als Verwandten jener aufdringlichen Düfte ein, die ansonsten überaus wohlschmeckender Käse an sich hat.

Eindeutig schlechte Gerüche sind leicht zu erkennen. Ein muffiger, dumpfer, schimmeliger Geruch weist auf einen schlechten Korken hin, der den Wein unrettbar verdirbt (leider kommt dies öfters und überall in der Welt vor, etwa bei jeder 20. Flasche). Der Korkengeruch wird schlimmer, je länger der Wein im Glas und daher mit Luft in Berührung steht. Manchmal jedoch begegnen Sie einem ganz ähnlichen schalen Geruch, der aber rasch verschwindet, wenn der Wein ausgeschenkt wird. Dieser Flaschengeruch ist auf abgestandene Luft zurückzuführen, die zwischen dem Korken und dem Wein gefangen war.

Dagegen ist ein Wein, der nach Essig riecht, mit größter Sicherheit ein hoffnungsloser Fall, und dasselbe gilt für Wein, der nach billigem müdem Sherry riecht, aber Oxidation oder Maderisierung – darum handelt es sich hierbei – braucht ziemlich lange, bis sie dieses Stadium erreicht. Inzwischen kann sie Weißwein einen faden, kartonartigen Geruch und Rotwein einen gedünsteten, scharfen, an Tomatenpüree erinnernden Geruch verleihen. Ein Duft von faulen Eiern, abgebrannten Streichhölzern, verstopftem Ausguß, zu lange gekochtem altem Kohl oder verbranntem Gummi ist allerdings eher aufdringlich. Alle diese Gerüche haben Schwefel als Ursache. Manchmal verflüchtigen sie sich verblüffend rasch, wenn man den Wein beispielsweise in einen Krug gießt und kräftig darin herumschwenkt – so etwas kann man aber nur daheim machen. Im Restaurant läßt man einen solchen Wein am besten zurückgehen.

Zum Abschluß noch ein anderes Szenario: Sie stecken Ihre Nase ins Glas, atmen tief ein, aber es kommt Ihnen so gut wie nichts entgegen. Vielleicht braucht Ihre Nase nach längerem konzentriertem Schnuppern eine kleine Erholungspause. Wenn Sie aber sicher sind, Ihre Sinne voll beieinander zu haben, dann hat der Wein vielleicht gerade eine «stumpfe» Phase. Dieses Phänomen ist genauso mysteriös, wie es sich anhört. Die Wissenschaft weiß keinen Grund dafür zu nennen, aber offensichtlich machen viele gute Weine, die eine Reifezeit brauchen, nach der ersten übersprudelnden Jugend plötzlich die Luken dicht. Die Frucht zieht sich zurück, und ansonsten scheint auch nicht viel da zu sein. (Am Gaumen zeigt sich dieselbe Zurückgezogenheit: Rotweine geben nur abschreckendes Tannin und Weißweine nur Säure her, und beide verbergen sich hinter Eichenholz.) Diese unliebenswürdige Zwischenperiode beginnt oft nach zwei bis vier Jahren und zieht sich wie Gummi – vielleicht zwei, vielleicht fünf Jahre lang. Ist es Ihr eigener Wein, dann warten Sie am besten still und unverdrossen ab.

Verbindungen

Rund 500 chemische Verbindungen sind bisher im Wein gefunden worden. Viele kommen auch in Früchten, Gemüsearten und sogar in überraschend gewöhnlichen Stoffen vor. Hier nur einige Beispiele: Pyrazin verleiht Cabernet Sauvignon und Cabernet Franc das Aroma von grünem Paprika; Äthylcaprylat ist verantwortlich für das Ananasaroma im Chardonnay, Äthylacetat für das in vielen jungen Weinen (auch im Beaujolais Nouveau) vorkommende Birnenaroma, Piperonal und eines der Deltalaktone für Pfirsicharoma, ein anderes Deltalakton für Kokosnußgeruch; Terpene stehen hinter dem unverkennbaren Traubenduft von Muskateller, Jonone verleihen blumiges Aroma, Zyanhydrin-Benzaldehyd gibt Kirschenduft ab, Essigsäureisoamylester verleiht dem Pinotage Bananenduft, und durch Oxidation bestimmter Fettsäuren entstehen grasige, kräuterhafte Gerüche.

Die chemischen Verbindungen, die für den Duft – manchmal wäre ein anderer Ausdruck angebrachter – von Knoblauch, Ziegen, Kampfer, Nelken, Mäusen, Butter, Honig, Pferdeschweiß verantwortlich sind, wurden allesamt im Wein entdeckt. Ich könnte so weitermachen, aber ich nehme an, daß Sie durchaus in Ihre eigenen Interpretationen Vertrauen setzen können. Meine Aromakrippe (Seiten 20/21) soll gängige und charakteristische Düfte mit Weinen in Verbindung setzen helfen, in denen sie häufig vorkommen.

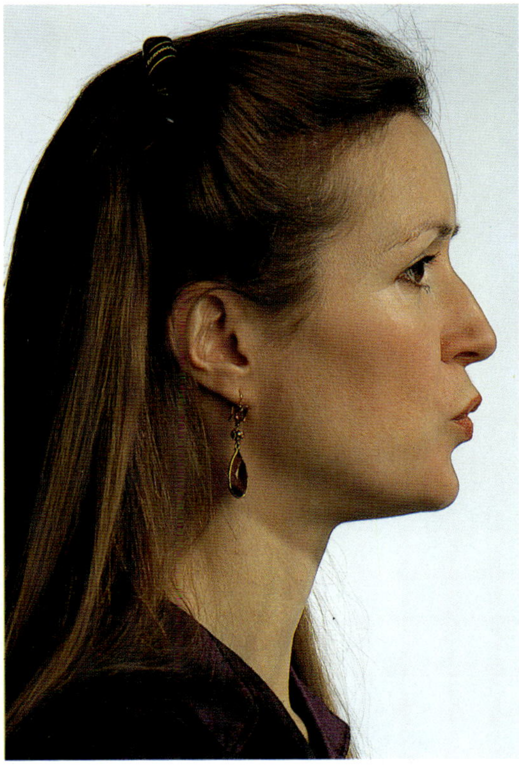

Oben: Nehmen Sie den Wein jetzt auf die Zunge – und zwar soviel, daß Sie ihn im Mund herumschwenken können, damit er alle Geschmacksknospen erreicht. Achten Sie dabei auf das Gefühl genauso wie auf den Geschmack.

Links: Nase und Mund arbeiten Hand in Hand – wenn Sie sich daher trauen, dann öffnen Sie den Mund ein wenig und schlürfen Sie etwas Luft ein, um das Aroma aus der Mundhöhle zu den Riechzellen zu transportieren.

Geschmack

Nehmen Sie nun einen Mundvoll – einen ordentlichen, aber nicht gleich den Mund so voll, daß der Schluckreflex ausgelöst wird. Kosten sie den Geschmack gründlich aus, indem Sie den Wein sanft im Mund hin und her bewegen, damit er alle Geschmacksknospen erreichen kann. Wenn Sie allein sind oder sicher sein können, daß die Anwesenden keinen Anstoß daran nehmen, dann öffnen Sie die Lippen etwas und ziehen Sie ein wenig Luft ein (o ja, das Schlürfgeräusch haben Sie jetzt gemacht). Dadurch wird der Wein wie vorhin beim Schwenken des Glases durchlüftet, und die flüchtigen Bestandteile können aus dem Mund in die Nasenhöhle aufsteigen, wo der alles entscheidende Geruchssinn sitzt. Schlucken (oder spucken) Sie erst, wenn Sie wirklich den Geschmack und das Gefühl des Weins voll ausgekostet haben. Achten Sie dann auf den Nachgeschmack, den sogenannten Abgang. Er soll angenehm sein und möglichst lange im Mund verweilen.

Als erstes erfahren Sie bei dieser Gelegenheit meist, daß Ihre Nase den richtigen Riecher hatte. Gerochen haben Sie schwarze Johannisbeeren, Zedernholz und Tabak oder Melonen, Vanille und Honig, und diese Nuancen stellen Sie nun auch im Geschmack fest. Der Mund bestätigt weitgehend das, was Geruchssinn und Gehirn Ihnen schon vorher mitgeteilt hatten. Die Intensität der Aromen kann Ihnen andere Geschmacksempfindungen zusätzlich vermitteln. Der Geschmack fördert weitere Facetten der Zusammensetzung, Qualität und des Zustands eines Weins zutage. Die Hauptrolle der Geschmacksknopsen besteht darin, den Wein «abzutasten», wobei bestimmte Geschmacksknospengruppen besondere Stärken besitzen. Die an der Zungenspitze versammelten sind besonders aufnahmefähig für Zucker, die seitlich an der Zunge sitzenden sind mehr auf sauer eingestellt, und die am Zungengrund angeordneten sind besonders empfindlich für bitter (das Wahrzeichen von Tannin, das den Mund pelzig macht wie kalter Tee). Die Geschmacksknospen registrieren auch die Adstringenz (von Tannin oder Säure), Rauheit oder Strenge (von Tannin), Geschmeidigkeit (Glyzerin) und drei weitere wichtige Aspekte des Weins – seine «Gewichtigkeit», seine Ausgewogenheit im Geschmack und seine Nachhaltigkeit, also die Länge des Nachgeschmacks.

Die Gewichtigkeit (leicht, mittelschwer und schwer) wird durch Alkohol, Glyzerin, Tannin, Zucker und alle übrigen nichtwäßrigen Bestandteile vermittelt, die zusammengenommen den sogenannten «Extraktgehalt» darstellen. Die Ausgewogenheit (die Harmonie von Süße, Säure, Tannin und Alkohol) und die Nachhaltigkeit des Geschmacks sind eher Aspekte der Qualität. Je größer ein Wein ist, desto harmonischer erscheint der Zusammenklang seiner Elemente und um so länger und intensiver bleibt der Geschmack im Mund erhalten.

Doch die Ausgewogenheit ist oft schwer zu beurteilen, vor allem bei jungen Weinen, die noch eine Weile im Keller ruhen müssen, bis sie wirklich trinkreif sind. Rotweine weisen dann zunächst eine gewisse Säure und einen Überschuß an Tannin auf. Tannin, der im Rotwein enthaltene Konservierungsstoff, schwächt sich langsam ab, während der Wein heranreift, ist an sich aber weder im Geschmack noch im Gefühl besonders angenehm. Der Experte versucht festzustellen, ob sich in dem Rotwein genügend (d.h. eine ausgewogene Menge) reife Frucht hinter dem Tannin verbirgt. Wenn der Wein voll ausgereift ist, soll das Tannin mild und nahtlos mit allen anderen Nuancen verschmolzen sein.

Im Weißwein ist Tannin viel weniger auffällig, fehlt aber keineswegs ganz; hier ist es vor allem der Säuregehalt, der bei für längere Aufbewahrung bestimmten Weißweinen kräftig sein soll. Die Wirkung des Alters besteht darin, die Säure zu mildern, ohne sie zu schwächen. Wiederum kommt es darauf an, daß ausreichend Frucht vorhanden ist, die nicht verblassen darf, ehe die Säure sich mildert. Auch bei Süßweinen ist das Säuregleichgewicht wesentlich. Fehlt es an Säure, dann erscheint die Süße klebrig.

Der Geschmack von neuem Eichenholz kann der Unausgewogenheit Tür und Tor öffnen. Eichenholz bringt außer seinem verlockenden Eigengeschmack auch Dimension und Komplexität in das Gefüge eines Weins ein, es darf aber nicht aufdringlich werden. Alter Wein mit zuviel Eichenholzaroma schmeckt ausgetrocknet wie Sägemehl und hat keine Frucht mehr. Bei einem jungen Wein muß man eventuell hinter der rauhen Eichenholzschale den fruchtigen Kern erst suchen gehen: Frucht muß aber vorhanden sein, wenn der Wein sich gut entwickeln soll.

Haben Sie schließlich den Wein geschluckt oder ausgespuckt, dann muß der zurückbleibende Geschmack unzweifelhaft sauber und angenehm, weder überwiegend sauer noch bitter erscheinen, und er soll nachhaltig sein. Bei einem schlichten, einfachen Wein verschwindet er ziemlich schnell; wenn er dagegen länger als 30 Sekunden anhält, dann haben Sie vermutlich etwas sehr Gutes im Glas.

Alles das macht vielleicht den Eindruck, daß das Degustieren eine höchst zeitaufwendige Sache sein müsse. Dem ist aber nicht so – es dauert nur ein, zwei Minuten, und es sind gut angelegte Minuten.

Zum Thema Spucken

Das Ausspucken ist eine Sache, die Sie in den Griff bekommen müssen, wenn Sie viele Weine hintereinander weg degustieren wollen. Ich weiß, es widerstrebt einem nicht nur, einen guten Wein wieder auszuspucken, sondern es ist auch nicht gerade das, was man als gute Manieren gelernt hat. Es geht aber nun einmal nicht ohne Spucken. Zum Glück ist es nicht schwierig, und nach etwas Übung im stillen Kämmerlein muß man sich weder genieren noch die Umstehenden in Mitleidenschaft ziehen. Sie können ja beispielsweise beim Zähneputzen üben, mit der Badewanne anfangen und dann zu einem Eimer übergehen. Und damit Sie es leichter haben, darf ich gleich auf einige Dinge aufmerksam machen, die entweder aus dem Weg geräumt oder doch sicher vertäut werden müssen: Krawatten, langes Haar (ich habe da so meine Erfahrungen), Anhänger, Ohrgehänge und lose Schals. Auch empfiehlt es sich, helle Kleidung und schwer zu reinigende Seide, Kaschmir, Wildlederschuhe und dergleichen zu meiden. Und denken Sie bitte auch daran, daß Sie nicht rauchen sollten. Vielleicht sind Sie ja an den Tabaksqualm so gewöhnt, daß er Ihrem Geschmackssinn nichts anhaben kann, aber Ihre Mitmenschen verfügen eventuell nicht über dieselbe Resistenz.

Oben: Spucken sieht nicht hübsch aus, aber der Spittoo, ein von Hugh Johnson kreierter kleiner Spucknapf zum Mitnehmen, kann sich sehen lassen.

Unten: Bei Degustationen ist Spucken unumgänglich, wenn man einen klaren Kopf behalten muß, aber es geht nicht darum, große Bogen zu spucken. Üben Sie lieber erst daheim, wenn Sie sich Ihrer Treffsicherheit nicht sicher sind.

Weinsprache

Die Begriffe in der folgenden Liste sind beim Degustieren gebräuchlich; ihre Bedeutung versteht sich zumeist von selbst:

Adstringierend (den Mund zusammenziehend, von Tannin)
Aggressiv (kommt bei jungem, aber auch bei älterem, jedoch nicht milder gewordenem Wein vor)
Aromatisch (mit viel Aroma und Geschmack – oft bei würzigen oder blumigen Traubensorten)
Ausgetrocknet (ein im Nachlassen befindlicher Wein, dessen Frucht verblaßt ist)
Biß (bei jungem, entwicklungsfähigem Wein mit Tannin und/oder Säure)
Blumig (in Duft und Geschmack an Blüten erinnernd)
Derb (schlichte Art – gewöhnlich preiswert)
Dicht (mit tiefer Farbe und/oder vollem Geschmack versehen)
Duftig (attraktiv, meist blumig)
Dünn (arm an Körper und Geschmack)
Dumpfig (Geruch von alten, ungepflegten Fässern)
Durchdringend (intensiv in Aroma und Geschmack)
Einfach (sauberer, süffiger Wein ohne besondere Eigenart)
Elegant (ein vielgebrauchter Begriff, der keiner Erläuterung bedarf)
Erdig (ein Duft von Erde, Mineralen und Kies, z.B. in feinem Graves und in rustikaleren Weinen)
Fad (nichtssagend, dürftig)
Fest (mit kräftigem Gehalt an Tannin und/oder Säure)
Fett (körperreich mit viel Glyzerin – manchmal auch süß)
Finesse (hohe Qualität, feine Art)
Flach (arm an Frische und Säure)
Flau (säurearm)
Fleischig (sehr vollschmeckender, körperreicher Wein, manchmal buchstäblich an Fleisch erinnernd)
Fortgeschritten (unerwartet weit entwickelt)
Frisch (lebendig und schön erfrischend – vor allem von Weißwein)
Gedörrt (wie von der Sonne ausgetrocknet – Mangel an Frische)
Gedünstet (derber, eingekochter Geschmack von überreifen Trauben und/oder zu heißer Gärung)
Geschmeidig (sanfte Art – ohne störenden Tannin- oder Säuregehalt)
Grün (jung und noch roh – kann sich noch entwickeln, vielleicht waren aber auch die Trauben unreif)
Hart (zu tannin- oder säurereich – kann sich mit der Zeit geben)
Hitzig (übermäßig alkoholstark – oft bei Weinen aus warmem Klima)
Hohl (ein Wein, der zu Anfang und am Ende gut schmeckt, in der Mitte aber enttäuscht)
Holzig (bitter in Aroma und Geschmack, von Stengeln und Stielen)
Karg (recht streng und wenig entgegenkommend – vielleicht bei zu jungem Wein)
Kräuterhaft oder krautig (an Gras, Kräuter oder Laub erinnernd)
Kurz (kein anhaltender Nachgeschmack – kein hochwertiger Wein)
Lang (Wein mit nachhaltigem Geschmack – sehr positives Merkmal)
Lebendig (frisch, säuerlich, spritzig – meist von jungem Weißwein)
Mager (Mangel an Geschmacksbreite)
Marmelade (nicht an frische, sondern an eingekochte Früchte erinnernd – bei Weinen aus warmem Klima)
Massiv (viel Substanz, körperreiche Art)
Mundig (rund, mit vollem Geschmack)
Neutral (knapp an Aroma und Geschmack – bei billigen trockenen Weinen häufig)
Ölig (manche Traubensorten, z.B. Gewürztraminer und Viognier, vermitteln im Mund ein öliges Gefühl; Sauternes hat oft füllige, leicht ölige Konsistenz; im übrigen kein Qualitätsmerkmal)
Parfümiert (starkduftig, oft blumig)
Pikant (lebendiger Nachgeschmack in Weißwein, Sherry und Madeira)
Rauh (derber, sehr schlichter Wein)
Robust (kräftig, stämmig, meist von Rotwein)
Sahnig (guter Wein, u.a. Champagner, kann eine an Rahm erinnernde Fülle haben, die halb Geschmack, halb Konsistenz ist)
Samtig (ähnlich wie seidig, aber fülliger)
Sanft (rund und geschmeidig)
Sauer (unerfreulich scharf, an Essig erinnernd)
Scharf (säuerlicher Geschmack, mildert sich oft mit der Zeit – meist bei Weißweinen)
Schwer (körper- und alkoholreich – manchmal auch als schwerfällig zu verstehen, jedoch nicht bei mit Alkohol angereicherten Weinen)
Seidig (geschmeidige Konsistenz – hohe Qualität)
Spritzig (auf der Zunge prickelnd, oft bei jungen, leichten Weißweinen, rührt meist von Kohlensäure her)
Stahlig (feste, nervige Art, geht oft mit hohem Säuregehalt einher, z.B. in Chablis und anderen guten Weißweinen)
Stämmig (körperreich, stramm, vollschmeckend – meist von Rotwein)
Streng (übermäßig tanninreich)
Struktur (das Gefüge aus Säure, Frucht, Alkohol und ggf. Süße)
Vegetabil (eher an Kohlgemüse als an Laub und Gras erinnernd – bei reifem rotem und weißem Burgunder anzutreffen)
Voll (mit Geschmackstiefe und -breite)
Vollmundig (Wein mit großer Fülle in Konsistenz und Geschmack)
Wässerig (schwach, dünn)

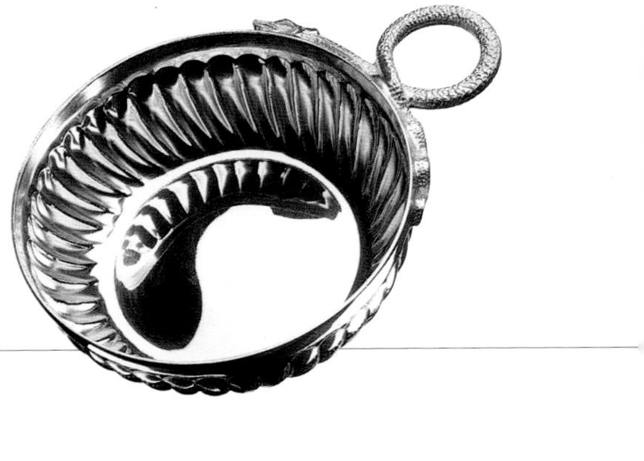

Rechts: Der silberne Tastevin wird vor allem in Burgund noch gern bei Weinproben benutzt. Die leicht gehämmerte Oberfläche reflektiert das Licht und bringt die Farbe gut zur Geltung.

Aromakrippe

Apfel – viele trockene Weißweine, süße Loire-Weine und in besonders würziger Form in deutschem Riesling
Aprikose – Condrieu und süßer Loire-Wein, z.B. Coteaux du Layon und Vouvray
Bananen – junge, billige Weißweine und Beaujolais
Birnen – viele junge Weißweine; auch Beaujolais Nouveau
Biskuit – Champagner
Blumen – deutscher Riesling
Brioche – Champagner
Brot (frisch gebacken, hefig) – Champagner
Butter – Chardonnay, u.a. in weißem Burgunder
Eichenholz – in Eichenfässern vergorener oder ausgebauter (bzw. mit Eichenholzspänen versetzter) Rot- oder Weißwein
Erdbeeren – Beaujolais, roter Burgunder und Rioja
Eukalyptus – Cabernets aus der Neuen Welt, manchmal auch Bordeaux und Shiraz
Feuerstein, Wetzstein – Pouilly-Fumé, Chablis
Gewürz – viele Rotweine, v.a. von der Rhône; Elsässer Weißweine sowie v. a. in Fässern aus amerikanischem Eichenholz ausgebaute Weine
Gewürznelken – junger Cabernet Sauvignon
Grapefruit – Scheurebe (aus England und Deutschland)
Gras – Sauvignon Blanc
Himbeeren – Rotwein von der Rhône, aus Burgund, von der Loire (in guten Jahren), Beaujolais sowie Pinot Noir aus der Neuen Welt
Honig – süße Weine, v.a. mit Edelfäule, auch ältere trockene Weißweine, u.a. Burgunder
Johannisbeerblätter – Sauvignon Blanc
Kaffee (frisch gemahlen) – verschiedene Rotweine, meist aus der Spitzenklasse, noch ziemlich jung
Kartoffelschalen – Cabernet Franc in Chinon, Bourgueil und Saumur-Champigny
Katzenpipi – Sauvignon Blanc aus Frankreich, Müller-Thurgau
Kaugummi – Beaujolais Nouveau
Kirschen – Burgunder, Beaujolais und viele italienische Rotweine
Kohl – reifer roter und weißer Burgunder
Lakritze – viele Rotweine, v.a. junge, tannin- und körperreiche
Lanolin – Sauternes
Leder – Syrah/Shiraz
Limone – australischer Riesling
Litschi – Gewürztraminer
Mandeln – oft in italienischem Wein, u. a. Soave und Valpolicella

Marzipan – süße weiße Loire-Weine
Melone – Chardonnay aus der Neuen Welt
Minze – Cabernet Sauvignon, v.a. aus der Neuen Welt, Coonawarra Shiraz
Nivea – Gewürztraminer
Nüsse (Hasel- oder Wal-) – weißer Burgunder, Champagner, Chardonnays allgemein
Oliven – Cabernet Sauvignon und Cabernet Franc
Orangen – viele süße Weißweine, auch mit Alkohol angereicherte
Paprika, grün – Cabernet Sauvignon und Cabernet Franc
Petroleum oder Benzin – älterer Riesling, v.a. aus Deutschland und Australien, positives Zeichen
Pfeffer (frisch gemahlen) – Rotweine von der südlichen Rhône; auch Grüner Veltliner aus Österreich
Pfirsich – Weißweine, u. a. süße, Chardonnay aus der Neuen Welt
Pflaumen – nicht sehr ausgeprägt in vielen Rotweinen
Rauch – körperreiche Rotweine, v.a. Syrah; Pouilly-Fumé und Elsässer Tokay-Pinot Gris
Rosen – trockener Elsässer Muscat und Gewürztraminer; manche rote Burgunder
Rosinen – süße, mit Alkohol angereicherte Weine
Salz – Manzanilla Sherry
Schokolade – viele mittelschwere und schwere Rotweine (aus der Neuen und der Alten Welt), Bordeaux und Burgunder
Schwarze Johannisbeeren – Cabernet Sauvignon, u.a. Bordeaux, weniger ausgeprägt in Merlot und Cabernet Franc
Spargel – Sauvignon Blanc, z.B. Sancerre, Neuseeländer, Fumé Blanc aus Kalifornien
Stachelbeere – Sauvignon Blanc, v.a. von der Loire und aus Neuseeland
Tabak – viele Rotweine, v.a. Bordeaux
Teer – v.a. Barolo, aber auch Weine von der nördlichen Rhône
Toast – in neuen Eichenholzfässern ausgebauter Wein, v.a. Chardonnay; auch älterer Champagner (v.a. Blanc de Blancs) und australischer Sémillon
Trauben – Muskateller
Vanille – in neuen Fässern aus französischer oder amerikanischer Eiche ausgebauter Wein, z. B. Rioja
Wild Hermitage (nördl. Rhône), Shiraz, reifer roter Burgunder
Wolle (naß) – weißer Burgunder
Zedernholz oder Zigarrenkiste – vor allem Bordeaux, aber auch andere Cabernet Sauvignons
Zitrone – viele junge Weißweine

Perspektiven beim Servieren

Es ist schon soviel erschreckend dogmatischer, hochtrabender Unsinn über das Servieren von Wein geschrieben und gepredigt worden, daß man sich nur darüber wundern kann, wieso die Menschheit nicht längst nur noch Bier trinkt, mindestens aber sich resigniert mit einfachen Bechern oder Römern behilft.

Dabei braucht man nur alles in die richtige Perspektive zu rücken. Manche Aspekte des Servierens sind beim Wein wichtig, andere nicht so sehr. Bei mir steht die Temperatur ganz oben an. Das bedeutet freilich nicht, daß ich ein Weinthermometer mit mir herumtrage oder daß ich für jeden einzelnen Wein die einzig richtige Serviertemperatur exakt ermittelt hätte. Aufmerksamkeit auf andere Details, beispielsweise Gläser, kann sicherlich die Freude am Wein noch steigern, weil er damit schöner zur Geltung gebracht wird; aber das Bemühen, den Wein möglichst vorteilhaft zu präsentieren, darf nicht dazu ausarten, allen anderen Beteiligten das Leben schwerzumachen oder ihnen das Gefühl tiefster Unzulänglichkeit zu vermitteln, weil sie die Regeln nicht so genau kennen. Die Regeln sind dazu da, daß man sie zurechtbiegt oder bricht, je nachdem, wie es die Situation und der Genuß am Wein verlangen.

Am besten sind Korkenzieher, die den Korken allmählich senkrecht nach oben herausziehen und eine abgerundete, also nicht schneidenförmige Spirale besitzen. Der Kapselschneider (der zweitunterste rechts) ist zwar nützlich, aber nicht unbedingt nötig. Die Bürste (am Korkenzieher oben links) dient zum Entfernen von Kellerschmutz an alten Flaschen. Die Champagnerzange (unten rechts) lockert jeden Sektkorken.

Oben: Die mächtige Größe und der nach außen gestellte Rand sind bei diesem Glas dafür bestimmt, Spitzenburgunder bestens zur Geltung zu bringen.

Gläser

Ich bin sehr dafür, daß jeder Wein getrennt nach Traubensorte, Typ und Alter sein eigenes Glas haben sollte (allerdings besitze ich selbst nur ein paar aus der Serie von 20 verschiedenen Größen und Formen). Ich bin auch sehr angetan von Sektgläsern aus Plastik, die sich in einem vollgepackten Picknickkorb oder in einer Tasche sicher transportieren lassen. Verstehen Sie mich recht: Feine, wohlgeformte Gläser heben feinen Wein schön hervor, doch Gläser und Wein müssen sich dem jeweiligen Anlaß anpassen. Mir hat gelegentlich Champagner aus einer Plastik-*Flute* ganz herrlich geschmeckt und ebenso mancher andere Wein, auch wenn das Glas nicht die ideale Form hatte.

Zu Hause kann man es sich leisten, mehr auf Perfektion zu achten und Gläser auszusuchen, die Farbe, Geruch und Geschmack des Weins besonders schön zur Geltung bringen. Für Stillwein sind feine, farb- und dekorlose Gläser am besten – nicht dickwandige, stark geschliffene oder gefärbte, die den Blick auf den Wein versperren. Auch muß der Kelch groß genug sein, damit Raum für die Berührung mit der Luft da ist. Ich besitze zwei Gläser für roten Burgunder, die je eineinhalb Flaschen fassen (links), doch so etwas braucht man nicht, außer wenn man regelmäßig höchst anspruchsvollen Grand-Cru-Burgunder zu sich nimmt – was bei mir leider nicht der Fall ist. Etwa ein Sechstel bis ein Viertel eines Flascheninhalts sollte ein Glas zu einem Drittel bis zur Hälfte füllen – für Weißwein werden traditionell etwas kleinere Gläser genommen. Was die Form anlangt, so sollte der Kelch rundlich und nach oben etwas verlängert sowie am Rand nach innen gezogen sein, damit sich die flüchtigen Aromen beim Schwenken des Weins im oberen Teil des Glases sammeln und sich nicht in alle Winde zerstreuen. Das Glas der International Standards Organisation (ISO) ist ein zugleich zweckmäßiges und formschönes Probierglas, zum Weintrinken jedoch finde ich es ein wenig zu klein – höchstens für Portwein hat es die richtige Größe.

Für Sekt eignen sich die traditionellen Sektflöten oder die schlanken Tulpenformen am besten: Sie halten die Perlenbildung und das subtile Bukett schön beisammen. Die flache Sektschale dagegen läßt Perlen und Bukett im Nu verlorengehen. Dem Sherry wird die traditionelle *copita* am schönsten gerecht, die auch als ein bescheidenes Maß für Portwein (oder Malt Whisky) fungieren kann.

Unten: Form und Größe eines Glases können das Aussehen des Weins stark beeinflussen; deshalb soll man sich beim Aussuchen Zeit lassen. Wer kann schon für jeden Wein ein

Zum Thema Spülen

Die feinsten Gläser der Welt nützen nichts, wenn sie nicht blitzblank, frei von Spülmittel, Staub und Gerüchen sind. Am besten erreicht man das, indem man sie in den Geschirrspüler stellt – möglichst für sich allein, auf keinen Fall zusammen mit stark verschmutztem Geschirr. Wenn die Gläser nicht fettig sind, spülen Sie sie mit dem kürzesten Spülgang und ohne Spülmittel. Ist Spülmittel unbedingt nötig, dann gehen Sie sparsam damit um und vermeiden sie Klarspüler. Sowie der Spülgang zu Ende ist, öffnen Sie die Tür, damit die Gläser nicht lange in dunstgeschwängerter Atmosphäre stehen, und zum Abtrocknen benutzen Sie am besten ein Leinentuch. Wenn Sie an den Boden einer Sektflöte nicht herankommen, wickeln Sie das Tuch um den Stiel eines Kochlöffels. Beim Spülen von Hand arbeiten sie entsprechend – heißes Wasser, möglichst wenig Spülmittel, gut nachspülen und abtrocknen. Stellen Sie Gläser nicht auf den Kopf, damit sich keine abgestandene Luft darin festsetzt, aber in einen geschlossenen Schrank, vor Staub geschützt. Wenn Sie ein Glas eine Zeitlang nicht benutzt haben, müssen Sie es noch einmal spülen.

anderes Glas auf den Tisch stellen – aber hübsch anzusehen sind die Gläser dieser mundgeblasenen Serie der österreichischen Firma Riedel auf jeden Fall.

Von links nach rechts: Für roten Burgunder (Pinot Noir), jungen Bordeaux (Cabernet Sauvignon), Jahrgangs-Champagner, weißen Burgunder (Chardonnay), Riesling, Vintage Port.

Atmen lassen oder dekantieren: Sinn oder Unsinn?

Mit viel Schwung und Lautstärke, unterstützt von höchst widersprüchlichen Ergebnissen zahlloser Experimente, wird seit langem die Frage diskutiert, ob man den Wein «atmen» lassen soll, bevor er serviert wird, und wenn ja, ob es dann besser ist, ihn zu dekantieren oder ihn einfach in der offenen Flasche stehen zu lassen. Die einen behaupten, daß sich das Bukett entfalten könne, wenn der Wein atmet, also mit Luft in Berührung kommt, und daß er dadurch milder wird – gewissermaßen eine Art Minireifung durchmacht. Andere dagegen meinen, daß dabei nur Aroma und infolgedessen Bukett und Geschmack verlorengingen, daß vielmehr die wünschenswerte Entfaltung auch im Glas stattfinden könne, und dabei der Genießende jedes einzelne Stadium miterlebe. Wieder andere sagen, das Lüften werde nur überbewertet, und es mache am Wein so gut wie nichts aus.

Wenn der Korken aus der Flasche gezogen wird, dann bedeutet das im Grunde lediglich, daß der Wein nun auch getrunken werden muß – mit Luft kommt er dadurch nicht stärker in Berührung als vorher; es ist also schwer zu erkennen, wie eine größere Wirkung zustande kommen könnte. Dennoch ziehe ich bei einem sehr alten, möglicherweise also gebrechlichen Wein den Korken frühestens eine halbe Stunde vor dem Servieren – das genügt, um eventuellen Flaschengeruch (siehe Seite 16) abziehen zu lassen, jedoch nicht, um Bukett und Geschmack zum Verblassen oder gar Ersterben zu bringen. Ebenso nehme ich das Dekantieren, wie es häufig bei älterem Wein zum Entfernen des Sediments nötig ist, frühestens eine halbe Stunde vor dem Servieren vor.

Junge, kräftige, mittelschwere bis schwere Rotweine entkorke ich dagegen schon zwei bis drei Stunden vor dem Ausschenken, aber auch nur, weil es praktisch ist. Feine Rotweine mittleren Alters, beispielsweise einen 1982er Bordeaux Cru Classé, dekantiere ich eine oder eineinhalb Stunden vor dem Servieren. Wenn ich einen guten, noch jungen Rotwein – Bordeaux, Rhône, Barolo, Chianti oder kalifornischen Cabernet – eine Stunde nach dem Öffnen koste und ihn allzu gerbstoffherb finde, dann dekantiere ich ihn, um zu sehen, ob sich das Tannin durch die Belüftung mildert. Ich kann nicht behaupten, daß es immer wirkt, schließlich gehört das Rätselhafte, Unberechenbare am Wein mit zu seiner Faszination.

Oben: Elegante moderne Dekanter nach traditionellen Vorbildern. Am besten gefällt mir der «Klassiker» (unten).

Die hier genannten Weine und Traubensorten werden im letzten Teil des Buchs (Seiten 94–157) und unter «Die Bedeutung der Traube» (Seiten 50–59) näher beschrieben.

Sediment

Das Belüften ist eigentlich nur ein Nebeneffekt des Dekantierens, dessen Hauptzweck darin besteht, das Sediment (Ablagerungen von Farbstoff und Tannin) aus dem Wein zu entfernen, damit es nicht in den Gläsern der Gäste landet. Jeder gute Rotwein, der einige Jahre hinter sich hat, aber auch so mancher jüngere Rotwein der körperreichen Art, der beim Abfüllen nicht gefiltert wurde, muß auf Sediment untersucht werden. Bei einfacheren Weinen braucht man dagegen nicht damit zu rechnen. So kurz und knapp lassen sich die Regeln heute fassen.

Manche Rebsorten bilden von Natur aus ein starkes Sediment (Cabernet Sauvignon und Syrah), manche nur ein schwaches (Pinot Noir), aber auch die Art und Weise der Weinbereitung hat beträchtlichen Einfluß. Ein Wein, der nicht oder nur schwach gefiltert wurde, gibt immer Sediment ab. Alles in allem trifft das auf vorwiegend in kleineren Mengen von Hand bereitete Weine hoher Qualität aus der Alten Welt zu (Spitzenweine aus Bordeaux werden meist leicht filtriert, gleichwertige Burgunder- und Rhône-Weine dagegen oft überhaupt nicht). Auch in Kalifornien herrscht bei Erzeugern der Spitzenklasse die Neigung, das Filtern wegzulassen, um den Geschmack möglichst wenig zu schwächen – selbst in großen Betrieben, z.B. bei Robert Mondavi (Napa Valley).

Das Dekantieren

Manche Erzeuger (z.B. Chapoutier an der Rhône und Penfolds' in Australien) geben auf Rückenetiketten nützliche Hinweise auf mögliches Sediment. Schließlich ist es etwas, worüber man sich nicht zu schämen braucht, im Gegenteil: Es bedeutet ja, daß keine Geschmacksnuance durch Filtern ungewollt beeinträchtigt worden ist. Ob man nun aber schon vorher weiß, daß ein Bodensatz vorhanden ist oder nicht, man muß auf jeden Fall genau nachschauen, wo er sitzt, denn es gehört zu den Voraussetzungen für den Erfolg des Dekantierens, daß sich das Sediment an einem Punkt gesammelt hat. Zum Dekantieren braucht man eine helle Lichtquelle (eine grelle Lampe, eine starke Taschenlampe oder auch eine Kerze) und eine ruhige Hand.

Ob Sie nun ein Dekantierkörbchen verwenden oder nicht, jedenfalls soll die Prozedur wenigstens 24 Stunden, besser noch drei Tage vor dem Servieren beginnen. Legen Sie die Flasche also in das Körbchen oder stellen Sie sie aufrecht. Wenn sie dann dekantieren wollen, ziehen Sie den Korken und gießen sie den

Voraussetzung für das Dekantieren ist zunächst das Ansammeln des Sediments an einer bestimmten Stelle in der Flasche – und dann eine gute Lichtquelle.

Wein gemächlich in das Dekantiergefäß, ohne die Flasche aus dem Körbchen zu nehmen, bzw. versuchen Sie, wenn die Flasche aufrecht gestanden hat, den Inhalt in einem Zug auszugießen, ohne zwischendurch abzusetzen.

Das Körbchen hat den Vorteil, daß das Sediment vermutlich kaum aufgerührt wird, jedoch den Nachteil, daß man die Flasche nicht so gut sehen kann, wie wenn man sie direkt vor die Lichtquelle hält. Auf jeden Fall müssen Sie auf der Hut sein, wenn es gegen Ende des Ausgießens geht. Vielleicht müssen Sie einen Fingerbreit oder auch mehr vom Inhalt opfern, das ist aber immer noch besser, als einen guten Wein mit trübem Satz zu beeinträchtigen.

Temperatur

Jedermann weiß, daß warmer Weißwein scheußlich schmeckt – aber auch lauwarmer Rotwein ist nicht besser, und dennoch kommt er heutzutage häufiger vor als unzulänglich gekühlter Weißwein. «Raumtemperatur», die ja für Rotwein empfohlen wird, hat nichts mit der heute in Räumen üblichen Temperatur von 21 °C zu tun; gemeint sind vielmehr höchstens 18 °C, und auch das nur bei schweren, tanninreichen Rotweinen vor allem aus der Neuen Welt. Den meisten Bordeaux-Weinen bekommt ein Grad weniger, Pinot-Noir-Weinen (vor allem Burgundern) nochmals ein Grad weniger, und immer mehr moderne Rotweine, die in relativ tanninarmer, sanfter, fruchtiger, leichter Art bereitet werden und – wie Beaujolais – jung getrunken sein wollen, sind zwischen 12 und höchstens 16 °C am köstlichsten.

Ein Weinthermometer verwende ich kaum. Vielmehr halte ich die um die Flasche gelegte Hand für ausreichend, die Temperatur zu beurteilen – vielleicht kann sie es sogar besser, weil sie auch das Temperaturgefälle zur Umgebung mit berücksichtigt. Nun mögen 17 °C zwar für einen Bordeaux theoretisch ideal sein, es wird ihm aber wohl kaum sehr schaden, wenn er 16 oder 18 °C hat – ein etwas zu kühler Wein erwärmt sich übrigens rasch, wenn man die Hand um das Glas legt. Wenn Sie nun einen Rotwein, von der idealen Kellertemperatur von (11–12 °C) auf 18 °C bringen wollen, dann müssen Sie ihn zweieinhalb Stunden in einen warmen Raum oder eine Viertelstunde lang in einen Eimer mit Wasser von 18–20 °C stellen. Wenn Sie aber nur 25 Sekunden Zeit haben, dann nehmen Sie die Mikrowelle. Ich tue das zwar nie, aber viele Restaurants machen es so.

Unten: Sekt und Süßwein sowie leichter, einfacher Weißwein sollten etwas kühler serviert werden als schwerer Weißwein mit nicht zu kräftiger Säure.

Unten: Wein erwärmt sich rasch auf Raumtemperatur; halten Sie ihn deshalb lieber etwas kühler, doch kühlen Sie einen feinen Wein, etwa weißen Burgunder, nicht zu Tode.

Rechts: Am schnellsten kann man Wein abkühlen, indem man ihn in Eiswasser stellt. (Und in einem Eimer mit warmem Wasser bringt man einen zu kühlen Rotwein rasch auf die gewünschte Temperatur.)

Müssen Sie dagegen einen Rotwein abkühlen, dann stellen Sie ihn in den Kühlschrank – so etwa 20 bis 30 Minuten, je nachdem, wie warm der Rotwein ist, wie kühl Sie ihn wünschen und wie hoch Sie den Kühlschrank eingestellt haben. Rascher geht es mit einem Eimer voll Wasser und Eisstückchen, in der Tiefkühltruhe oder im Winter draußen im Garten. Nur bei einem alten, fragilen Wein sollten Sie sich vor solchen Methoden hüten.

Weißwein sollte beim Servieren etwa 6–11 °C haben – wie bei Rotwein gilt, daß man vorzugsweise nach der kühlen Seite hin abweichen sollte (zu kühler Wein erwärmt sich im Glas rasch). Körperreiche Weißweine mit nicht allzuviel Säure – insbesondere Chardonnays aus der Neuen Welt und gute Burgunder – gehören eher an das wärmere Ende des Spektrums, also zu den Rosés. Trockener Sémillon, weißer Bordeaux und Riesling vom Rhein dürfen etwas kühler sein und Sauvignon-Weine noch kühler (7 °C). Sekt und Süßwein sind recht kühl (5–8 °C) zu servieren, ebenso leichte Weißweine (Muscadet, Vinho Verde und viele deutsche und italienische), helle Rosés und die meisten billigen Weine.

Am schnellsten kühlt man Weißwein ab, indem man ihn in einen Eimer mit Eis und Wasser steckt. In knapp 20 Minuten ist eine Flasche von 21 auf 10 °C abgekühlt. Im Gefrierschrank dauert derselbe Vorgang 45 Minuten, im Kühlschrank zwei Stunden.

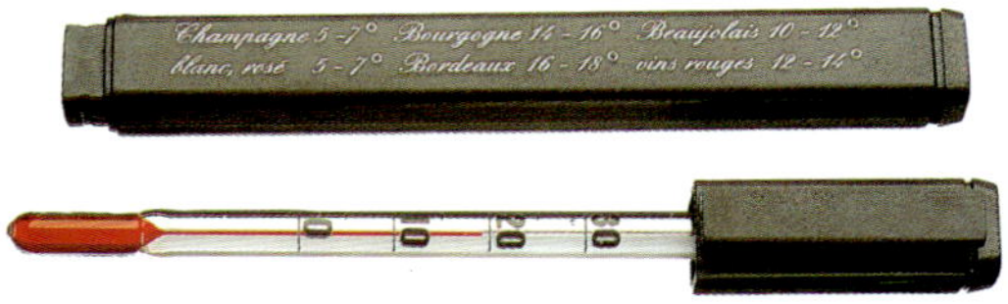

Links: Ein Weinthermometer ermöglicht exakte Messung, denken Sie aber stets daran, daß es «die genau richtige Temperatur» für einen bestimmten Wein nicht gibt. Sie kann beispielsweise vom Wetter abhängen.

Oben: Verschlüsse für angebrochene Flaschen tragen dazu bei, daß sich der Inhalt ein paar Tage lang hält. Stellen Sie die Flasche in den Kühlschrank oder an einen kühlen Ort.

Unten: Schenken Sie Wein sanft ein und halten Sie die Flasche möglichst nahe am Glas – der Wein, vor allem ein alter, soll ja möglichst wenig geschüttelt werden.

Die Reihenfolge beim Servieren

Natürlich richtet sich die Entscheidung, in welcher Reihenfolge Sie servieren wollen, nach den Speisen, die dazu gereicht werden. Mit der richtigen Zusammenstellung von Wein und Speisen befasse ich mich im nächsten Kapitel (Seiten 30–39) noch näher, hier sollen einstweilen einige Grundregeln genannt sein: trockener Weißwein vor Rotwein, leichter Wein vor schwerem, jüngerer vor älterem, trockener vor süßem. Das bedeutet freilich nicht, daß Sie zur Suppe keinen Sherry reichen dürfen, nur weil danach ein leichterer Wein kommen soll, oder daß Sie bei süßem Wein bleiben müssen, nur weil Sie die Mahlzeit mit *foie gras* und Sauternes eingeleitet haben, oder daß ein Rotwein immer älter sein muß als der Weißwein, den man vorher getrunken hat. Es handelt sich lediglich um Hinweise – ganz flexible – und nicht um Vorschriften.

Frischhalten

Sobald eine Flasche entkorkt ist, beginnt die Luft auf den Wein einzuwirken. Am Anfang kann ihm das zuträglich sein (man denke an das «Atmen»), auf die Dauer aber begibt er sich auf den Weg zum Essig. Früher trieb man, wenn man eine nicht ausgetrunkene Flasche aufbewahren wollte, den Korken wieder hinein, stellte sie in den Kühlschrank oder legte sie in den Keller und hoffte im übrigen auf das Beste.

Diese Methode ist zwar primitiv, aber immer noch sehr zweckmäßig. Man kann natürlich von alten Weinen nicht verlangen, daß sie eine solche Behandlung überleben, doch die meisten jüngeren Weiß- und Roséweine sowie leichte Rotweine halten sich ein paar Tage, vorausgesetzt, daß die Flasche noch gut halb voll ist, beim Einschenken nicht allzusehr geschüttelt wurde und nicht länger als etwa zwei bis drei Stunden offen war. Unter denselben Voraussetzungen kann man vollere, auf ihrem Höhepunkt befindliche Rotweine oft drei bis vier Tage stehen lassen. Natürlich geht immer etwas Frische verloren, und der Geschmack wird flacher – es wäre also schade, einen großartigen oder besonders hochgeschätzten Wein so zu behandeln. Rotwein müssen Sie selbstverständlich rechtzeitig aus dem Kühlschrank nehmen. Sie können ihn dann auch in einen Eimer mit lauwarmem Wasser stellen, vergessen Sie aber nicht, daß sie ihm schon einiges zugemutet haben und eine zu rasche Temperaturänderung den Tropfen darstellen kann, der das Faß zum Überlaufen bringt.

Wenn Sie schon beim Entkorken wissen, daß höchstens eine halbe Flasche getrunken wird, dann gießen sie nur die Hälfte in den Dekanter, verschließen Sie die Flasche wieder und stellen Sie diese kühl. Ich habe schon manchen Wein wochenlang auf diese Weise aufbewahrt, absolut sicher ist dies aber nicht, und man tut viel besser daran, die Flasche am nächsten Tag auszutrinken.

Frischhaltepatente aller Art arbeiten nach zwei Grundprinzipien: Evakuieren der Luft aus der Flasche oder Einführen eines Schutzgases (meist Stickstoff mit etwas CO_2 vermischt) in die Flasche, das schwerer ist als Luft und diese verdrängt. So geschützter Wein braucht nicht gekühlt zu werden, und die Hersteller behaupten, daß ein Wein dann mindestens eine Woche, wenn nicht gar 14 Tage frisch bleibt.

Das Vakuumverfahren finde ich nicht ausreichend wirksam, allerdings ist die Vacuvin – eine preisgünstige Vakuumpumpe mit wiederverwendbaren Stopfen – verbreitet in Gebrauch. Ich benutze manchmal den Wine Saver (eine billige Patrone mit Gas, das man nur in den Flaschenhals zu sprühen braucht); freilich scheinen mir manche so konservierte Weine ziemlich rasch einen etwas schalen, schweißigen Geruch anzunehmen. Die besten Erfahrungen habe ich mit dem Vintage Keeper (einem weit raffinierteren und teureren Schutzgasapparat) gemacht, der vor allem bei alten Weinen gewiß am sichersten wirkt; aber ich benutze ihn nicht, einerseits weil er mir zu teuer ist, vor allem aber aus ästhetischen Gründen: Die große Gaspatrone wird über einen Schlauch und ein Ventil an die Weinflasche angeschlossen und bleibt mit ihr verbunden, solange der Inhalt konserviert werden soll.

Was wäre eine bessere Lösung? Ganz einfach: Trinken Sie die besonders großartige Flasche eventuell zusammen mit ihren Gästen eben einfach aus. Und wenn einmal von nicht ganz so großartigen Flaschen doch etwas übrigbleiben sollte, dann machen Sie sich den Spaß und mischen Sie den Rest mit einem anderen – beispielsweise Cabernet mit Chianti.

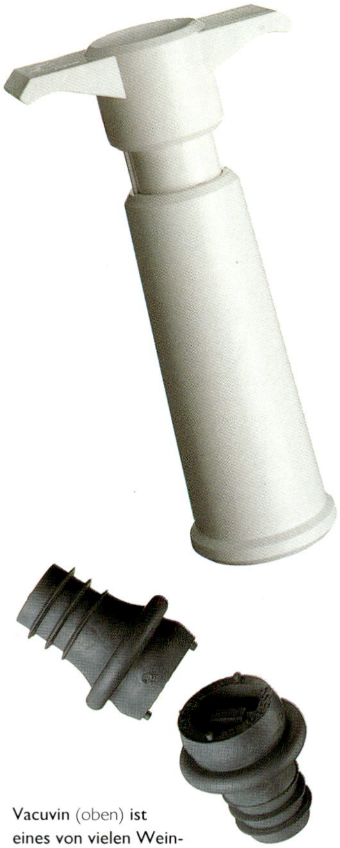

Vacuvin (oben) ist eines von vielen Weinkonservierungsgeräten. Sie alle funktionieren in gewissem Maß, nichts aber hält Wein in einer angebrochenen Flasche auf lange Zeit frisch.

Links: Ein Teelöffel, in den Hals einer Sektflasche gesteckt, hält den Inhalt angeblich im Kühlschrank schaumkräftig. Wer sichergehen will, kann einen preiswerten Spezialverschluß verwenden.

Speisen und Wein

Wenn Sie sich wieder einmal mit dem Abstimmen von Weinen und Speisen plagen, denken Sie bitte daran, daß es zwar ein paar Gerichte gibt, bei denen die Sache knifflig ist, aber nur wenige Kombinationen, die wirklich überhaupt nicht schmecken.

Schokolade und knochentrockener Chablis, knapp gegartes Steak und Beaumes-de-Venise, Makrelen und tanninherber Barolo – das sind Vorstellungen, bei denen es mich schüttelt (nicht einmal diesem Buch zuliebe könnte ich es über mich bringen, so etwas zu probieren) –, wenn aber irgendjemand Geschmack daran findet, dann kann das ja wohl nicht «verkehrt» sein.

Problematisch wird die Sache nur, wenn der Liebhaber des Steaks mit Süßwein es anderen unbedingt vorsetzen will. Da ist es schon weit besser, sich zu bescheiden und mit der guten alten Formel «Rotwein zu dunklem Fleisch, trockener Weißwein zu Fisch und hellem Fleisch, Süßwein zu Pudding» auf Nummer Sicher zu gehen. Diese und andere klassische Zusammenstellungen haben sich seit langem bewährt (und neuerdings auch bei wissenschaftlicher Untersuchung bestanden). Das gilt auch für viele traditionelle regionale Kombinationen. Wenn man zu Gerichten aus Bologna, der Toskana, Piemont, der Provence, Burgund oder dem Elsaß den Wein der jeweiligen Gegend trinkt, kann man kaum fehlgehen – allerdings kann ich persönlich nicht mehr folgen, wenn in der Champagne die Einheimischen trockenen Champagner zu Süßspeisen servieren.

Die althergebrachten regionalen Paarungen reichen jedoch insofern nicht mehr ganz aus, als die Gastronomie in den letzten Jahrzehnten sehr viel komplizierter geworden ist. Zwar haben viele gute alte regionale Spezialitäten – nicht nur englische, auch französische, italienische und andere – eine begrüßenswerte Wiederbelebung erfahren, in kosmopolitischen Städten ist dabei aber auch vieles miteinander vermengt worden. Was trinkt man beispielsweise zu hawaiianischem Mahi-Mahi, garniert mit neuseeländischen Greenlip-Muscheln und Kiwifrüchten in *beurre blanc* mit Blutorangen? (Zum Glück ist mir das noch nicht auf einer Speisekarte begegnet, Tim Hanni aber, einem der wenigen Gurus des Abstimmens von Wein und Speisen, ist es vorgekommen.) Das Gescheiteste wäre wohl, so ein Gericht nicht zu bestellen oder Wasser dazu zu trinken, doch hieran wird jedenfalls klar, daß man heutzutage mit den guten alten Maximen nicht mehr so recht auskommt.

Über noch einen weiteren Punkt muß man sich klar sein: Es gibt zwar bestimmte Ehen zwischen Speisen und Weinen, die (wie etwa Sauternes und Roquefort) ganz offenbar im Himmel geschlossen sind, daneben aber auch Gerichte, die besondere Schwierigkeiten machen. Aber das sind eher die Ausnahmen von der Regel. Den meisten Gerichten können sehr wohl ganz unterschiedliche Weine beigesellt werden.

Man sollte darauf achten, daß Speisen und Weine einander schön ergänzen – teilweise schon einfach durch ihre Gegenwart – anstatt auf eine magische

Die hier erwähnten Weine und Rebsorten sind im letzten Abschnitt (Seiten 94–157) sowie unter «Die Bedeutung der Traube» (Seiten 50–59) näher beschrieben.

gegenseitige Steigerung auszugehen. Die Mode der 1980er Jahre, ganze Jurys von Degustatoren damit zu betrauen, aus Myriaden von Weinen zu ganz bestimmten Speisen oder Gerichten eine ideale Partnerschaft herauszufinden, führt sicher zu interessanten und manchmal ulkigen Resultaten, bringt aber selten nützliche neue Leitlinien zum Vorschein – nicht nur weil die Befunde sich oft von Jury zu Jury herzerfrischend widersprechen, sondern weil sie meist auch allzu spezifisch ausfallen. Sie gelten jeweils nur für ein einziges Rezept, eine bestimmte Mischung von Zutaten, einen einzigen Küchenchef und eine ganz bestimmte Gruppe von Essern in einer bestimmten Umgebung. Kein Wunder also, daß die Schlußfolgerungen von einer Veranstaltung zur anderen weit voneinander abweichen.

Außerdem kommen dabei vermeintlich schlüssige Paarungen heraus, die in der Praxis sehr beschränkte Bedeutung haben. Ich bestreite ja nicht, daß trockener Sherry zu erstaunlich vielen Gerichten gut schemeckt, aber wer möchte schon Sherry außer zur Vorspeise trinken. Die Entdeckung, daß Muscadet seiner Neutralität wegen einen weitgehend anpassungsfähigen Partner abgibt, bedeutet auch nicht etwa, daß er (außer vielleicht zu Meeresfrüchten) einen besonders interessanten Beitrag leistet. Ebenso passen Ziegenkäse und Sancerre oder Pouilly-Fumé ganz herrlich zueinander, wenn der Käse mit Salat als Entrée gereicht wird. Kommt er aber nach dem Hauptgang, wer möchte dann schon zu Sancerre oder Pouilly-Fumé zurückkehren, wenn inzwischen kalifornischer Cabernet, Chianti Classico, Barossa-Chardonnay oder – mit einer Süßspeise – Sauternes serviert wurde? Und das ganze Essen hindurch bis zum Käse nur Sancerre oder Fumé zu trinken, erscheint mir auch nicht besonders vergnüglich.

Gleiche Gewichte

Wo also anfangen? Unabhängig davon, welche Weinfarbe vorgesehen ist, gilt es vor allem, die Gewichtigkeit des Weins auf das Gericht abzustimmen. Sie sollte sogar Vorrang vor der bewährten Farbformel haben. Ein zartes Hühnerbrüstchen wird von einem schweren, extravagant fruchtigen, butterigen und eichenwürzigen Chardonnay ebensosehr totgeschlagen wie von einem wuchtigen roten Hermitage. Und ein kräftiger Coq au Vin würde jeden noch so lebendigen, leichten trockenen Weißwein, ob von der Mosel oder den Côtes de Gascogne, aber auch einen Chablis über den Haufen werfen. Überhaupt ist es gut, zu einem Gericht, bei dessen Zubereitung Wein als Zutat eine bedeutende Rolle spielt, z.B. Coq au Vin oder Risotto, denselben oder einen ähnlichen Wein zu servieren, aber auch hierbei muß man die erhöhte Geschmacksintensität stark eingekochter Saucen beachten, wenn man einen leichten bis mittelschweren Wein dazu wählt.

Unten: Feiner Bordeaux, beispielsweise Pauillac, kommt durch recht einfache, kräftige Gerichte am schönsten zur Geltung.

Geschmacksintensität

Gewichtigkeit und Geschmacksintensität können bei Speisen wie bei Wein Hand in Hand gehen, aber das ist nicht immer so. Feine deutsche Rieslinge sind oft sehr geschmacksintensiv, dabei aber in Körper und Alkohol meist leicht; Sauvignon Blanc ist ebenfalls sehr kräftig im Geschmack und – obwohl nicht ganz so leicht wie deutscher Riesling – doch selten körperreich. Solche Weine können manchmal als Kontraste, als Gegengewicht zu gehaltvollen Speisen oder als ergänzende Nuance eingesetzt werden – z.B. ein reifer neuseeländischer Sauvignon Blanc zu rotem Paprika in Peperonata.

Essig, Salz und Zucker

Bei den Gerichten sind saurer, salziger und süßer Geschmack zu beachten. Ein ausgesprochen säuerliches Element – eine Zitrusfruchtsauce oder ein Schuß Zitronensaft – verlangt nach einem Wein mit kräftiger Säure, andernfalls erscheint er flach. Salzige Gerichte vertragen einen Wein mit einer gewissen Lieblichkeit: Bei Rotwein bedeutet das eher reife Frucht anstelle trocke-

Unten: Dunkles Fleisch – hier ist es Wild – in einer Rotweinsauce verlangt Rotwein als Partner, doch die Aprikosen bedeuten ein Risiko: Da braucht der Rotwein viel Frucht und Körper – wie wäre es mit einem Zinfandel?

ner Herbheit; bei Weißwein kann es bis zur Süße gehen (Sauternes mit Roquefort und Port mit Stilton sind gute Beispiele). Leichte salzige Gerichte fordern manchmal geradezu Säure: Bei einem Weißwein ist sie ohne weiteres zu finden, bei Rotwein muß man eher zu frischen, tanninarmen Gewächsen, z. B. zu Loire-Wein oder Beaujolais, greifen.

Kräftige Gerichte mit einem gewissen Maß an Süße sind schwerer allgemein zu behandeln, vor allem weil die Süße unterschiedlich stark ausfällt. Sie kann Bestandteil des Gerichts sein – etwa bei Kaninchen oder Schweinebraten mit Backpflaumen – sie kann aber auch eine überflüssige Beigabe sein. Johannisbeergelee und Pfefferminzsauce gehören in die letztere Kategorie. Bei Fruchtsaucen könnte ich mir einen leicht lieblichen Wein vorstellen, etwa eine halbtrockene Pfälzer Spätlese.

Konsistenz

Außer Gewichtigkeit, Intensität und bestimmten Geschmacksrichtungen ist bei manchen Speisen die Konsistenz zu beachten. Wenn sie mit der Gewichtigkeit einhergeht, ist die Sache einfach – man trinkt nun einmal keinen zarten Weißwein zu einem handfesten Steak –, aber es gibt Speisen, die den Mund so mit ihrem Geschmack erfüllen, daß jeder Wein darunter leidet. Das trifft gelegentlich auf Käse zu (siehe Seite 38), vor allem aber Eier und Schokolade tun sich derart hervor, daß sie oft als weinfeindlich gelten. Ich möchte sie eher in die Sonderkategorie «schwierige Speisen» einreihen, in der Vegetarier, wie ich hoffe, einigen Trost finden, denn viele ihrer bevorzugten Speisen – Eier, Gemüse, Salate – werden oft vorschnell als für Wein ungeeignet verurteilt.

Schwierige Speisen

Ei mit weichem Dotter blockiert im Mund zweifellos die Geschmacksknospen, deshalb würde ich keinen allzu kostbaren Wein als Begleiter für Spiegelei vorsehen. Nichts aber spricht dagegen, zu Œufs en Meurette in einer Sauce von rotem Burgunder eben einen roten Burgunder zu trinken (ich würde einen einfachen Village oder Passe-Tous-Grains empfehlen). Eier in Saucen oder Soufflés machen mir keine Sorgen: Zu Mayonnaise oder Sauce hollandaise schmecken Sauvignon Blanc und junger Chardonnay gut; insbesondere Käse-Soufflé bringt Weine aller Art schön zur Geltung. Wachteleier mit ihrer leichteren Konsistenz passen hervorragend zu Champagner oder frischen, eleganten, nicht zu ausdrucksvollen trockenen Weißweinen.

Essig verträgt sich nicht mit Wein, für einen Salat mit Vinaigratte muß das aber nicht unbedingt stimmen, wenn man einen guten Essig wählt und ziemlich viel Öl beimischt (etwa fünf Teile Öl auf einen Teil Essig). Als Alternative aus der Salatschüssel mancher Winzer ist auch der Vorläufer von Essig – nämlich Wein selbst – zu empfehlen, allerdings mit weniger Ölanteil (etwa 3:1, je nach Art und Geschmack). Eine andere Möglichkeit wäre, Walnuß- oder Haselnußöl zu verwenden und dazu Chardonnay zu servieren, weil dessen Nußaroma eine natürliche Verwandtschaft mit Nußöl hat.

Ich finde Pfefferminzsauce wesentlich schwieriger und umgehe sie am liebsten, doch ihre Fans behaupten, sie verschmelze so nahtlos mit Lamm, daß sie keinem Wein schade. Sollte der anhaltende Geschmack einer Pfefferminzsauce, einer Vinaigrette oder was sonst immer Sie einmal stören, dann schafft ein Schluck Wasser oder ein Stückchen Brot meist Abhilfe.

Artischocken, Spargel, Spinat und sogar **Fenchel** machen dem Wein zwar Schwierigkeiten, aber selbst Artischocken sind kein hoffnungsloser Fall. Sie enthalten eine Substanz namens Cynarin, die daran schuld ist, daß Wein entweder süßlich oder bitter-metallisch schmeckt. Wenn man aber reichlich Zitronensaft über die Artischocken gibt, wird der Effekt abgeblockt, und junger, voller Chardonnay, frischer Sauvignon und einfache, pfefferige Rotweine aus Südfrankreich (etwa Côtes du Rhône und Vins de Pays) bekommen eine Chance.

Spinat ist selbst in vegetarischen Gerichten meist nur Beilage oder Zutat und hat daher keinen maßgeblichen Einfluß auf die Wahl des Weins. Sollte er ihm aber doch einen bitter-metallischen Geschmack verleihen, empfiehlt sich auch hier der Trick mit dem Zitronensaft. Andererseits kommt es bei mit Butter, Sahne oder Parmesan und Muskatnuß zubereitetem Spinat kaum zu Unstimmigkeiten, und deshalb gibt es auch bei vegetarischen Gerichten auf Spinatbasis selten Probleme.

Artischocken und Wein sind einander feind, aber Zitronensaft versöhnt sie.

Der markante Eigengeschmack von Spargeln setzt den meisten Weinen hart zu, aber ein schön konzentrierter, fruchtiger Sauvignon Blanc aus Neuseeland oder ein runder, aber junger und frischer Chardonnay (auch aus Burgund) wird mit ihm fertig. Leichtere Weine, wie sie manchmal empfohlen werden, scheinen mir dagegen unterzugehen, aber Cabernet-Franc-Rotweine von der Loire (Chinon, Bourgueil, Saumur-Champigny) mit einem Sauvignon-ähnlichen Johannisbeerlaubaroma halten sich oft gut. Dieselben Empfehlungen gelten für Fenchel.

Öliger Fisch, vor allem Makrelen, geräuchert oder ungeräuchert, gehen mit Wein unfreundlich um, man setzt ihm am besten einfachen, neutralen, knochentrockenen Weißwein entgegen, etwa Muscadet, Gros Plant, Sauvignon aus der Touraine, Aligoté und höchstens noch Soave oder Beaujolais Blanc. Auch Fino Sherry ist möglich.

Scharfgewürztes ist für Wein tödlich; viele asiatische und indische Gerichte sind zwar stark gewürzt, aber nicht scharf, weil der schlimmste Scharfmacher, nämlich Chili, darin nicht vorkommt. Koriander, Curcuma, Kümmel, Senfsamen, selbst Ingwer sind sanfter und werden durch würzige und insbesondere fruchtige Weine schön ergänzt. Elsässer – Gewürztraminer, aber auch Tokay-Pinot Gris und Pinot Blanc – bieten sich an, wobei Gewürztraminer sich besonders zu dem süßlichen Gechmack vieler chinesischer Gerichte bewährt. Der konzentrierte Limonengeschmack australischer Rieslinge und die lebendige Stachelbeernote neuseeländischer Sauvignons geben oft einen erfrischenden Kontrast zu kräftig gewürzten und etwas süßlichen Speisen ab, ebenso einfache, starkfruchtige australische Weißweine (Chardonnay, Sémillon, Chenin Blanc und Colombard). Gute trockene, aber ausgesprochen fruchtige Rosés lassen sich empfehlen, und wer einen Rotwein wünscht, sollte einen vollen, fruchtigen, jungen australischen Shiraz oder Shiraz/Cabernet-Sauvignon-Verschnitt, einen guten Côtes du Rhône, einen kalifornischen Zinfandel oder einen kühlen Beaujolais probieren. Zu einem Szechuan-Gericht oder einem Vindaloo gehört dagegen Bier oder Wasser.

Schokolade erstickt die Geschmacksknospen noch wirkungsvoller als Ei und sollte vor allem in der dunkleren Form am besten dem Kaffee überlassen bleiben, aber so manche Mousse und Puddingcreme läßt sich mit kräftigen Süßweinen, u.a. alten, rosinensüßen Malagas und australischen Liqueur Muscats, gelegentlich aber auch mit Muscat de Beaumes-de-Venise, kalifornischem und australischem Orange Muscat, Sauternes und altem Tawny Port kombinieren. Zu besonders leichten, schaumigen Mousses ist durchaus auch Asti oder Moscato d'Asti zu empfehlen. Sollten Sie aber noch beim Rotwein sein, wenn der (Schokolade-)Pudding kommt, dann macht das auch nichts, vorausgesetzt es ist ein voller, reifer, nicht zu tanninherber kalifornischer Cabernet oder Merlot.

Kontraste in Konsistenz und Geschmack lassen sich mit würzigem Elsässer überbrücken; als Abwechslung käme auch fruchtig-frischer Sauvignon oder Chardonnay aus Neuseeland oder ein fruchtiger, trockener Rosé in Frage.

Vorspeisen

Alle Vorspeisen in einen Topf werfen zu wollen mag gewagt erscheinen, im allgemeinen geht es aber darum, einen möglichst leichten, vorzugsweise weißen Wein zu wählen, der dem schwereren den Weg bereitet.

Zur Suppe wird meist nicht viel getrunken, wenn es aber durchaus sein soll, dann ist Sherry (Fino, Manzanilla oder trockener Amontillado, je nachdem, wie gehaltvoll die Suppe ist) zu empfehlen. Man kann sich auch nach der Hauptzutat richten (trockener Rosé paßt sehr gut zu Fischsuppe) oder ganz einfach ein wenig vom Wein für der nächsten Gang im voraus anbieten.

Heller, trockener Sherry bewährt sich auch zu Oliven und Anchovis oder wo es gilt, mehrere kontrastierende Elemente zu überbrücken – bei gemischten Salaten, Horsd'œuvres oder Antipasti, Crudités mit Dips. Mit mittelschweren, mäßig fruchtigen oder aromatischen Weiß- und Roséweinen liegen Sie ebenfalls durchaus richtig (zu nennen wären neben österreichischen Weißweinen Verdicchio, Pinot Grigio, ungarischer Sauvignon oder Chardonnay, Elsässer Sylvaner oder Pinot Blanc, Vinho Verde, weißer Rioja ohne Eichenfaßausbau, Rosé aus Navarra oder der Provence, halbtrockener deutscher Riesling). Leichte bis mittelschwere fruchtige Rotweine – Beaujolais und andere Gamay-Weine, junger Merlot, Dolcetto, Montepulciano d'Abruzzo, einfache Rotweine aus Südfrankreich – sind empfehlenswert, wenn Fleisch dabei ist (Salami, Schinken, Hühnerleber, Ente).

Pasteten gibt es vielerlei. Üppige Leberpasteten (vor allem Gänseleber) vertragen üppigen süßen Wein – Sauternes –, der aber gibt einen recht schweren Anfang für eine Mahlzeit ab. Ich finde, eine aromatische Elsässer Spätlese mit ihrer lebendigeren Art ist eine bessere Einleitung. Zu weniger gehaltvollen Fleischpasteten passen ausdrucksvolle trockene Elsässer Weißweine oder fruchtige Rotweine aus aller Welt.

Schalentiere vertragen sich mit trockenen Weißweinen jeglicher Art. Haben Sie sich Austern geleistet, dann könnten Sie auch Champagner oder erstklassigen Chablis daraufsetzen, ein ordentlicher Muscadet oder Sancerre tut es aber genausogut. Es muß auch nicht unbedingt Frankreich sein, hüten Sie sich aber vor allem, was zu ausgeprägt fruchtig oder eichenholzwürzig oder zu knapp an erfrischender Säure ist. Auch Hummer verlangt Allerfeinstes: Champagner, großer weißer Burgunder oder ein Spitzen-Chardonnay anderer Herkunft, guter weißer Rhône-Wein, trockener Bordeaux oder Arneis aus Piemont. Garnelen lassen sich ebenfalls gern so verwöhnen, bescheiden sich aber wie Muscheln auch mit schlichteren Begleitern. Krebs ist anspruchsvoller, als Klassiker gilt Chablis, ausgezeichnet bewähren sich auch Viognier oder deutscher Riesling der etwas lieblicheren Art (vor allem Spätlese). Kammmuscheln mögen es ebenfalls etwas lieblich oder füllig.

Links: Die knackige Frische von Rohkost ergänzt sich am schönsten durch einen Wein mit ähnlichem Charakter: Fino oder Manzanilla Sherry oder Elsässer Weißwein.

Zu Räucherfisch empfehlen sich Champagner oder bester trockener Sekt, aromatischer Elsässer Weißwein und Riesling Spätlese vom Rhein (Mosel ist eher zu leicht).

Oben: Pasta ist unproblematisch, die Sauce dagegen nicht: Tomaten lassen Wein dünn erscheinen – dagegen kommt nur ein junger, fruchtiger Rotwein an.

Pasta

Zu Pasta paßt alles – was Schwierigkeiten macht, ist die Sauce. Recht junger, fruchtiger Rotwein – ausdrucksvoll, aber nicht unbedingt körperreich, trocken, aber nicht zu herb, ist ein Allround-Begleiter, weil er sich sowohl mit Fleisch- als auch mit Tomatensauce verträgt, aber Tomate selbst kann wegen ihrer Schärfe wieder Probleme machen. Die Italiener haben natürlich viele Antworten parat – Dolcetto, Barbera, wirklich trockenen roten Lambrusco, Teroldego Rotaliano, Rosso del Montalcino, jungen Chianti Classico usw., doch auch in den meisten anderen Ländern gibt es etwas Passendes: Merlot aus Chile, roter Navarra, Côtes du Rhône, Vin de Pays, deutscher Dornfelder, leichterer kalifornischer Zinfandel.

Zu Carbonara und Rahmsauce schmeckt auch mittelschwerer bis schwerer Weißwein mit kräftigem Eigengeschmack, etwa Arneis oder Favorita aus Italien oder Chardonnay jeglicher Herkunft, solange er nicht zu fruchtig oder eichenholzwürzig ist.

Zu Pesto eignet sich trockener Weißwein besser als Rotwein, er muß aber frisch und fest sein – italienischer Gavi oder Pinot Grigio, sardischer oder sizilianischer Weißwein, Rueda aus Spanien, leichter Chardonnay oder Sauvignon Blanc aus Ungarn oder Colombard aus Südafrika.

Risotto verträgt sich mit dem ganzen Spektrum halbtrockener und trockener Weißweine und leichter Rotweine, allerdings muß man auf besondere Zutaten oder Gewürze achten und darf dieses an sich zarte Gericht nicht übertönen.

Fisch

Bei Fischgerichten brauchen Sie Rotwein nicht für problematisch zu halten, aber es gilt doch zu bedenken, was hinter der Regel «Weißwein zu Fisch» eigentlich steckt. Der Hauptgrund ist, daß Fisch – vor allem Weißfisch und Schalentiere – insbesondere kräftig mit Tannin versehenen Rotweinen einen metallischen Beigeschmack verleiht. Außerdem sind Fischgerichte meist leichter als Fleischgerichte (und es gibt nun einmal mehr leichte Weiß- als Rotweine); schließlich wird Fisch oft mit Zitrone angerichtet, deren Säure in Weißwein einen besseren Partner findet. Deshalb verträgt sich einfach zubereiteter weißer Fisch (Seezunge, Scholle, Hecht oder Kabeljau) am besten mit trockenem, nicht zu schwerem oder aromatischem Weißwein. Damit sind beispielsweise bessere Elsässer Weine ausgeschlossen (aber nicht die einfachen Pinot Blancs und Sylvaner), und daselbe gilt für die fruchtigeren Neuseeländer Sauvignons und australischen Chardonnays, ansonsten aber bleibt eine Riesenauswahl von Chablis bis San Gimignano.

Fisch in gehaltvoller Sauce nimmt es mit gehaltvollerem Wein auf: weiße Burgunder von der Spitze abwärts, sonstige Chardonnays nach dem Vorbild von Meursault (z.B. aus Kalifornien und Neuseeland), Hunter Valley Sémillon, Condrieu, Elsässer Riesling und Tokay-Pinot Gris oder für Abenteuerlustige ein *demi-sec* von der Loire (Vouvray oder Montlouis) aus einem guten Jahrgang.

Jeder in Rotwein zubereitete Fisch – bei Lachs und Seebarbe ist das häufig der Fall – verlangt kategorisch nach Rotwein als Begleiter, aber auch andere Fischgerichte mit kräftigem Eigengeschmack und Gehalt (Steinbutt, Lachs, Thunfisch) vertragen sich mit dem richtigen Rotwein oder einem guten trockenen Rosé. Wählen Sie leichte, junge Rotweine mit wenig Tannin und servieren Sie diese kühl: Loire-Weine von Cabernet Franc (Chinon) oder Pinot Noir (Sancerre), auch andere Pinot Noirs, Beaujolais und andere Gamay-Weine, deutsche Dornfelder und einfache italienische Rotweine wie Bardolino.

Öliger Fisch verleiht Wein einen dünnen, metallischen Geschmack. Zitrone hilft zwar dagegen, trotzdem ist ein einfacher, säuerlicher, eher neutraler trockener Weißwein am besten.

Wenn das Dressing nicht zuviel Essig enthält, könnte man einen Entenbrustsalat durchaus als Vorwand für einen feinen Burgunder nehmen – aber dann darf kein geringerer Wein folgen.

Geflügel, Fleisch und Wild

Bei Fleisch kommen zum Glück nur wenige Geschmackskollisionen vor (obwohl Kalbsleber mit ihrer Süße und Gans mit ihrer fetten Fülle nicht risikolos sind). Die Regel «Rotwein zu dunklem und Weißwein zu hellem Fleisch» gilt allerdings nur so weit, wie sie sich nicht an der Gewichtigkeit oder Geschmacksintensität von Saucen, Füllseln und Marinaden stößt.

Im übrigen kenne ich keinen Weißwein, der zu Rindfleisch, ob gebraten, gegrillt oder gedünstet, passen würde. Und ich kann auch keinen Weißwein zu Lamm empfehlen, außer wenn es sich um kalten Hammelbraten handelt, zu dem deutscher Riesling (vorzugsweise Kabinett oder Spätlese halbtrocken) ganz erstaunlich gut schmeckt – und das gilt auch für Schweinefleisch und Pute.

Rinderbraten bringt jeden mittelschweren bis schweren feinen Rotwein schön zur Geltung: Burgunder, kalifornischen Pinot Noir, Wein von der nördlichen Rhône, Chianti Classico Riserva, Barbaresco, Rioja Reserva, Cahors, Madiran, guten Cabernet jeglicher Herkunft (z.B. Penedès), und vielleicht überraschenderweise die sanfteren, runderen Bordeaux-Weine von St-Emilion, Pomerol und Fronsac besser als Spitzenweine aus dem Médoc. Rinderschmorbraten verträgt gehaltvolle Rotweine – Zinfandel, Shiraz, Châteauneuf-du-Pape und Weine von der nördlichen Rhône, Brunello, Super-Toskaner und Barolo, Bandol und andere Weine aus der Provence. Eindrucksvolle, wuchtige Weine eignen sich für geschmacksintensives Wild wie Hase, Reh, Waldhuhn und andere Geflügelschmorgerichte, zu denen aber auch ein Spitzenburgunder von der Côte de Nuits gut paßt, sofern das Wildgeflügel nicht zu stark abgehangen ist.

Viele schwören auf die Kontrastwirkung einer deutschen Spätlese oder einer Elsässer Tokay-Pinot Gris Vendange Tardive zu Reh, doch überzeugt mich diese Kombination nicht. Guter Burgunder ist auch ideal zu jungem gebratenem Wildgeflügel, empfehlenswert sind aber auch Bordeaux und Rioja sowie zu Taube bulgarischer Cabernet Sauvignon.

Lammbraten oder gegrillte Lammkoteletts geben perfekte Partner für den besten, reifen Médoc oder Graves, für Rioja Gran Reserva oder Beaujolais Cru ab. Sollte das Lamm kräftigere Effekte aufweisen, d.h. viel Knoblauch und Rosmarin, Wacholder oder gar Anchovis, dann wählen Sie am besten einen jüngeren oder lebhafteren Bordeaux oder einen fruchtigen, recht körperreichen Cabernet oder Merlot anderer Herkunft (Vin de Pays d'Oc, Buzet, Bergerac, Provence, Penedès, Bulgarien oder Chile), einen portugiesischen Rotwein aus Bairrada, vom Dão oder Douro oder einen milden, minzewürzigen Cabernet/Shiraz aus Australien.

Schweinefleisch ist herrlich bequem (nur Apfelsauce kann zum Killer werden). Schweinebraten oder Schnitzel vertragen

Oben: Solange er weder zu leicht noch zu schwer ist, kann so gut wie jeder Rotwein, vom Cabernet Sauvignon aus Bulgarien bis zum Merlot aus Chile, einen guten Begleiter für Koteletts abgeben.

sich mit halbtrockenen und trockenen Weißweinen, von neutral über aromatisch oder würzig bis körperreich und komplex, d.h. also mit allem vom Chenin Blanc aus Südafrika über Elsässer bis zu Burgunder Premiers Crus. Bei Rotwein ist alles bis auf die schwersten und tanninherbsten möglich.

Huhn, Pute und Perlhuhn sind die geflügelten Pendants zu Schweinefleisch, d.h. überaus anpassungsfähig. Gebraten vertragen sie sich mit Rot-, Weiß- und Roséwein, vom bescheidensten bis zum anspruchsvollsten, wenn sie allerdings eine kräftige, kräuterwürzige Füllung aus Zwiebeln und Fleisch haben, dann schmeckt Rotwein besser dazu. Würzig-pfefferige Rotweine aus Südfrankreich eignen sich natürlich für mit Rotwein zubereitete Schmorgerichte, während mittelschwerer bis schwerer Weißwein vor allem zu Rahmsauce paßt.

Zu Ente und Gans servieren Sie am besten einen Weißwein mit feiner Süße – Elsässer Vendange Tardive, deutsche Spätlese oder Vouvray Moelleux – oder einen klassischen hochwertigen Rotwein aus Burgund oder auch Bordeaux, bei dem die mildere, reifere Art von St-Emilion oder Pomerol bzw. von Margaux den Vorzug verdient.

Leber und Nieren geben gute Partner für fruchtige, würzige und etwas rustikale, möglichst noch junge Rotweine ab, also für alles von Barbera und Valpolicella bis zu südafrikanischem Pinotage, australischem Shiraz und auf Syrah beruhenden Vins de Pays. Bei gebratener oder gegrillter Kalbsleber sollte man der Versuchung widerstehen, etwas Passendes zur Süße des Gerichts zu finden: Ein vollmundiger Pomerol St-Emilion oder Torgiano ist besser. Kalbsbries verlangt subtile Milde – einen eleganten Volnay oder Margaux oder, wenn eine Rahmsauce dabei ist, eine Spätlese vom Rhein.

Wurst gibt es mit soviel verschiedenen Kräutern, Gewürzen, Fleischsorten und unterschiedlichem Fettgehalt, daß ein allgemeiner Hinweis schwierig ist, aber körperreicher, fruchtiger, würziger Rotwein, je nach Wurstart und Anlaß mehr oder weniger großartig oder rustikal – also alles von Alentejo bis Châteauneuf-du-Pape und so fort – trifft stets ins Schwarze.

Unten: Eine fette Gans mit süßen Früchten verträgt sich gut mit Spätlese aus dem Elsaß, aus Österreich oder der Pfalz, aber auch mit einem großen roten Burgunder, einem Pomerol oder dergleichen.

Trockener und süßer Weißwein paßt allgemein besser zu Käse als Rotwein, aber trotzdem brauchen Sie auf Rotwein mit Käse nicht zu verzichten.

Käse

Wie es dazu gekommen ist, daß Käse und Rotwein als naturgegebene Partner gelten, kann ich mir nicht vorstellen. Vielleicht hat der Erfolg von Port mit Stilton in England und von Sauternes mit Roquefort in Frankreich den Blick dafür verstellt, daß Käse und Wein ganz allgemein und insbesondere Käse und trockener Rotwein, oft miteinander kollidieren – oder zumindest nichts füreinander tun. Sosehr ich Rotwein und Käse jeweils für sich mag und sosehr es mich nach Rotwein gelüstet, wenn Käse auf den Tisch kommt, muß ich doch zugeben, daß alles in allem Weißwein besser zu Käse paßt als Rotwein und daß lieblicher Weißwein sogar noch mehr Affinität zu Käse aufweist als trockener.

Bei alledem habe ich es noch nicht aufgegeben, trockenen Rotwein mit Käse zu probieren, und genausowenig brauchen Sie auf diese Kombination zu verzichten. Wenn Sie nicht allzu großen Rotwein wählen, dann kann er sich sehr gut machen, insbesondere bei einer Reihenfolge, die selbstverständlich mit trockenem Weißwein zur Vorspeise beginnt, mit Rotwein zum Hauptgang und zum Käse weitergeht und mit süßem Wein zum Nachtisch endet. (Der süße Wein mag zwar eigentlich zum Käse besser passen, wenn aber auch noch eine Nachspeise kommt, wäre das vermutlich zuviel des Guten.)

Alles in allem muß man, wenn man Rotwein servieren möchte, auf möglichst milden Käse achten – damit sind die Blauschimmelkäse, reifer Cheddar, Camembert und Brie von vornherein vom Tisch. Auch sollten Sie harte Käsesorten bevorzugen oder mindestens berücksichtigen, daß die weiche Konsistenz von Brie und Camembert dem Rotwein zu schaffen macht. Daher vertragen sich mit Rotwein – und sogar mit feinerem Rotwein – vor allem milde junge Hartkäse aus England (junger Cheddar, Wensleydale usw.) sowie Cantal, reifer Gouda, Jarlsberg, Gruyère und milder Parmesan. Zu reifem Cheddar und anderem kräftigem Hartkäse (auch Parmesan) ist robuster Rotwein, z. B. Hermitage, Shiraz, Brunello, Chianti oder Barbaresco, Tawny oder Vintage Character Port, zu empfehlen.

Blauschimmelkäse paßt vor allem zu süßen Weinen – Sauternes, Port, Recioto della Valpolicella, Bual Madeira oder vier- bis fünfbuttigem Tokajer Aszú. Ziegenkäse fühlt sich stets mit lieblichem Weißwein am wohlsten – aber auch mit trockenem Sauvignon Blanc. Brie und Camembert schmeicheln keinem feinen Wein, also bleibt man am besten bei dem, was man im Glas hat, in der Hoffnung, daß sich Wein und Käse wenigstens miteinander vertragen.

Noch eine Bemerkung: Ich habe diesen Abschnitt vor die süßen Nachspeisen gesetzt, weil ich diese Reihenfolge persönlich bevorzuge. Wenn Sie jedoch lieber den Pudding vor dem Käse servieren, behalten Sie zum Käse einfach den zur Nachspeise servierten süßen Wein bei oder gehen zu noch Süßerem und Stärkerem, z. B. Port, über, denn zu trockenem Wein kann man nur schwer wieder zurückkehren.

Dessert

Abgesehen von den Schwierigkeiten, die Schokolade oder gar Eis machen (den passenden Wein zu suchen lohnt eigentlich die Mühe nicht – Asti, Moscato d'Asti oder australischer Liqueur Muscat, wenn es unbedingt sein muß), gilt es bei der Paarung von Süßweinen mit Süßspeisen eine «Regel» zu beachten: je süßer der Wein, desto besser, andernfalls könnte er dünn und herb schmecken. Bei deutschen Auslesen kann man sich in dieser Hinsicht vertun, weil es ihnen an der Opulenz fehlt, die für Süßspeisen nötig ist. Beeren- und Trockenbeerenauslesen sind besser geeignet, aber noch schwerere Weine bieten mehr Sicherheit.

Der Sauternes und seine Verwandten (Monbazillac, Loupiac, Ste-Croix-du-Mont) und Weine mit Edelfäule aus Australien und Neuseeland sowie Muscat de Beaumes-de-Venise und österreichische Beeren- und Trockenbeerenauslesen halten sich sehr wacker zu allem – von Obstsalat, Kompott, Obstkuchen, sahnigen Puddings, *crème brûlée* und Mousse bis zu massiverem Gebäck, Käsekuchen und Torten.

Auch die besten süßen Loire-Weine (Coteaux du Layon, Bonnezeaux, Vouvray usw.) sind recht gut geeignet, sie haben aber nicht die anpassungsfähige Opulenz Sauternes-ähnlicher Weine, und ihre kräftigere Säure kann Schwierigkeiten machen. Mit Käsekuchen werden sie aber gut fertig und passen auch zu Erdbeeren, Himbeeren, Äpfeln, Pfirsichen und Aprikosen. Deutsche Auslesen vertragen sich mit diesen Früchten, sofern sie nicht zu stark mit Zucker und Sahne angereichert sind, ebenfalls gut.

Außerdem darf man Madeira Malmsey und Bual sowie Vin Santo, Moscato di Pantelleria, spanische Moscatels und Tokajer Aszú (fünfbuttig oder Eszencia) als Begleiter für Kuchen und Mandelgebäck nicht vergessen und auch nicht den frischen Asti als Ergänzung zu leichten, schaumigen Mousses oder als Kontrast zum Christmas Pudding. Australischer Liqueur Muscat paßt gut zu Plumpudding, und die vielen traditionellen schweren Süßweine wie Vin Santo, Recioto della Valpolicella und Tokajer sind großartige Partner für Nüsse.

Und wer Süßweine und Süßspeisen nicht mag, kann im Sommer seinen Gästen mit Erdbeeren, die mit Rotwein aus dem Glas (oder aus der Flasche) übergossen werden, etwas zuliebe tun – in Bordeaux nimmt man dafür den besten.

Oben: Ein Süßwein muß mindestens ebenso süß sein wie das Dessert. Diese Käsetorte verlangt nach opulentem Sauternes, australischem Sémillon mit Edelfäule oder feinem Muscat de Beaumes-de-Venise.

Links: Der Apfelcharakter und die kräftige Säure eines süßen Chenin Blanc von der Loire vertragen sich ausgezeichnet mit einem französischen Apfelkuchen.

Wein richtig lagern

Es mag Sie trösten, daß nur wenige Weinfreunde ein ideales Kellergewölbe besitzen und die meisten mit mehr oder weniger gut geeigneten Lagerräumlichkeiten auskommen müssen. Damit soll aber die Bedeutung, die dem Schutz des Weins vor schlechten Voraussetzungen zukommt, nicht unterschätzt werden. Gute Lagerbedingungen sind um so wichtiger, je länger Sie einen Wein aufbewahren und je feiner er ist.

Wie wir Menschen sind auch manche Weine ziemlich robust und ertragen eine ganz Zeitlang unsanfte Behandlung, ohne Schaden zu nehmen, während andere eher empfindlich reagieren. Alles in allem ist Weißwein – insbesondere süßer Wein und Champagner – gebrechlicher als Rotwein, aber auch bei diesem besteht für Exemplare, die nur eine minimale Stabilisierungsbehandlung z.B. durch Filtern erhalten haben, weit mehr Gefahr, daß sie frühzeitig unter ungünstigen Verhältnissen leiden. Auch die Rebsorte macht einiges aus – Cabernet-Sauvignon- und Syrah-Weine sind meist unempfindlicher als Pinot Noirs –, aber in jedem Fall ist es sinnvoller, etwas zu unternehmen, als einfach zu hoffen, daß die eigenen Weine zur robusteren Art gehören.

Ideale Voraussetzungen

Temperatur

Die schlimmsten Feinde des Weins sind Wärme, Licht, Lufttrockenheit und Erschütterungen – die beiden ersteren machen die meisten Schwierigkeiten. Die ideale Kellertemperatur beträgt 7–13 °C, man kann Wein jedoch sogar knapp über dem Gefrierpunkt lagern (wenn er allerdings wirklich gefriert, dehnt er sich aus und treibt den Korken hinaus), aber auch noch bis zu 20 °C, wenn man nicht vergißt, daß Wein bei höherer Temperatur viel schneller ausreift (bei niedrigerer natürlich entsprechend langsamer). In erster Linie muß man jedoch dafür sorgen, daß die Temperatur nicht zwischen dem einen und dem anderen Extrem schwankt. Möglichst konstante Temperatur ist wichtig; ständiges Auf und Ab schadet dem Wein.

Trifft gleichmäßige Temperatur mit anderen guten Voraussetzungen zusammen, dann kann man Wein in normalen Räumen sogar bei 21 °C recht gut aufbewahren, wenn man den entsprechend schnelleren Reifeprozeß berücksichtigt. Empfehlen möchte ich es freilich nicht, weil an heißen Sommertagen Raumtemperaturen über 30 °C durchaus vorkommen. Im langen, heißen Sommer 1990 dampften meine Küche und ich tagelang bei 32 °C still vor uns hin, und dem Schrank unter der Treppe, wo ich früher einige Weinregale untergebracht hatte, ging es bei 28 °C ebenfalls nicht viel besser. Es ist auch keine gute Idee, den Wein in einem kalten Gästezimmer unterzubringen, weil dieses ab und zu einmal für kurze Zeit auf 21 °C aufgeheizt und dann wieder abgekühlt wird, wenn Gäste kommen und gehen.

Garagen und Dachböden vermitteln ein falsches Sicherheitsgefühl: Sie scheinen oft nur kühl, sind aber selten so gut isoliert, daß starke Temperaturschwankungen ausgeschlossen sind.

Das alles hört sich nicht gerade ermutigend an, aber geben Sie nicht auf! Oft läßt sich Wein bei akzeptabler Temperatur im Haus oder in der Wohnung lagern, man muß nur die Stelle mit Sorgfalt wählen: Wände auf der Nordseite, Nischen und Ecken bieten sich an, ebenso ein unbenutzter Kamin oder der Schrank unter der Treppe (meiner freilich nicht). Vielleicht haben sie auch das Glück, und Ihre Garage, Ihr Kohlenkeller oder Ihr Dachboden ist gut isoliert.

Wofür Sie sich auch immer entscheiden, überwachen Sie dort die Temperatur stes mit einem Thermometer und achten Sie darauf, ob am Korken und unter der Kapsel Spuren von herausgesickertem Wein zu sehen sind. Das wäre nämlich ein Anzeichen dafür, daß der Inhalt zu warm geworden ist und sich ausgedehnt hat.

Links: Kühle, dunkle, feuchte Kellergewölbe geben ideale Lagerräume für Wein ab. Manche der kilometerlangen Stollen in den Bergen von Tokaj sind schon seit dem 13. Jahrhundert in Gebrauch.

Licht

Sonnenlicht und ultraviolette Strahlen schaden dem Wein genausosehr wie übermäßige Wärme, doch kann man sie leichter vermeiden. Die meisten Weine sind durch farbige Flaschen (oder Zellophanhüllen) bereits teilweise geschützt, aber Sie können noch mehr tun, indem Sie Flaschen, an die Licht herankommt, einfach zudecken. Haben Sie Ihr Weinlager unter der Treppe, dann brauchen Sie sich keine Gedanken zu machen.

Luftfeuchtigkeit

Es ist schon eher umstritten, wieviel die Luftfeuchtigkeit ausmacht, aber sicher hat es etwas zu bedeuten, daß die meisten Winzer in ihren Kellern für feuchte Luft sorgen (manche Weinkeller in Europa sind außerordentlich kühl und feucht, ja sogar schimmelig). Sehr trockene Luft scheint Oxidation hervorzurufen (weil dann infolge des niedrigeren Dampfdrucks außerhalb der Flasche Wasser aus dem Wein durch den Korken hindurch verdunstet und auf demselben Weg Luft eintreten kann). Allerdings ergeben sich solche Probleme meist nur bei alten Weinen in der ausgesprochen trockenen Luft von Klimaanlagen. Im Idealfall sollte die Luftfeuchtigkeit zwischen 55 und 70 % betragen, aber selbst wenn es noch feuchter ist, besteht die einzige Gefahr darin, daß die Etiketten sich ablösen oder unleserlich werden –

Unten: Den Etiketten bekommt es zwar nicht, aber die Winzer sind immer stolz auf dick verschimmelte Flaschen, beweisen sie doch, daß ihre Keller schön feucht sind.

Links: Gefärbtes Glas oder Zellophan schützt den Wein in der Flasche vor schädlichem Licht.

was dann das Auswählen eines Weins zum Abendessen zur Lotterieveranstaltung macht.

Erschütterungen

Wein mag ständige Erschütterungen und Vibrationen nicht. Wenn Ihr Wein den ganzen Tag lang durch vorüberfahrende Schnellzüge oder Fernlaster geschüttelt wird, dann sollten Sie sich einen anderen Platz für die Aufbewahrung suchen. Allerdings muß ich zugeben, daß viele Weinhändler in London bis auf den heutigen Tag ihre Keller unter Bahnstrecken

Rechts: **Diese modernen Versionen alter Kellerbehältnisse sind zweckmäßig, wenn man Weine im Dutzend kauft.**

haben, offenbar ohne daß es etwas ausmacht. Normale Erschütterungen im Haus (selbst durch Tag und Nacht die Treppen hinauf- und hinunterdonnernde Teenager) schaden Ihrem Wein vermutlich weniger als Ihren Nerven.

Autofahrten bekommen dem Wein nicht. Wenn es nicht zu heiß ist und nicht zu lange dauert (denken Sie an die Heimfahrt aus Südfrankreich oder Spanien), dürfte sich der Wein zwar wieder erholen, man sollte ihm aber ein paar Tage lang Zeit dafür gönnen – die braucht er vor allem dann, wenn er ein Sediment enthält.

Die hier erwähnten Weine und Rebsorten sind im letzten Abschnitt (Seiten 94–157) sowie unter «Die Bedeutung der Traube» (Seiten 50–59) näher beschrieben.

Legen Sie ihn stets hin

Wein sollte immer liegend aufbewahrt werden, damit er mit dem Korken in Berührung steht, so daß dieser nicht austrocknet und Luft eintreten läßt. Am besten geschieht das in den üblichen Weinregalen, die man auch nach Maß für eigenartig geformte Ecken angefertigt bekommt. Die taubenschlagähnlichen Systeme aus Styropor (oder auch handfesterem Material) sind zwar gut, brauchen aber mehr Platz und sind meist auch teurer.

Ersatzkeller

Wenn Sie mehr investieren wollen, können Sie sich einen Ersatzkeller anschaffen. Kühlschrankähnliche Weinschränke mit Temperatur- und Luftfeuchtigkeitsregelung gibt es in verschiedenen Größen für 50 bis 500 Flaschen. Sie sind sehr empfehlenswert, aber platzraubend und kostspielig. Eine geniale französische Erfindung ist der Spiralkeller; er besteht aus einem Zylinder mit 2 m Durchmesser, wabenförmigen Flaschenbehältnissen aus Beton an den Wänden und einer Wendeltreppe in der Mitte. Das Ganze wird 2–3 m tief in den Boden eingelassen. Auch dieser Ersatzkeller ist sehr gut, aber teuer. (Ich habe in meiner Küche sowohl den Weinschrank als auch den Spiralkeller und bin zu dem Schluß gekommen, daß ich niemals wieder ein Haus kaufen werde, das nicht auf traditionelle Weise unterkellert ist.)

Oben: Das einfache Regal aus Holz oder Metall erfüllt stets seinen Zweck. Wenn man will, bekommt man es nach Maß angefertigt.

Oben rechts: Der Weinschrank mit Temperatur- und Feuchtigkeitsregelung ist eine schöne, aber teure Sache.

Mietkeller

Wenn Sie Wein kistenweise zum Einlagern kaufen und keinen eigenen Keller besitzen, dann beziehen Sie ihn am besten von einem namhaften Fachgeschäft, das über geeignete Räumlichkeiten verfügt und Ihren Wein für Sie lagert (ich mache das auch so). Das kostet natürlich etwas, aber das Geld ist gut angelegt. Es gibt inzwischen in England und den USA auch temperaturgeregelte Mietkeller, zu denen man zu jeder Tageszeit Zutritt hat.

Links: Die großzügigste Lösung in einem nicht unterkellerten Haus ist der unterirdische Spiralkeller, eine geniale französische Erfindung.

Die schwerste Frage: Wann ist der Wein genußreif?

Die am schwersten zu beantwortende Frage, die aber einem Weinautor am häufigsten gestellt wird, lautet: «Wann ist dieser oder jener Wein genußreif?» Schwer zu beantworten ist sie aus einem ganz einfachen Grund: Es gibt keine allgemeingültige Antwort. Unter dichtem Verschluß in der Flasche entwickelt der Wein sich weiter – und obwohl er dabei wissenschaftlich ergründete Wege beschreitet, hat doch noch niemand eine Formel gefunden, nach der diese Entwicklung genau berechnet werden kann. Ich muß sagen, mir gefällt das ungemein, denn dieser Aspekt der Mystik des Weins macht viel von der Spannung und Freude aus, die mit seinem Genuß verbunden ist.

Daß immer noch Rätsel bleiben, bedeutet aber nicht, daß wir über das, was in der verschlossenen Flasche vor sich geht, völlig im Dunkeln tappen. Erfahrungen mit einer bestimmten Region, dem Jahrgang und dem Weingut und die Kenntnis der Rebsorte (oder des Verschnitts), des Klimas und der Weinbereitungstechniken ermöglichen es, die Entwicklung des Weins ungefähr einzuschätzen. Wir wissen, daß die vordergründig fruchtigen Aroma- und Geschmacksbestandteile allmählich durch mildere, komplexere ersetzt werden (siehe Seite 15), wir wissen auch, daß der Wein schließlich «austrocknet» – seine Frucht verblaßt ganz und gar, und nur die Säure bleibt unerfreulich scharf zurück. Schließlich wissen wir sogar, daß diese Veränderungen auf die winzige Menge Sauerstoff zurückgehen, die sich ungelöst im jungen Wein befindet, mit den Tanninen, Anthozyanen (Pigmenten), Säuren und dem Alkohol reagiert und Prozesse der Polymerisation (für Sediment verantwortlich) und Veresterung (Bildung komplexerer Aromen) auslösen. Nebenbei bemerkt: Das Wissen um das Altern des Weins verhilft nicht unmittelbar zu mehr Genuß und hat wie gesagt auch noch keine magische Formel hervorgebracht, die uns verrät, wann ein Wein auf seinem Höhepunkt ist.

Wie erfährt man also, ob ein Wein genußreif ist? Zunächst einmal bedeutet es vielleicht einigen Trost, wenn man weiß, daß es irreführend ist, vom Höhepunkt zu sprechen. Das würde ja bedeuten, daß der Wein bis zu einem bestimmten Punkt der Perfektion heranreift und sich dann sofort auf den Weg abwärts macht – wer den Tag verpaßt, könnte dann den Wein nie in Bestform erleben. Zum Glück ist das nicht so. Zwischen Auf- und Abstieg liegt nicht ein Gipfel, sondern ein Hochplateau, auf dem sich der Wein zwar (wenn auch kaum merklich) weiter verändert, dabei aber weder gewinnt noch verliert. Dann ist es Zeit, den Wein zu trinken. Freilich muß man nun aber auch wissen, wann bei den einzelnen Weinen dieses Plateau erreicht ist und wie lange es wahrscheinlich andauert.

Angenommen, die Lagerungsbedingungen sind günstig (Seiten 40–43), dann darf man unter Berücksichtigung dessen, daß manche Weine sich langsamer entfalten als andere, verallgemeinernd sagen, daß ein Wein, je feiner er ist, um so länger braucht, bis er sein Plateau erreicht, sich dort um so länger hält und schließlich um so langsamer davon absteigt. Umgekehrt gilt: Je geringer ein Wein, desto kürzer jede Entwicklungsphase und die Lebensdauer insgesamt. Anders gesagt werden bescheidene Weine – d. h. Weine mit bescheidenem Preis, ganz gleich, wie großartig der Name klingt oder die Abbildung auf dem Etikett aussieht – bei längerer Aufbewahrung nicht viel besser; am Anfang vielleicht schon ein wenig, solange sie die Ecken und Kanten der Jugend abschleifen, aber auf lange Sicht werden sie nicht die große Konzentration und das schöne Gleichgewicht von Tannin, Säure usw. erlangen, das ihnen weitere Entfaltung und Verbesserung ermöglicht.

In neuerer Zeit werden Weine für baldigeren Verbrauch bereitet als früher – d.h. ihr Tannin und ihre Säure werden durch Eingriffe gemildert. Selbst feinster Bordeaux oder Barolo hat heute nicht mehr so strenges, sondern viel samtigeres Tannin und dürfte deshalb früher auf den Gipfel bzw. das Plateau gelangen. Die meisten Crus Classés aus Bordeaux, auch aus besten Jahrgängen, stehen heutzutage bereits nach 10 Jahren am Anfang des Plateaus, während Spitzenjahrgänge der 1970er, 1960er und noch früheren Jahre mindestens 15 Jahre brauchten. Ob heutige Weine auch genauso lange durchhalten, ist noch die Frage. Die Erzeuger sagen ja (da der Aufstieg kürzer sei, werde das Plateau sich länger ausdehnen), aber es dauert noch mindestens 10 Jahre, bis sich das Urteil von selbst fällt – und um dieselbe Zeit werden wir auch genauer wissen, ob die Neue Welt beständig Weine mit großer Lebensdauer hervorbringen kann.

Bisher hat es trotz der gewaltigen Ausweitung der Welt des Weins in den letzten 20 Jahren bei Gewächsen, die längeres Aufbewahren wirklich lohnen, keine dramatischen Veränderungen gegeben. Es sind im wesentlichen die gleichen klassischen Weine Europas wie zuvor – Bordeaux und Sauternes, Weine von der nördlichen Rhône, roter und weißer Burgunder, Barolo, Spitzenrotweine aus der Toskana, Port, feine deutsche Rieslinge, eine Handvoll spanische Rotweine und ungarischer Tokajer. Aus der Neuen Welt kommen australischer Shiraz der Spitzenklasse (z.B. aus dem Barossa Valley, gelegentlich mit Cabernet Sauvignon verschnitten), Hunter Valley Sémillon, Clare Valley Riesling, kalifornische Cabernets aus kühleren Lagen wie Howell Mountain und Stag's Leap sowie seriöser Zinfandel in Frage.

Jahrgangstabellen – ein Leitfaden, kein Evangelium

Für welchen Wein Sie sich auch entscheiden, bei der Einlagerung gilt es, eine goldene Regel zu beachten: Wählen Sie einen guten Jahrgang (es sei denn, Sie wissen sicher, daß der Wein eines bestimmten Erzeugers in einem bestimmten Jahr besonders gut ausgefallen ist). Geringere Jahrgänge sind billiger, eben deshalb, weil es ihnen an mindestens einem der beiden wesentlichen Punkte, nämlich Konzentration und Gleichgewicht, mangelt. Natürlich gibt es auch immer wieder überraschend gute Weine aus schlechten und enttäuschende Weine aus guten Jahren.

Vergleichen Sie die Jahrgangstabellen in diesem Buch mit solchen in anderen Büchern, in Weinfachzeitschriften und in Angebotslisten (bedenken Sie dabei immer, daß diese Tabellen auf den Spitzenweinen der jeweiligen Klasse und nicht auf bescheidenen Gewächsen beruhen). Es gehört mit zur Freude am Wein, daß die Meinungen der «Experten» voneinander abweichen. In verschiedenen Ländern bilden sich oft unterschiedliche Auffassungen darüber, welche von mehreren großen Jahrgängen nun die besseren sind – beispielsweise bei Bordeaux und Sauternes der 88er, 89er oder 90er und bei rotem Burgunder der 89er oder 90er. Selbst innerhalb der Länder gibt es Parteigrenzen. Die Bordeaux-Liebhaber in England spalten sich in solche, die es mit der Wucht und Frucht vollerer, reiferer Jahrgänge halten, und solche, denen die kargeren, herberen Jahrgänge lieber sind, weil sie eleganter und am Ende auch ausgewogener seien, und das wirkt sich auf die Zusammenstellung der Jahrgangstabellen natürlich aus.

Auch verändern die Experten ihre Auffassungen und Tabellen, wenn sich die Weine anders entwikkeln, als sie ursprünglich angenommen hatten: In den letzten Jahren ist der 1983er rote Burgunder mehrfach ab-, der 1987er dagegen aufgewertet worden, und über den weißen Burgunder von 1985 und 1986 haben sich die Ansichten noch nicht ausgependelt.

Auch der persönliche Geschmack hat Einfluß auf die Entscheidung, wann ein Wein am besten ist. Die Engländer trinken allgemein Jahrgänge, über die Franzosen und Amerikaner längst zu jüngeren hinweggegangen sind; ich persönlich mag Weine nicht so sehr, die schon am Rande des Niedergangs stehen, obschon sie dann sicherlich höchst komplex sind. Ich trinke doch lieber einen Wein, der eher etwas zu jung anstatt zu alt ist und noch viel Frucht hat, auch wenn Säure und Tannin sich noch weiter mildern könnten. Das hat nichts mit richtig oder falsch zu tun. Es ist Geschmackssache, und es gehört auch zum Jagdvergnügen, der eigenen Vorliebe auf die Spur zu kommen.

Die hier erwähnten Weine und Rebsorten sind im letzten Abschnitt (Seiten 94–157) sowie unter «Die Bedeutung der Traube» (Seiten 50–59) näher beschrieben.

Grundlegendes zum Hinlegen

Es mag banal erscheinen, allem den Preis zugrunde legen zu wollen, in Zweifelsfällen aber gibt er nützliche Anhaltspunkte. Billige Weine sind – wie schon erörtert – nicht für weitere Entfaltung gemacht: Weißweine solcher Art sollen oft innerhalb eines Jahres und Rotweine innerhalb von zwei Jahren getrunken werden (vergessen Sie dabei nicht, daß in der südlichen Hemisphäre die Weinlese im Frühjahr stattfindet, so daß Weine von dort rund ein halbes Jahr älter sind als europäische und kalifornische aus demselben Jahrgang). Auch etwas teurere Weine werden selten so bereitet, daß sie einer Reife bedürfen, allerdings halten sie sich länger, sofern sie nicht vor der Abfüllung allzulange im Faß gelegen haben (hierauf gilt es z.B. bei bulgarischen Rotweinen zu achten); sie behalten zwar ihre ansprechende jugendliche Art ziemlich lange, mildern sich vermutlich auch und werden etwas fülliger, gewinnen jedoch kaum an Komplexität. Bei Weißweinen dieser Preisgruppe sind Chardonnays und deutsche Rieslinge mit größerer Sicherheit haltbarer als Sauvignon Blanc, und bei Rotwein zeigen mittelschwere bis schwere Weine der tanninreicheren Rebsorten Cabernet Sauvignon und Syrah im Lauf von drei bis fünf Jahren eine gewisse Entfaltung. (Bei preiswerteren Bordeauxweinen ist zu beachten, daß diese weitgehend von Merlot gekeltert werden, der aber, von wenigen Ausnahmefällen abgesehen, nicht über dieselbe Lebenskraft verfügt wie Cabernet.)

In den höheren Preisklassen sind dann Weine zu finden, die mehrjähriges Hinlegen lohnen – vielleicht fünf, zehn oder noch mehr Jahre –, und zwar Elsässer Spätlesen, weiße Graves der Spitzenklasse, Rhône-Weine, Crus Classés aus Bordeaux und, mit Vorsicht, Burgunder. Dabei sollten Sie nicht vergessen, auf gute Jahrgänge und Erzeuger mit entsprechendem Ruf zu achten.

Restaurants und Weinkarten

Die Weinkarte in einem guten Restaurant ist abwechslungsreich, bietet eine Auswahl an halben Flaschen und offenen Weinen zu breitgefächerten Preisen, gibt stets Auskunft über Jahrgang und Erzeuger, nennt – insbesondere bei weniger bekannten Weinen – kurz die Eigenschaften und Geschmacksnoten und ist nach Regionen, Weintypen oder Rebsorten geordnet. Gut geschultes, freundliches Personal sollte stets zur Hand sein. Leider gibt es viele Restaurants, die diesen Mindestanforderungen nicht entsprechen – aber nicht verzagen: Hier folgen ein paar Hinweise, wie man mit unzulänglichen Weinkarten und Kellnern fertig wird:

- *Australische und neuseeländische Weine sind sehr zuverlässig: Chardonnay, Riesling und Schaumwein aus beiden Ländern, Rotwein und Sémillon aus Australien und Sauvignon Blanc aus Neuseeland. Bei Weißwein bestellt man am besten den jüngsten Jahrgang auf der Karte.*

- *Verglichen mit australischen Weinen sind kalifornische meist zu teuer, es gibt aber sehr gute Pinot Noirs, ausgezeichnete Chardonnays und schmackhafte Zinfandels.*

- *Trockene Elsässer Weißweine sind meist preiswerter und anpassungsfähiger als solche von der Loire. Pinot Blanc schmeckt gut zu Vorspeisen ohne Fleisch sowie zu Fisch und Schalentieren. Tokay-Pinot Gris eignet sich für kräftiger gewürzte Speisen und für Fisch.*

- *Rully, Mercurey, Montagny und Givry sind zuverlässige und erschwingliche Vertreter von rotem und weißem Burgunder – besser und nicht viel teurer als die meisten Mâcons.*

- *Abgesehen von 1984 und 1987 hatte Bordeaux zwischen 1982 und 1990 eine ganze Serie guter Jahrgänge. Wenn Sie mehr ausgeben wollen, bestellen Sie die älteren*

1982–1997: Die Lebensdauer von vier Weißweinen der Spitzenklasse

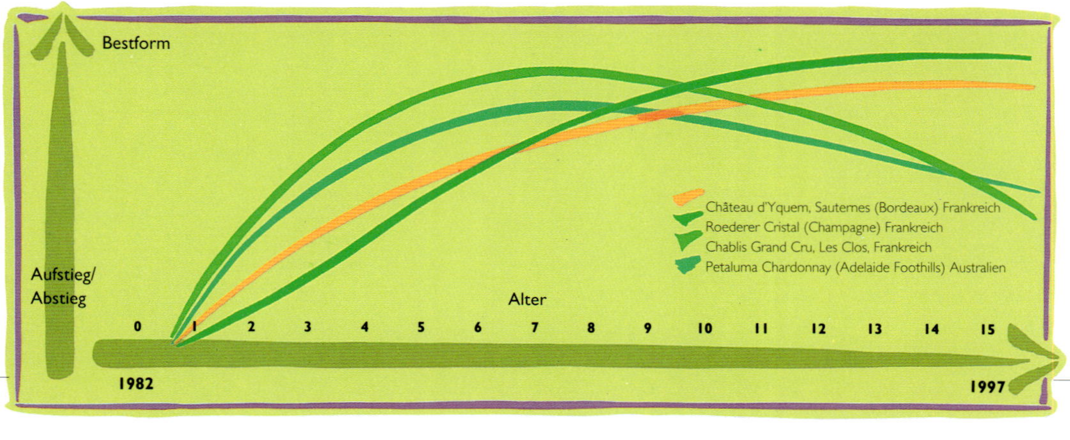

Verschiedene Weine leben unterschiedlich lange. Weißweine entwickeln sich meist rascher und sind kurzlebiger als Rotweine, doch große süße Weine (etwa Château d'Yquem) und Jahrgangs-Champagner (z.B. Roederer Cristal) halten sich lange. Weißweine aus der Neuen Welt sind oft kurzlebiger, doch Petaluma Chardonnay aus Südaustralien wird für lange Lagerfähigkeit ausgelegt.

Jahrgänge, kann es auch ein einfacher, aber doch schön geschmeidiger Bordeaux sein, dann wählen Sie die AC Bordeaux oder Haut-Médoc von 1989 oder 1990. Viele 1987er Crus Classés sind inzwischen gut ausgereift – und zu angemessenen Preisen zu haben. Bei 1991ern und 1992ern sollte man noch Vorsicht walten lassen.

- *Billige italienische Weine der gängigeren Arten (Frascati, Soave, Valpolicella usw.) sollte man meiden, dagegen kann man mit unbekannten Namen aus Italien schon einmal ein Risiko eingehen, insbesondere wenn sie nicht gerade teuer und die Weißweine noch jung sind. Hier eröffnen sich oft unvermutete, zum Essen höchst erfreuliche Genüsse.*

- *Rotweine von der nördlichen Rhône sind meist nicht billig, dafür aber etwas Gutes, empfehlenswert auch Côtes du Rhône Villages wie Valréas, Vacqueyras, Séguret und Cairanne und beachtenswert Lirac und Gigondas.*

- *Mit rotem Rioja geht man meist nicht fehl, aber Navarra ist oft preiswerter.*

Alkohol, Wein und Gesundheit

Der Alkoholgehalt von Wein ist auf den Etiketten in Volumenprozent angegeben. Tischwein (im Gegensatz zu mit Alkohol angereicherten Weinen wie Port und Sherry) liegt zwischen 5,5 % (italienischer Moscato-Perlwein) und 15,5 % (Recioto della Valpolicella), der Durchschnitt für Qualitätswein beträgt etwa 11 %. Das ist für den Wein und auch für Sie eine beträchtliche Spanne, also achten Sie darauf, was Sie trinken. (Was immer es besagen mag, die offizielle Mengenempfehlung lautet in England 14 Einheiten pro Woche für Frauen und 21 für Männer – wobei unter einer Einheit ein kleines Glas Wein mit 11 % zu verstehen ist).

Generell bringt wärmeres Klima mehr Alkohol hervor, doch dafür darf in kühleren Gegenden oft Zucker zur Steigerung des Alkoholgehalts mitvergoren werden. Wenn in wärmerem Klima die Trauben nicht voll ausgereift gelesen werden, haben sie noch nicht soviel Zuckergehalt, und der resultierende Wein ist weniger alkoholstark. Auch hohe Erträge verringern die Zuckerkonzentration.

Das Etikett gibt auf jeden Fall Auskunft, hier aber noch einige Hinweise:

- *Obwohl Champagner und Burgunder aus kühlem Klima stammen, haben Sie meist 13 % (weil sie mit Zucker angereichert werden), das trifft aus demselben Grund zur Überraschung vieler Weinfreunde auch für Beaujolais zu. Bordeaux (meist angereichert) hat 12–12,5 %, Sauternes in einem guten Jahr oft 14 % (und dabei noch viel Süße).*

- *Viele billige australische Weine haben 11 % (hohe Erträge, frühe Lese), teurere dagegen eher 13 %. Trotz kühlerem Klima erreichen Neuseeländer Chardonnays oft 13,5–14 % (hier wird spät gelesen, damit der kräftige Säuregehalt etwas nachläßt). Gute kalifornische Weine haben gewöhnlich 13–13,5 %.*

- *Sherry liegt zwischen 16 % (Fino und Manzanilla) und 18 % (Oloroso). Port hat sogar meist 20 %.*

- *Wenn Sie Ihren Alkoholverbrauch mäßig halten wollen, empfehlen sich traditionelle deutsche Weine; sie liegen mit 8–9 % am unteren Ende des Spektrums. Beachten Sie jedoch, daß die heutigen trockeneren Aufführungen 10–12 % haben können.*

Von Wein und Gesundheit reden zu wollen ist fast so, wie wenn man sich durch ein Minenfeld tastet. Ich will mich deshalb darauf beschränken zu sagen, daß es immerhin Anzeichen dafür gibt, daß mäßiger Weingenuß, insbesondere von Rotwein, das Risiko von Herzerkrankungen verringert und daß mäßige Weintrinker länger leben als Abstinenzler. Doch wer braucht schon einen solchen Grund, um etwas so Köstliches, das Lebensgefühl Steigerndes wie Wein zu genießen?

1982–1997: Die Lebensdauer von vier Rotweinen der Spitzenklasse

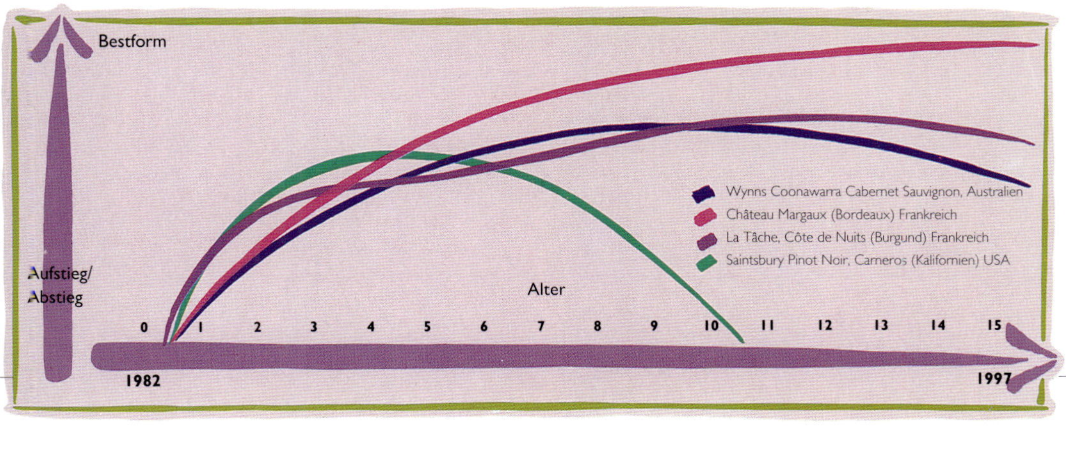

Allgemein braucht ein Wein, je feiner er ist, um so länger, bis er seine Bestform erreicht, und steigt dann um so allmählicher davon ab. Generell halten sich Weine aus der Alten Welt länger als solche aus der Neuen und Cabernet-Sauvignon-Weine länger als Pinot Noirs. Die Kurven der vermutlichen Entwicklung von vier Spitzenrotweinen aus dem Jahrgang 1982 geben das gut zu erkennen.

Feine Weine und ihre Bereitung

2

Wein ist nichts weiter als vergorener Traubensaft, aber es gibt Tausende von Rebsorten, und jede hat ihren eigenen Charakter. Nur eine Handvoll von ihnen erbringt die hauptsächlichen klassischen Weinarten, doch wenn sie in einen anderen Boden oder ein anderes Klima verpflanzt werden oder wenn ihr Wein nach anderen Traditionen oder Techniken bereitet wird, kommt oft etwas ganz anderes dabei heraus – manchmal aber auch eine vorbildgetreue Kopie.

Die Bedeutung der Traube

Wein riecht oder schmeckt zwar nur selten nach Trauben, aber die Rebsorte hat den größten Einfluß auf Stil und Charakter. Auch Boden, Klima und menschliches Zutun spielen eine Rolle, der Hauptbestandteil und die wichtigste Grundlage für den Geschmack ist jedoch die Traube. Von der Spezies *Vitis vinifera* (die eigentliche Weinrebe) gibt es rund 4000 Arten; viele davon sind freilich kaum von Bedeutung, weil entweder ihr Wein minderwertig oder nichtssagend ist oder weil sie so launisch sind, daß sich kaum ein Winzer mit ihnen abplagen mag.

Ich habe hier gut 30 von ihnen ausgewählt und teile sie ein in: Klassiker, sonstige wichtige Rebsorten (eine eher persönliche Auswahl), weitere auf Etiketten oft erscheinende Trauben und schließlich Sorten, die trotz ihrer Bedeutung eher im Hintergrund stehen.

Die Klassiker

Klassische weiße Trauben

Chardonnay

Die wohl modischste Traube der Welt ist aber keineswegs die meistangebaute (diese zweifelhafte Ehre fällt einer außerordentlich nichtssagenden Sorte namens Airén zu, die in ganz Spanien, dem Land mit der größten Rebfläche, nicht aber der größten Weinproduktion, verbreitet ist). Obwohl schätzungsweise die Anpflanzungen von Chardonnay sich zwischen 1988 und 1992 verdoppelt haben und auch seither in gleichem Tempo weitergewachen sind, dürfte auf diese Sorte immer noch nicht einmal 1 % der gesamten Anbaufläche von *Vitis vinifera* entfallen. Chardonnay ist also durchaus nicht etwa dabei, sich die Welt des Weins zu unterwerfen, dennoch läßt sich seine zunehmende Präsenz und Popularität nicht leugnen. Die Winzer haben es gern mit ihm zu tun, denn er ist leicht zu kultivieren, wuchskräftig, resistent und in fast jedem Klima und auf fast jedem Boden ertragreich. Die Kellermeister mögen ihn, weil er sich so bereitwillig in alle nur erdenklichen Formen gießen läßt und in Burgund und der Champagne bewiesen hat, daß er mit die großartigsten Weine der Welt und mit die langlebigsten Weißweine hervorbringen kann. Die Weinliebhaber mögen ihn, weil er mit wenigen Ausnahmen sofort anspricht. Voll, sanft, butterig und fruchtig, mit oder ohne das verlockende Vanillearoma von Eichenholzfässern, zeigt er keinerlei kantige Schärfe oder strenge Säure. Ob Sie nun Winzer, Kellermeister oder Weinliebhaber sind – mit Chardonnay haben Sie selten Mühe.

GESCHMACK: Äpfel, Birnen, Zitrusfrüchte, Melonen, Ananas, Pfirsiche, Butter, Wachs, Honig, Karamel, Butterscotch, Vanille, verschiedene Gewürze, nasse Wolle (Burgund), Minerale und Feuerstein (Chablis).

Links: Alle lieben Chardonnay: die Winzer, weil er leicht zu kultivieren ist und gute Erträge bringt, die Kellermeister, weil er sich nach Wunsch gestalten läßt, und die Verbraucher, weil er unmittelbar ansprechend und gefällig wirkt.

Sauvignon Blanc

Dieser weißen Traube wird die Starrolle geweissagt, sobald der Verbraucher einmal des Chardonnays müde wird, aber ich bin davon nicht überzeugt. Sauvignon hat einfach nicht die Qualitäten im Weinberg, Keller und Glas, die dem Chardonnay so breite Zustimmung eintragen. Unter guten Voraussetzungen bringt er Wein mit starker, im Grunde aber eindimensionaler Persönlichkeit hervor – anregend, trocken und mit ausgeprägter Säure, im Geschmack Gras und Stachelbeeren. Die besten Beispiele kommen von der oberen Loire und aus Neuseeland, gelegentlich aus Bordeaux und Kalifornien.

GESCHMACK: Frischer Grasschnitt, Stachelbeeren, Blätter der Blutjohannisbeere, Katzenpipi (kein Fehler), Dosenspargel oder grüne Bohnen (eigentlich unerwünscht), manchmal Stein, Feuerstein (obere Loire).

Riesling

Der echte deutsche Riesling (andernorts Johannisberg, White oder Rhine Riesling bzw. Riesling Renano) ist eine der großen Trauben der Welt. Wie der Sauvignon Blanc hat er eine starke Persönlichkeit, die sich ohne den Einfluß von Eichenholz besser darstellt, und kräftige Säure, aber er ist viel anpassungsfähiger als der Sauvignon. Er gedeiht im kühlen Klima Europas (Deutschland und Elsaß) und gleichermaßen unter wärmeren Bedingungen (Australien) und ist empfänglich für Edelfäule (ein Pilz, der reife Trauben befällt und ihnen Wasser entzieht, so daß Weine von immenser Fülle und Süße entstehen). So erbringt der Riesling eine breite Palette an Weinstilen von trocken bis intensiv süß, die keiner großen Alkoholstärke bedürfen – in Deutschland manchmal nur 6,5 %, im Elsaß und in Australien aber bis zu 13 %. Wie feiner Chardonnay entfaltet sich auch Riesling über viele Jahre hinweg und hat stets lebendige Fruchtigkeit und harmonische Säure.

Links: **Riesling gedeiht im kühlen Klima Deutschlands und im warmen Klima Australiens; er erbringt ein breites Spektrum an Weinen von leicht und süß bis knochentrocken und alkoholstark.**

GESCHMACK: Saftige, grüne Äpfel, würzige Bratäpfel, Quitten, Orangen, Limonen und Passionsfrucht (Australien), Honig (in süßen Versionen), mineralische Noten (v.a. Mosel), Benzin, Toast.

Sémillon

Sémillon ist eine Haupttraube im weißen Bordeaux (im trockenen Graves wie im süßen Sauternes) und erklimmt im australischen Hunter Valley als trockener Weißwein ungewöhnliche Höhen. In Bordeaux wird er wegen seiner runden, etwas öligen Art und in geringerem Maß – nur in jungen, trockenen Weinen – seiner Kräuterwürze wegen geschätzt (darin ähnelt er dem schärferen Sauvignon Blanc, mit dem er verschnitten wird). Im Hunter Valley erweist er sich als langlebig und nimmt im Alter Honig- und Toastnoten an, als wäre er im Eichenfaß gereift. Auch in Chile und Südafrika wird er angebaut.

GESCHMACK: Gras, Zitrusfrüchte, Lanolin, Honig, Toast.

Chenin Blanc

Eine Rebsorte mit sehr kräftiger Säure und potentiell großer Langlebigkeit, aber auch mit besonders häßlichen Eigenheiten, wenn sie nicht genügend Sonne bekommt, um zur Reife zu gelangen: unreifer Chenin Blanc hat einen käsigen, speiübleb Geschmack. Doch unter günstigen Voraussetzungen, wie sie an der mittleren Loire (Coteaux du Layon, Vouvray usw.) manches Jahr vorkommen, erbringt die Traube grandiose Weine mit Honigsüße und zugleich ausgeprägter, doch harmonischer Säure. In nicht so günstigen Jahren fallen sie leichter, weniger konzentriert, eher halbtrocken bis trocken aus und sind mit ihrer starken Säure fast immer bestens geeignet für die trockenen Schaumweine aus Saumur, Vouvray und Montlouis. In anderen Gegenden liefert Chenin Blanc einfache, milde, frisch-fruchtige (Südafrika) und zunehmend interessante, seriöse trockene Weine (Neuseeland).

Links: Chenin Blanc braucht viel Sonne, um seine intensive, fruchtige Geschmacksvielfalt zur Geltung zu bringen und seine rauhe Säure zu mildern. Am schönsten manifestiert er sich in besonderen Jahrgängen in den langlebigen süßen Weinen mit Edelfäule von der mittleren Loire.

GESCHMACK: Äpfel, Aprikosen, Nüsse, Honig, Marzipan.

Klassische rote Trauben

Cabernet Sauvignon

Nach Status und Popularität darf Cabernet Sauvignon als das rote Pendant zum Chardonnay gelten. Seine dunklen, dickschaligen Beeren erbringen dunklen, vollschmeckenden Wein, an dem Noten von schwarzen Johannisbeeren und Zedernholz, Zigarrenkisten oder Bleistift gerühmt werden. Cabernet-Sauvignon-Weine haben (weitgehend durch das Tannin aus den Schalen) das Potential zu langer Haltbarkeit und gewinnen an Statur, wenn sie im Eichenfaß ausgebaut werden. Für den Winzer erweist sich die Traube als fast ebenso anpassungsfähig an ihre Umgebung wie Chardonnay, aber in zu warmem Klima erlangen die Weine gedörrte, marmeladenhafte Geschmacksnoten, und es fehlt ihnen an Struktur und Konturenschärfe; bei zu wenig Sonne fallen sie dünn, holzig und krautig aus. Das einzige weinbautreibende Land von Bedeutung, in dem kein Cabernet Sauvignon angebaut wird, ist Deutschland (wegen des zu kalten Klimas). In seinem Kernland Bordeaux ist Cabernet Sauvignon immer Teil eines Verschnitts.

Oben: Ob Spitzengewächs oder bescheidener Vin de Pays, der in aller Welt verbreitete Cabernet Sauvignon gehört stets zu den am leichtesten erkennbaren Rotweinen.

GESCHMACK: Schwarze Johannisbeeren, Zedernholz, Zigarrenkisten, Bleistift, grüner Paprika, Minze, dunkle Schokolade, Tabak, Oliven.

Merlot

Merlot ist ähnlich wie Cabernet Sauvignon, aber nicht so tanninreich und erinnert auch nicht so intensiv an schwarze Johannisbeeren; er erbringt milderen, fülligeren, saftigeren, früher genußreifen Wein, der irgendwie süßer wirkt. Die gesuchtesten Gewächse mit großem Merlot-Anteil sind die Bordeaux aus Pomerol und St-Emilion. Sortenrein gewinnt er immer mehr Freunde in Kalifornien (vielleicht weil kalifornische Cabernets oft zu tanninherb ausfallen) und in Chile. In Norditalien bringt der Merlot leichte, grasige, in Bulgarien dagegen vollere Rotweine hervor und zeitigt im kühlen Klima Neuseelands wie auch im wärmeren Klima Südafrikas erste interessante Resultate.

GESCHMACK: Oft ähnlich wie Cabernet Sauvignon, manchmal aber eher Pflaumen und Rosen als schwarze Johannisbeeren, mehr Gewürze und Früchtekuchen, weniger Minze und Bleistift.

Pinot Noir

Der Burgunder Landsmann von Chardonnay fühlt sich außerhalb seiner Heimat in gleichem Maß unbehaglich, wie der Chardonnay sich überall wohl fühlt. Der Pinot Noir ist nicht nur besonders heikel in seinen Klimaansprüchen, er bringt auch keine reichen Erträge. In Burgund steht es um das Zustandekommen ausreichender Reife oft kritisch. Die Traube hat eher wenig Tannin und Säure, mitteldunkle Farbe und mittellange Lebensdauer; ohne ausreichende Wärme bringt sie dünne, blutarme Weine ohne die kräftige Frucht, die seidige Art und die tiefe Komplexität des echten Burgunders. In Kalifornien, Australien und anderen neuen Weinbauländern macht den Winzern das Gegenteil zu schaffen: Überreife Trauben ergeben dickliche, marmeladehafte Noten. Inzwischen verhelfen aber bessere Klone in größerer Auswahl auch dort, vor allem in Kalifornien, an kühleren Stellen zu außerordentlich guten Pinot Noirs.

Im Gegensatz zum genügsamen Chardonnay stellt Pinot Noir höchst verwöhnte Ansprüche an das Klima und an die Behandlung im Keller.

GESCHMACK: Himbeeren, Erdbeeren, Kirschen, Preiselbeeren, Veilchen, Rosen, Wild, Kompost, Dung.

Syrah (auch Shiraz)

Die klassischen Syrah-Weine aus dem Rhône-Tal, vorbildlich vertreten durch den Hermitage, und aus Australien, wo die Sorte unter dem Namen Shiraz verbreitet angebaut wird, sind sehr dunkel, körperreich, wuchtig, alkoholstark und haltbar. Syrah verlangt wärmeres Klima als Pinot Noir und ist alles in allem viel anpassungsfähiger. In kühlerem Klima erbringt sie einfach nur leichteren, eher pfefferigen Wein mit nicht so intensiv reifer Beerenfrucht bei weniger Tannin und Fülle. Für den Liebhaber ist besonders interessant, daß mit Ausnahme von Hermitage die Syrah- und Shiraz-Weine trotz kräftigem Tannin und unzweifelbarem Stehvermögen oft recht früh genußreif sind. In Australien bringt die vielseitige Shiraz-Traube auch weißen, rosé und roten Schaumwein sowie wuchtige, angereicherte Süßweine nach Port-Vorbild hervor. Kleinere Pflanzungen in Kalifornien liefern inzwischen Weine nach Rhône-Art, und in Südafrika wächst Shiraz mit einer Note von verbranntem Gummi.

GESCHMACK: Himbeeren, Brombeeren, schwarze Johannisbeeren, Pfeffer, andere Gewürze, Leder, Wild, Teer.

Sonstige wichtige Rebsorten

Wichtige weiße Trauben

Gewürztraminer

Der hocharomatische Gewürztraminer – am besten trocken oder lieblich im Elsaß und in der Pfalz – hat den markantesten Duft unter allen Weintrauben. Sein Wein hat ein exotisch würziges Bukett und Litschifrucht im Geschmack und ist oft körperreich, manchmal etwas ölig und bei schwacher Säure ziemlich alkoholstark.

GESCHMACK: Gewürze (oft Ingwer und Zimt), Nivea-Creme, Litschi.

Die charakteristisch rötliche Gewürztraminer-Traube hat den markantesten Duft von allen.

Muskateller

Wenn ein Wein nach Trauben riecht, ist er mit größter Wahrscheinlichkeit ein Muskateller. Es gibt ihn trocken als Muscat im Elsaß über lieblich und schäumend im Asti, Moscato d'Asti und Clairette de Die bis süß im Moscatel de Valencia (Spanien) oder sehr süß und mit Alkohol angereichert im australischen Liqueur Muscat und schließlich als Vin Doux Naturel von der Rhône und aus Südfrankreich (an der Spitze Muscat de Beaumes-de-Venise, Muscat de Rivesaltes, Muscat de Frontignan und Muscat de Lunel).

GESCHMACK: Trauben, Orangen, Rosen und Bergamotte (Elsaß), Rosinen (Süßweine), Malzzucker, brauner Rohrzucker.

Viognier

Eine echte Rarität: Viognier erbringt den Condrieu, einen betörend parfümierten, opulenten und doch trockenen Weißwein aus einem kleinen Gebiet an der nördlichen Rhône, und wird sonst nur noch an ein paar Stellen angebaut. Leider ist er unzuverlässig. Wenn ihm das Wetter nicht behagt, trägt er unter Umständen überhaupt nicht, und selbst in guten Jahren ist der Ertrag sehr gering (daher der ungeheuerliche Preis des Condrieu), andererseits aber haben einige Erzeuger weiter südlich an der Rhône und im Languedoc gute erste Erfahrungen mit Viognier gemacht. Auch in Kalifornien gibt es eine Handvoll gute Beispiele – aber der Preis ist so ziemlich derselbe wie für Condrieu.

GESCHMACK: Maiglöckchen oder Lindenblüten, Aprikosen, Pfirsiche, Moschus.

Was das Alter des Weinstocks zu bedeuten hat

Vielleicht ist Ihnen auf einem Weinetikett schon einmal der Begriff vieilles vignes *(alte Reben) begegnet. Er besagt, daß das Alter der Reben im Verein mit anderen Faktoren, z.B. dem Ertrag, Einfluß auf die Qualität und den Charakter eines Weins hat. Meist beginnt der Weinstock ab dem dritten Jahr richtig zu tragen, doch die Qualität und der Geschmack seiner Trauben wird mit zunehmendem Alter besser. Es gibt nur einige Ausnahmen von dieser Regel: sowohl der gesuchteste Portwein der Welt, nämlich der 1931er Quinta do Noval Nacional, als auch der sagenumwobene 1961er Château Pétrus stammten im wesentlichen von fünf- bis sechsjährigen Reben, und Chardonnay bringt vor allem in Neuseeland oft gute Anfangsleistungen, fällt dann aber etwa vier Jahre lang zurück. Derartige Qualität von noch jungen Weinstöcken scheint sich aus Ertragsbeschränkung zu erklären. Schließlich aber verringert sich bei allen Reben mit der Zeit der Ertrag (je nach Sorte im Alter von 15 bis 20 Jahren), da die Qualität dabei weiter zunimmt, weist der Winzer stolz auf seine alten Weinstöcke hin.*

Warum sollte dann aber ein Erzeuger – wie es manchmal geschieht – besonders vermerken, daß er jeunes vignes *(junge Reben) hat? Es bedeutet, daß die Reben, wenn sie älter wären (sie sind vermutlich noch keine drei Jahre alt), Anspruch auf eine höherwertige Appellation hätten – in Chablis ist das beispielsweise so.*

Wichtige rote Trauben

Cabernet Franc

In Bordeaux wird Cabernet Sauvignon stets mit diesem nicht ganz so aristokratischen, etwas milderen Verwandten verschnitten, der zwar in der Art ähnlich ist, aber doch leichteren, nicht so tanninreichen Wein mit einem ausgeprägter «grünen», vegetabilen Charakter hervorbringt. An der Loire wird der Cabernet Franc im Chinon und Bourgueil für sich allein, in billigeren Touraine-Weinen zusammen mit Cabernet Sauvignon verarbeitet und zeigt oft Erdbeer- und Schokoladenoten sowie einen Geruch von Kartoffelschalen. In Norditalien erbringt er leichten, grasigen Wein mit süßer Johannisbeerfrucht.

GESCHMACK: grüner Paprika, schwarze Johannisbeeren (Früchte und Laub), Kartoffelschalen, Erdbeeren, Schokolade.

Cabernet Franc hat selten soviel Intensität in Farbe, Geschmack oder Tannin wie sein berühmter Vetter, zum Teil weil seine Beeren nicht so dickschalig sind.

Gamay

Gamay ist die alleinige Traube im Beaujolais und Mâconnais, wird auch in der Touraine an der Loire angebaut, und in Kalifornien versuchen sich ein paar Erzeuger mit ihr. Ihr Charme liegt in der leichten, frisch-fruchtigen und unkomplizierten, früh genußreifen Art, obschon im Beaujolais auch vollere und seriösere, nach dem Herkunftsort benannte Gewächse zustande kommen: Fleurie, Morgon, Moulin-à-Vent usw.

GESCHMACK: Erdbeeren, Kirschen und – im Beaujolais Nouveau – auch Birnen und Kaugummi.

Nebbiolo
(auch Spanna, Inferno oder Grumello)

Die kleinbeerige, dickschalige Nebbiolo-Traube bringt mit die dunkelsten, trockensten, vollsten und (in Tannin und Säure) strengsten Rotweine hervor. Ihre Hochburgen sind Piemont und einige Gegenden in Norditalien, ihre berühmtesten Weine Barolo und Barbaresco.

GESCHMACK: Teer, Lakritze, Veilchen, Rosen, Pflaumen, Früchtekuchen, Bitterschokolade.

Grenache

Grenache wird in Südfrankreich und als Garnacha in Spanien verbreitet angebaut, aber auch in Australien, wo sie vor allem zu billigem «Port» und «Bag-in-Box» verarbeitet wird; in kleinerem Umfang bildet sie in Kalifornien die Grundlage für guten Wein nach Rhône-Art. Grenache ist Hauptbestandteil in Châteauneuf-du-Pape und Côtes du Rhône und erbringt auch den ungewöhnlichen süßen Banyuls. In Spanien ist die Traube neben Tempranillo am Rioja beteiligt und wird viel für Rosado verwendet. Ihr Wein ist meist alkoholstark und hat pfefferig-fruchtigen Geschmack, ist aber nicht gut haltbar, außer wenn der Ertrag beschränkt wird.

GESCHMACK: Pfeffer, Himbeeren, Kräuter, im Châteauneuf-du-Pape Leinöl.

Die pfefferige, alkoholstarke Grenache-Traube gedeiht im warmen Klima und auf verschiedenen, manchmal recht unwirtlich wirkenden Böden.

Sangiovese

Der Sangiovese beherrscht ganz Mittelitalien, aber nur in der Toskana kann er Anspruch auf Größe erheben, vor allem im Chianti, Brunello di Montalcino und Vino Nobile di Montepulciano. In Bestform zeigt er sich dabei mittelschwer bis voll, fest, trocken, leicht würzig, ansonsten leicht und herb. In Kalifornien bringt er die ersten guten Resultate und könnte bei modebewußten Weinliebhabern zum Kult werden.
GESCHMACK: Wildkirsche, Gewürze, Tabak, Kräuter.

Der Sangiovese hat in Mittelitalien viel unter minderwertigen Klonen gelitten. Die besseren sind kleinbeerig (wie in der Abbildung) und relativ dickschalig.

Tempranillo

Tempranillo wächst in ganz Spanien unter so vielen Synonymen, daß sie hier nicht alle aufgezählt werden können, bildet aber in Rioja und Ribera del Duero die Haupttraube. Ohne Eichenfaßausbau zeigt der Wein fruchtige, würzige Art, kommt aber als milder Rotwein mit kräftigem, von amerikanischem Eichenholz stammendem Vanille-Aroma häufiger vor. Der Eigengeschmack der Tempranillo-Traube ist schwer zu fassen, deshalb wird reifer Rioja oft mit Bordeaux und Burgunder verwechselt.
GESCHMACK: Erdbeeren, Gewürze, butteriges Karamel.

Zinfandel

Der Ursprung der nur in Kalifornien heimischen Rebsorte ist noch nicht geklärt. Von ihr wird viel heller Rosé («Blush»), aber auch mancher wundervoll kräftige, würzige Rotwein gewonnen. Meist handelt es sich dabei um Vollblutgewächse mit reifer Beerenfrucht und sanftem Tannin. Sie sind oft nach 2 bis 3 Jahren trinkreif, halten sich aber auch 10 Jahre.
GESCHMACK: Brombeeren, Gewürze, frisch gemahlener schwarzer Pfeffer.

Andere verbreitete Rebsorten

Aligoté

Gefälliger, aber schlichter, trockener, kräftiger Weißwein in Burgund.

Barbera

In ganz Italien angebaut und auf verschiedene Art verarbeitet, am bedeutendsten jedoch in Piemont mit Rotweinen, die leichter und früher trinkreif sind als Barolo und Sauerkirschenaroma mit ausgeprägter Herbheit verbinden.

Colombard

Erbringt in Südwestfrankreich preiswerten, leichten, mildfruchtigen Weißwein, vor allem Vin de Pays des Côtes de Gascogne, sowie Grundwein für Armagnac und Cognac. Beliebt auch in Kalifornien, Südafrika und Australien.

Die vielgeschmähten Hybriden und Seyval Blanc, die Ausnahme

Der Begriff Hybridrebe hat in Weinbaufachkreisen keinen guten Klang. Er bezieht sich auf Kreuzungen zwischen Vitis vinifera und anderen, nicht so hochwertigen Reben wie Vitis labrusca, die dem Wein einen eigenartigen, meist als «fuchsig» bezeichneten Beigeschmack verleihen. Sie wurden gezüchtet, um Widerstandsfähigkeit gegen schwierige Klimabedingungen, beispielsweise an der Ostküste der USA und in Kanada, zu erreichen. Hybridreben sind zwar für die Erzeugung von Qualitätsweinen in der EG nicht zugelassen, erbringen nichtsdestoweniger manchmal recht achtbare Resultate. Am bekanntesten ist Seyval Blanc, sie wird von ihren Befürwortern in England und Wales jedoch nicht als Hybride, sondern als interspecific cross bezeichnet. Seyval Blanc ist nicht nur weitgehend witterungsfest und krankheitsresistent, sondern bringt auch einige der besten Weine Englands hervor: frisch, aromatisch, fruchtig, mit attraktiver Gewichtigkeit und Geschmeidigkeit.
Ein Vorzug, der von den Anhängern der Seyval-Traube (und ihresgleichen) immer stärker betont wird, ist der, daß sie wegen ihrer Resistenz gegen Krankheiten im Weinberg nur minimaler Behandlung bedarf – und das ist schließlich gut für die Umwelt.

Klone

Seit den 1970er Jahren macht der Begriff Klone zunehmend von sich reden. Dabei handelt es sich um Reben, die im Laboratorium von einer speziell wegen ihrer besonderen Krankheitsresistenz, ihrer guten Erträge, der kräftigen Farbe ihrer Früchte oder besonders früher Reife selektierten Mutterpflanze gezüchtet wurden. Damit wird angestrebt, die Weinberge mit gesunden, zuverlässigen Pflanzen anstelle von schwachen, krankheitsanfälligen zu besetzen. Heute wird mehr Wert darauf gelegt, verschiedene Klone im Weinberg zu haben und dadurch dem Wein ein breiteres Geschmackspotential zu sichern, anstatt nach einem einzigen Superklon zu suchen. Anhänger der «biodynamischen Lehre» (Seite 87) wollen von der Klonselektion nichts wissen.

Marsanne

Bestandteil des weißen Hermitage von der Rhône; erbringt für sich allein an der Rhône und in Australien starke, an Kräuter und Limonenmarmelade erinnernde Weine; bei Eichenfaßausbau langlebig.

Müller-Thurgau

In Deutschland sehr verbreitete Kreuzung Riesling × Silvaner, meist Basis für Liebfrauenmilch; erbringt in England charaktervolle frische Weißweine mit Ligusteraroma und (nicht unbedingt störendem) Geruch von Katzenpipi.

Pinot Blanc (Weißburgunder)

Am charaktervollsten im Elsaß, ähnlich einem leichten, nicht eichenholzgewürzten Chardonnay – frisch, an Laub erinnernd, mit zarter Apfelfrucht.

Pinot Gris (Pinot Grigio, Tokay, Ruländer, Grauburgunder)

In Italien leicht, frisch und eher neutral; in Deutschland weich und voll; im Elsaß gehaltvolle trockene Weißweine mit feiner Honigsüße.

Scheurebe

Interessante Riesling × Silvaner-Züchtung aus Deutschland mit Grapefruit-Charakter, gut als trockener oder lieblicher Weißwein. Auch in England verbreitet.

Silvaner

Schlichte, neutrale, aber ansprechende Weißweintraube im Elsaß und in Deutschland, erreicht in Franken besondere Hochform.

Weniger bekannte Traubensorten

Carignan

An der Rhône, in der Provence und im Languedoc häufig angebaute Sorte; dient meist als Grundlage von Rotweinen wie Corbières, Minervois und Fitou.

Melon de Bourgogne

Nur noch die Erzeuger von Muscadet bauen diese neutrale weiße Traube an.

Palomino

Allein durch den Sherry darf die weiße Palomino-Traube Anspruch auf Weltruhm erheben.

Trebbiano (Ugni Blanc)

Eine der ausdrucksschwächsten, aber meistangebauten weißen Traubensorten Europas – wird in Frankreich zu weißem Vin de Pays, z.B. Côtes de Gascogne, in Italien zu Soave, Frascati und Orvieto verarbeitet; liefert auch Grundweine für Cognac und Armagnac.

Bei Ertragsbeschränkung kann Trebbiano gefällige Weißweine hervorbringen, am besten aber ist er in Verschnitten mit charaktervolleren Sorten.

Die klassischen Weinstile und ihre Alternativen

Dieses Kapitel zeigt am deutlichsten, wie sehr sich die Welt des Weins in den letzten zwei Jahrzehnten verändert hat. Noch vor einer Generation konnte man den Wein in zwei Hauptkategorien einteilen: die großen Klassiker – fast alle aus Frankreich – einerseits und Myriaden von Weinen mit lokaler oder regionaler Bedeutung andererseits. Es gab natürlich gegenseitige Befruchtung, und Stecklinge wie Kellermeister kamen gelegentlich in der Welt herum; alles das war aber sehr begrenzt. Die Weinstile, ob klassische oder unbekannte, gehörten ihren eigenen Regionen an. Das begann sich gegen Ende der 1960er Jahre zunächst in Kalifornien und dann in den 70ern und 80ern auch in anderen Ländern und Kontinenten zu ändern.

Inzwischen gibt es eine ganz neue, rasch expandierende Kategorie: Weine aus aller Welt nach dem Vorbild der großen Klassiker – Bordeaux nachempfundene Cabernets, am weißen Burgunder orientierte Chardonnays sowie Schaumweine, die mit Champagner verwechselt werden möchten.

Der springende Punkt war die Rebsorte. Klima und Boden waren gegeben, und nun meinten die Pioniere dieser neuen Weine, sie brauchten lediglich dieselben Rebsorten. Wenn sie einen Wein vom Typ des weißen Burgunders wollten, dann pflanzten sie also Chardonnay. Wollten sie einen Ersatz-Bordeaux, dann verlegten sie sich auf Cabernet Sauvignon. Und dabei vereinfachten sie die Welt des Weins, indem sie ihr die «Sortenweine» gaben, Weine von jeweils einer einzigen Rebsorte unter deren Namen.

Heute ist uns der Name der Rebsorte auf dem Etikett ein vertrauter Anblick, noch vor 25 Jahren war das eine Neuerung. Die traditionellen Weine Europas wurden damals wie noch heute nach ihrem Geburtsort benannt – ob das nun ein großes Anbaugebiet wie Bordeaux war oder ein kleiner, besonders hochwertiger Teil davon wie St-Julien. Das Elsaß bildet eine Ausnahme, seine Weine waren stets nach der Rebsorte benannt, doch auch hier geht der Trend mit der Anerkennung von 50 Spitzenlagen oder *crus* in den 1980er Jahren zu exakterer örtlicher Kennzeichnung. Frühere Generationen von Weinfreunden kannten selten die Rebsorte, aus der ein Wein bestand, und es kümmerte sie auch weiter nicht – solange er nur aus Trauben und nicht aus Bananenschalen gekeltert war.

Doch die neuen Weinerzeuger waren nicht in jener aus vielhundertjähriger Erfahrung entstandenen Tradition aufgewachsen, die nie den Vorrang des *terroir* (Seiten 82/83) in Frage stellte und die in den Regeln jeder Appellation Contrôlée und jedes Vin de Pays festgeschrieben steht, und zwar in einem solchen Maß, daß nicht der Winzer, sondern das Terroir über die Rebsorten für jeden Wein entscheidet und es tatsächlich praktisch unzulässig ist, in der Champagne Cabernet Sauvignon, in Burgund Merlot oder in Bordeaux Chardonnay zu pflanzen. Wie es die neuen Weinerzeuger ansahen, gab es, solange das Klima warm genug war – und das war es natürlich beispielsweise im kalifornischen Napa Valley –, für sie keinen Anlaß, sich um genauere Details zu kümmern und schon gar nicht um den Charakter des Bodens. Wenn sie nur die Trauben hatten, konnte der Kellermeister in seiner funkelnagelneuen Kellerei alles übrige erledigen.

Noch immer ist in diesen neuen Ländern die Wahl der Rebsorte allein dem Erzeuger überlassen, aber das Pendel ist inzwischen in die andere Richtung geschwungen. Nicht daß nun eine Anbetung des Bodens Platz gegriffen hätte, doch die Achtung vor ihm ist größer geworden. Zwar wird noch kein großes Aufhebens vom mineralischen und (heute in Frankreich das große Thema) mikrobiellen Gehalt gemacht, aber Bodentemperatur, Durchlässigkeit und Wasserspeichervermögen spielen eine wichtige Rolle. Auch wird viel Zeit auf die Suche nach dem perfekten kühlen «Mikroklima» verwendet.

Die hier nun folgenden Beschreibungen klassischer Stile und ihrer Alternativen sind notwendigerweise Porträts in groben Zügen. In einem ganzen Kontinent wie Australien beispielsweise kann man bei Cabernet Sauvignon als der am zweithäufigsten angebauten dunklen Traube auf keinen Fall einen knapp definierten Stil herausarbeiten; einen einheitlichen kalifornischen Stil gibt es ebensowenig wie einen für Bordeaux. In anderen Ländern, die wenig Zugang zu Investitionsmitteln und modernen Ideen hatten, befindet sich der Weinbau noch in einem halbmodernisierten Stadium. Auch dort ist ein Stil mit scharfen Konturen oft kaum erkennbar. Bei alledem gibt es jedoch identifizierbare nationale und regionale Charakteristiken.

Die hier erwähnten Weine und Rebsorten sind im letzten Abschnitt (Seiten 94–157) sowie unter «Die Bedeutung der Traube» (Seiten 50–59) näher beschrieben.

Der Einfluß der großen klassischen Weinstile Europas – insbesondere Frankreichs – ist in allen Brennpunkten des Weinbaus und der Weingelehrsamkeit beider Hemisphären deutlich spürbar.

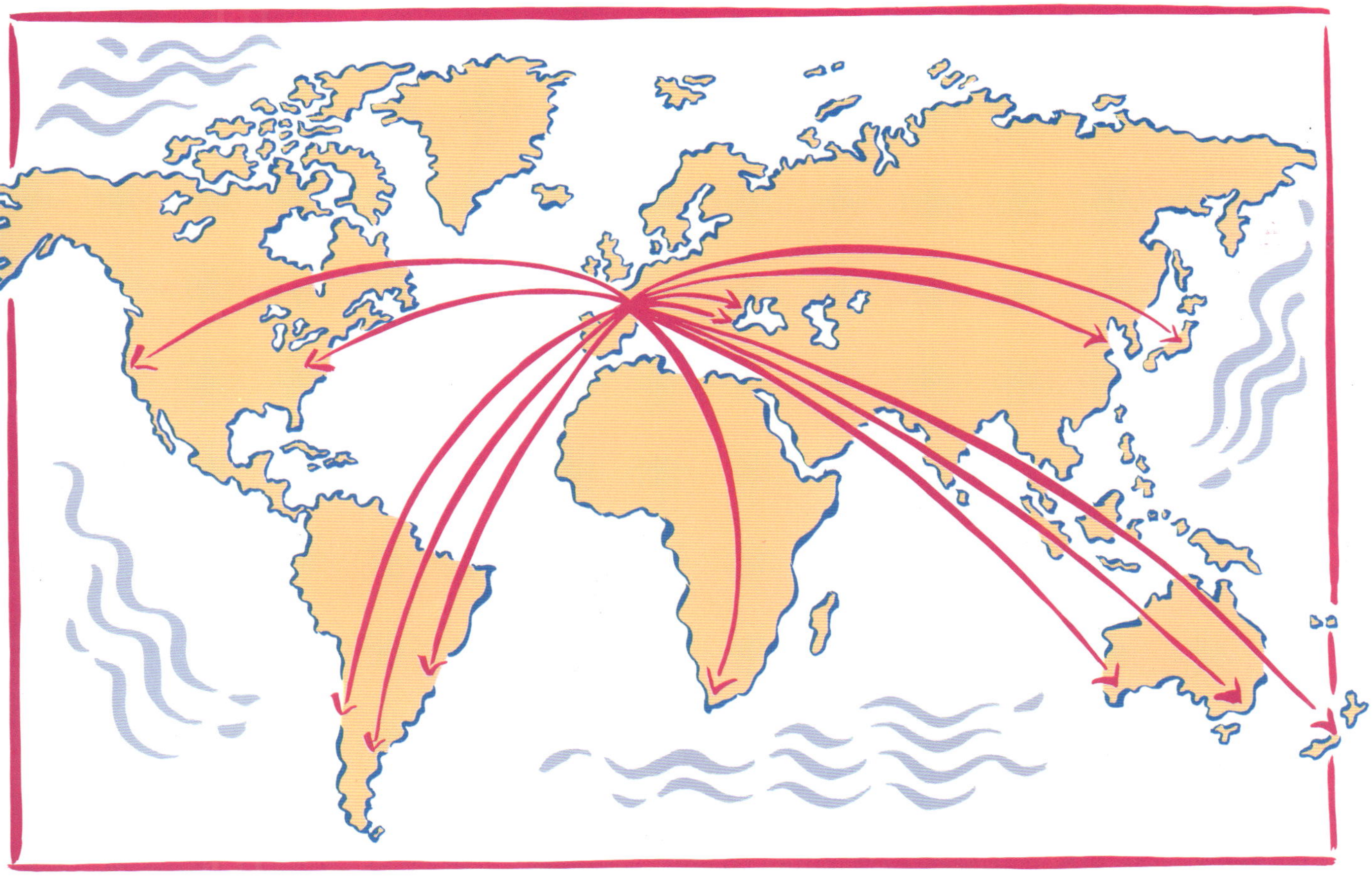

Von links nach rechts: Die klassische, hochschultrige Bordeauxflasche, wie sie für Cabernet Sauvignon, Merlot und Verschnitte (z.B. Cabernet/Shiraz) in aller Welt gebräuchlich ist; die rundlichere Burgunderflasche dient als Behältnis für die meisten Pinot Noirs (jedoch nicht für die aus dem Elsaß); zwei ähnliche Versionen werden hier für weißen Burgunder und Pouilly-Fumé benutzt; hoch, schlank und grün präsentiert sich die Moselweinflasche (eine noch höhere und schlankere ist im Elsaß und eine braune Version für Rheinwein üblich); für Champagner und anderen in der Flasche vergorenen Sekt muß das Glas dicker und schwerer sein, damit es dem Innendruck standhält; die Bordeauxflasche in Weiß beherbergt Sauternes; daneben eine typische Fino-Sherry-Flasche, dann eine Vintage-Port-Flasche aus dickem, dunklem, fast schwarzem Glas und schließlich eine sanft gerundete Flasche von der Rhône.

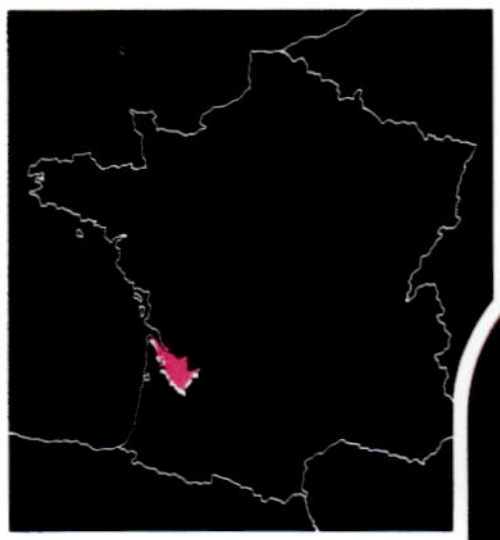

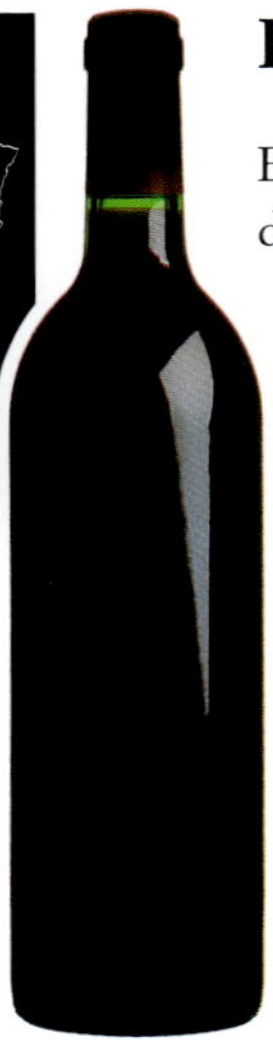

Roter Bordeaux

Es nimmt nicht Wunder, daß der rote Bordeaux der erst- und meistkopierte unter den Klassikern ist. Bordeaux als das größte Anbaugebiet mit feinem Wein in der Welt bietet eindeutig den sublimsten Genuß, auch wenn man 10, ja sogar 15 und mehr Jahre auf den Höhepunkt warten muß. Natürlich gibt es in einer so großen Region viele verschiedene Geschmacksrichtungen, oft aber ist das eher eine Frage des unterschiedlichen Qualitätsniveaus als unterschiedlicher Stile. Es gibt eigentlich nur eine stilistische Trennungslinie: Sie hängt mit den Rebsorten zusammen.

Allgemein gilt der Bordeaux als Cabernet-Sauvignon-Wein, und so wurde auch diese Traube von den neuen Erzeugern in Übersee vorwiegend gepflanzt, als sie sich daranmachten, diesen Wein zu kopieren. Sie ist nun einmal die Haupttraube in allen illustren Namen aus dem Haut-Médoc und in den Rotweinen aus Graves. Aber roter Bordeaux kommt nie als sortenreiner Wein vor, sondern immer als Verschnitt aus Cabernet Sauvignon, Merlot, Cabernet Franc, manchmal auch noch Malbec und Petit Verdot. Cabernet Sauvignon hat nicht überall die Vorherrschaft.

In Bereichen wie St-Emilion und Pomerol sowie in den weniger bekannten Appellationen vom einfachen Bordeaux bis zu den Côtes de Blaye und den Côtes de Castillon gibt der Merlot den Ton an.

Cabernet Sauvignon und Merlot haben – wie vor einem Jahrhundert bei den Neuanpflanzungen nach den Verwüstungen durch die Reblaus festgestellt wurde – ähnlichen Geschmack und ergänzen sich hervorragend; in der Mischung miteinander ergeben sie einen charakteristischen und unverkennbaren Gesamteindruck. Das gilt für die Hauptgeschmacksnoten schwarze Johannisbeeren, Zedernholz und Bleistift ebenso wie für die typisch dunkle Farbe, die sich mit der Zeit von Purpurrot zu Ziegelrot wandelt (siehe auch Seiten 10–21); in besseren Jungweinen müssen Eichenholz und Tannin herauszuschmecken sein, und grüner Paprika, dunkle Schokolade, Tabak, Minze, Minerale, Oliven und Gewürznelken sind keine Seltenheit. In älteren Weinen finden sich im komplexen Geschmack herbstliche Noten (sogar Pilze), Dörrobst und Früchtekuchen.

Allgemein kommen die Alternativen zum Bordeaux aus wärmerem, trockenerem Klima und sind, wenn sie aus nur einer Traubensorte gewonnen wurden, einfacher. Sie haben oft größere Wucht, dieselbe oder gar deutlichere Frucht und genug Tannin und Säure für eine Lebensdauer von fünf Jahren und mehr.

Ein sortenreiner Cabernet oder Merlot erklimmt aber kaum dieselben Höhen an Eleganz, Komplexität und Langlebigkeit wie ein großer Bordeaux – aus diesem Grund mischen anspruchsvolle Erzeuger in der Neuen Welt, vor allem in Kalifornien, ihren Cabernet-Sauvignon-Weinen inzwischen etwas Merlot und sogar einen Schuß Cabernet Franc bei.

Das hübsche Städtchen St-Emilion ist der Mittelpunkt der gleichnamigen Bordeaux-Appellation auf dem rechten Gironde-Ufer. Hier herrscht der Merlot vor und sorgt für sanftere, fülligere, würzigere Weine, als sie gegenüber im Médoc wachsen.

USA

Vor fast 20 Jahren besiegte bei einer Prämierung in Paris ein kalifornischer Cabernet Sauvignon der Stag's Leap Wine Cellars im Napa Valley vier der fünf Spitzenweine von Bordeaux. Seitdem hat es mehrere solche Sensationen gegeben; die französische Reaktion hierauf lautet stets, daß der kalifornische Stil – ganz Wucht und vordergründige Frucht – den feineren, langsamer heranreifenden französischen Stil einfach über den Haufen renne und auch alle Speisen sowie nach dem zweiten Glas jeden Gaumen überwältige. Hierin liegt ein gewisses Maß an Wahrheit: Kalifornische Cabernets und Merlots zeigen sich, obwohl sie seit den ersten Tagen stark gedämpft wurden, noch immer wuchtiger, reifer, eichenholzwürziger und tanninherber als gleiche Weine anderer Herkunft. Doch die besten – darunter zum Teil auch die, die heute nach dem klassischen Bordeaux-Rezept entstehen, sowie die hochwertigen Weine aus den Gemeinschaftsunternehmen aus Bordeaux und Kalifornien, z.B. Opus One (Château Mouton-Rothschild und Robert Mondavi) – stehen zweifellos mit feinem Bordeaux auf einer Stufe.

Es gibt keine sicheren Unterscheidungsmerkmale zwischen einem kalifornischen und einem australischen Cabernet, wenn aber Kraft, Wucht und Tannin besonders auffällig hervortreten, würde ich auf Kalifornien tippen. Wenn obendrein noch ein Hauch Eukalyptus mit im Spiel ist, wäre das ein weiterer Hinweis auf Kalifornien.

Cabernet Sauvignon und Merlot aus dem Staat Washington sind leichter und frischer als kalifornischer und daher echtem Bordeaux in der Regel ähnlicher. Auf der andern Seite ist der Charakter ausgesprochen kräuterhaft, oft mit einem Anklang an Gewürznelken und immer dann besonders attraktiv, wenn noch eine lebhafte Note von schwarzen Johannisbeeren hinzukommt.

Australien

In Australien gibt es wenig Merlot, jedoch viele Cabernet Sauvignons und Cabernet/Shiraz-Verschnitte. Man sollte meinen, der Shiraz (die Syrah von der Rhône) müsse ein ganz anderes Element einbringen, aber er ergänzt sich sehr schön mit Cabernet, kräftigt die Gewürz- und Schokoladennoten und fügt der Frucht eine Brombeernuance hinzu. Cabernet im australischen Stil ist reif, voll und fruchtig und zeigt oft einen feinen, sanften Minzeton (vor allem in Coonawarra). Er nimmt sich weicher, nicht so trocken wie Bordeaux und nicht so tanninherb wie die meisten kalifornischen Cabernets aus.

Neuseeland

Das kühle, feuchte Klima bringt naturgemäß einen kargen, leichten Stil hervor und betont die krautig-grasig-holzigen Charakteristiken des Cabernet Sauvignon, inzwischen treten aber auch vollmundigere Weine, meist Verschnitte mit Merlot, von der wärmeren Nordinsel in Erscheinung. Sie lassen vermuten, daß die wenigen Cabernets aus Neuseeland mit zunehmender Vollendung nach dem klassischen Vorbild von Bordeaux Gestalt annehmen.

Schwarze Johannisbeeren, Paprika und Schokolade sind die Hauptnoten in jedem außer sehr altem Bordeaux.

Südamerika

Die besten chilenischen Cabernets und Merlots sind mittelschwer und gut strukturiert, haben aber ausgeprägtere, lebhaftere Noten von schwarzen Johannisbeeren als Bordeaux. Das Potential ist hervorragend, der Ertrag aber oft zu hoch (siehe Seite 138), und die Kellertechnik (infolgedessen auch die Durchschnittsqualität) hinkt hinter Kalifornien und Australien her.

Einen argentinischen Stil herausfinden zu wollen ist schwer, weil der Weinbau dort rückständiger ist als der chilenische, jedenfalls weist Cabernet aus Argentinien meist nicht die brillante Frucht Chiles auf. Statt dessen zeigt er milderen, würzigeren Charakter.

Südafrika

Der Weinbau Südafrikas muß sich noch von jahrelanger internationaler Isolierung und von starrer Reglementierung erholen. Eine Handvoll Cabernets, Merlots und Verschnitte beweisen, daß in diesen Landstrichen eindrucksvolle bordeaux-ähnliche Rotweine entstehen können.

Osteuropa

In Bulgarien wachsen mittelschwere bis körperreiche Cabernet Sauvignons mit ansprechender, abgerundeter Frucht und der klassischen Zedernholz- und Tabaknote des echten Bordeaux. Große Eichenfässer verleihen ihnen würzigen Charakter.

Rumänien verfügt über große Cabernet-Bestände, oft von guter Qualität.

Moldova ist der Geist in der Flasche. Einige sehr feine Bordeaux-ähnliche Weine aus den 1960er und 1970er Jahren sind in der Kellerei Purkar aufgetaucht, und an anderen Stellen wird von einem australischen Team junger moderner Cabernet erzeugt – die Region ist auf jeden Fall beachtenswert.

Frankreich

Noch bis vor kurzem kamen aus Frankreich Alternativen zu Bordeaux nur aus den Satelliten-Appellationen und im weiteren Sinne aus dem Südwesten sowie von der Loire. Dazu gehörten die an Gras und schwarze Johannisbeeren erinnernden Rotweine von Bergerac und den Côtes de Duras, auch der etwas fettere Côtes de Buzet.

Von der Loire kommen leichte bis mittelschwere Cabernet-Franc-Weine aus Chinon, Bourgueil und Saumur-Champigny mit vegetabilem, an Paprika und Kartoffelschalen erinnerndem Charakter, in guten Jahren dagegen mit Himbeer- und Schokoladenoten. Sie alle gibt es weiterhin als mehr oder minder lose mit Bordeaux vergleichbare Alternativen, inzwischen aber sind zahlreiche erfreuliche, wenn auch vielleicht nicht übermäßig komplexe, aber volle, fruchtige Cabernets und Merlots aus dem Süden hinzugekommen: intensive, aromatische, kräuterwürzige Cabernets aus der Provence, voller, reifer, manchmal durch Eichenfaßausbau bereicherter Vin de Pays d'Oc in sortenreinen Versionen und so mancher andere Vin de Pays aus dem einst vielgeschmähten Midi. Im Stil liegen sie zwischen bordeauxhafter Zurückhaltung und der übersprudelnden Fülle Australiens.

Cabernet-Weine werden durch reichlichen Sonnenschein, durch Verschneiden mit anderen Traubensorten (z.B. Sangiovese) und durch Ausbau in Eichenfässern verschiedener Art sanft würzig oder – etwa in der Provence – aromatisch und kräuterhaft.

Italien

Cabernet aus Nordostitalien (oft Cabernet Franc, auch wenn es nicht auf dem Etikett steht) ist meist leicht und ausdrucksschwach und hat wenig Ähnlichkeit mit Bordeaux, dagegen kommen superbe Cabernets und Cabernet-Sauvignon/Sangiovese-Verschnitte aus der Toskana (die sogenannten Super-Toskaner, die bald nicht mehr mit dem bescheidenen Status des Vino da Tavola vorliebnehmen müssen, sondern zu DOC-Ehren gelangen). Mit der Konzentration und jugendlichen Schlankheit feiner Bordeaux vereinen sie meist etwas mehr Gewichtigkeit, Fülle und rauchig-würzigen Charakter.

Spanien

Spanischer Cabernet kam erstmals in die Schlagzeilen, als 1979 ein Wein aus Penedès, der 1970er Mas La Plana von Torres, von einer 60köpfigen internationalen (jedoch französisch dominierten) Jury in Paris zum besten Rotwein gewählt wurde. Dieser klassische, gehaltvolle, recht tanninherbe Cabernet hat in Penedès gute Nachfolger gefunden, aber auch zu den etwas leichteren, eleganteren Weinen von Raimat in Costers del Segre angeregt.

Portugal

Portugal konzentriert sich klugerweise auf die eigenen faszinierenden Traubensorten, aber roter Bairrada hat oft eine Zedernholznote, die an Bordeaux erinnert, und Barca Velha, das inoffizielle Spitzengewächs des Landes, zeigt viel Ähnlichkeit mit einem ausgereiften Cru Classé aus Bordeaux (besteht aber nur aus Portweintrauben). Dann gibt es noch den Quinta da Bacalhôa, einen eichenholzgewürzten, mit dem Aroma schwarzer Johannisbeeren vollgepackten Cabernet/Merlot-Verschnitt.

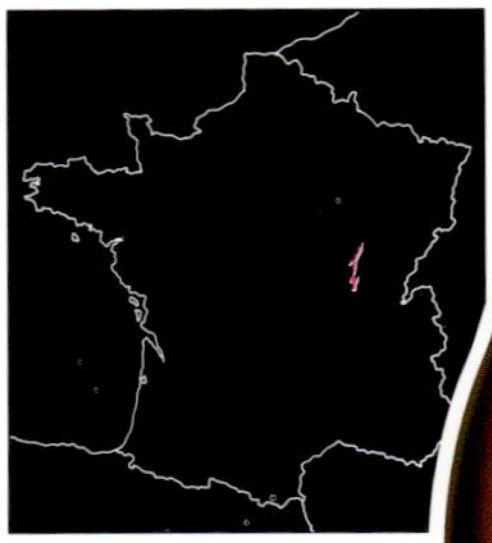

Roter Burgunder

Während der Bordeaux der bei weitem meistnachgeahmte Wein der Welt ist, hat der rote Burgunder zu den meisten Nachahmungen angeregt und dann den Nachahmern die kalte Schulter gezeigt. Der außerordentlich launische Pinot Noir hat sich bisher den meisten Versuchen, ihn irgendwo anders heimisch zu machen, mit Erfolg entzogen. Da er die einzige Traubensorte im eigentlichen Burgunder (d.h. in dem von der Côte d'Or und ihren berühmten Weinorten und -lagen) ist, hat diese seine Eigenart die Entstehung von burgunderähnlichen Weinen höchst wirksam beschränkt. Und während der Cabernet Sauvignon je nach Klima und Terroir attraktive regionale Charakteristiken entwickelt, hat noch keine andere Region eine überzeugende neue Dimension aus dem Pinot Noir herausholen können.

Den Burgundern gefällt das vielleicht, nicht aber uns anderen, die wir gern reichlicher und auch billiger in den Genuß des ätherischen Dufts und der seidigen Art kommen möchten, jener einmaligen Kombination aus Eleganz und saftiger, reiner Frucht (Himbeeren, Erdbeeren, Kirschen, Preiselbeeren ...) mit dem unnachahmlichen *goût de terroir*, der seltsam an Kompost, abgehangenes Wild oder Bauernhofgerüche erinnernden Fülle des reifen Burgunders.

Die beiden Hauptschwierigkeiten im Anbau von Pinot Noir sind seine Klimaempfindlichkeit und seine Neigung zu Mutationen. Viele Erzeuger in Übersee pflanzten anfänglich einen einzigen Klon mit hoher Krankheitsresistenz und Ertragsleistung, jedoch minderer Qualität, wodurch ihre Chancen auf Erzielung komplexer Weine von vornherein stark verringert wurden. Sind die klimatischen und klonalen Schwierigkeiten überwunden und hat die Lese genau im optimalen Augenblick stattgefunden, dann verlangt der Pinot Noir im Keller vorsichtigste Behandlung – nämlich möglichst wenig.

Bei alledem sind gegen Ende der 80er Jahre in so vielen Ländern der Erde Durchbrüche gelungen, daß sich die jüngere Winzergeneration in Burgund veranlaßt sieht, Qualitätsverbesserungen bei ihrem eigenen Wein anzustreben. Als Folge hiervon steigt der Qualitätsstand bei Pinot Noir sowohl in der Alten als auch in der Neuen Welt.

USA

Die Entdeckung mehrerer, von einer Meeresbrise gekühlten Nischen im warmen Kalifornien – insbesondere Carneros, die Täler im Santa Barbara County und das Russian River Valley im Sonoma County – haben die Qualität und den Stil der dortigen Pinot-Noir-Weine verändert. Die besten (noch jungen) Weine sind wundervoll aromatisch, weisen Frucht in großer Reinheit und Frische auf und entwickeln nach behutsamem Ausbau im Eichenfaß eine gewisse Komplexität. Es ist (noch?) nicht jene an Zersetzung gemahnende Komplexität reifer großer Burgunder, aber nicht allen kalifornischen Pinot-Noir-Erzeugern erscheint das als ein Nachteil.

Die reine Frucht von Preiselbeeren, Himbeeren und Kirschen gibt die Hauptnoten im Burgunder ab.

Vosne-Romanée im Herzen der Côte de Nuits in Burgund hat berühmte Grand-Cru-Lagen, u.a. Romanée-Conti, La Tâche und Richebourg, aus denen herrlich aromatische, gehaltvolle und samtige rote Burgunder kommen.

In der Mitte der 1980er Jahre wurde Oregon im Pazifischen Nordwesten mit seinem kühlen Klima als das Gelobte Land gepriesen. Vielleicht wächst es ja in diese Rolle hinein, aber noch ist der dortige Weinbau sehr jung. Derzeit hat der Oregon-Stil seine Stärke in feiner, klassischer Frucht, hat aber wenig Fülle und Ausdruckskraft.

Australien

Hier hat der Pinot Noir eine längere Geschichte als in Kalifornien, aber als Alternative zum Burgunder liegt er noch weit zurück. Wie in den USA hat in den 1980er Jahren die Suche nach kühleren Lagen vor allem im Yarra Valley, auf der Mornington Peninsula und in Geelong (drei Gegenden um Melbourne) Erfolge gebracht. Auch hier haben die Weine zwar die köstliche Frucht junger Burgunder, doch nicht die Fülle und samtige Tiefe. In Tasmanien gibt es eindeutiges Potential, es muß aber erst noch genutzt werden.

Neuseeland

Das kühle Klima auf der Südinsel ergibt vielversprechendes Pinot-Noir-Terrain. Der Anbau steckt noch in den Kinderschuhen, doch es fehlt nicht an ermutigenden Ansätzen: Weine mit Geschmacksfülle und Finesse in Martinborough, Waipara in Canterbury und Central Otago.

Südafrika

Bis vor kurzem gab es in Südafrika nur einen wirklich guten Pinot Noir: Hamilton Russell aus der Region Walker Bay im Süden, ein zwar recht leichter Wein, jedoch eindeutig mit seidig-süßer Burgunderfrucht versehen.

Frankreich

Der Wein von der Côte Chalonnaise ist eigentlich keine Alternative zu Burgunder, er ist tatsächlich Burgunder, wenn auch nicht von der berühmten Côte d'Or, sondern aus dem weitgehend unterbewerteten Teil südlich davon, wo Givry, Mercurey und Rully empfehlenswerten Wein mit viel Frucht, allerdings mit weniger Konzentration als im klassischen Stil hervorbringen. Sie stehen der Côte d'Or in Geist und Geographie viel näher als die Pinot Noirs aus Sancerre (und dem Nachbarbereich Ménétou-Salon) sowie aus dem Elsaß, die weit heller, leichter und dünner ausfallen als Burgunder. Das Beaujolais ist zwar ein Teil von Burgund, seine Weine entstehen aber von der Gamay-Traube in einem besonderen Verfahren (Seite 89) und sind ganz anders. Eine Ausnahme hiervon macht nur der Moulin-à-Vent, der kräftigste aller Beaujolais, der in guten Jahrgängen nach etwa fünf Jahren zunehmend Burgunderzüge annimmt.

Sonstige

In Deutschland können wirklich tiefe Rotweine wohl kaum entstehen, aber einige wenige Erzeuger der neuen Welle beweisen, daß Pinot Noir (hier heißt er Spätburgunder), insbesondere nach behutsamem Ausbau im Eichenfaß, durchaus nicht blaß und schwächlich ausfallen muß.

In Spanien sind Torres in Penedès und Raimat in Costers del Segre die einzigen, die mit Pinot Noir Erfolg haben.

Weißer Burgunder

Großer weißer Burgunder gehört nicht nur einem Stil an und auch nicht zweien – aber immerhin kann man zwischen zwei Hauptstilen unterscheiden: Chablis und Côte d'Or. Aus Chablis, dem kalten, frostgefährdeten nördlichen Ende Burgunds, kommt ein mineralischer, stahliger, eleganter, knochentrockener Wein, der wenig mit dem weiter im Süden wachsenden bekannten weißen Burgunder gemein hat, außer einer schwer definierbaren, saftigen, fast vegetabilen Komplexität, die beide im Alter entwickeln. Chablis ist weißer Burgunder in einem Stil, den es so in der übrigen Welt fast nirgends gibt (der Grund dafür ist der einmalige Boden von Chablis). Demgegenüber hat sich der Stil der Côte d'Or – verkörpert durch den gehaltvollen, fetten, butterigen Meursault mit seinem Walnuß- und Zimtaroma sowie dem ähnlich körperreichen, aber etwas strafferen, festeren, flüchtig-rauchigen Charakter von Puligny-Montrachet – als viel mehr zur Nachahmung geeignet erwiesen (allerdings hat noch kein anderer die Qualität seiner größten Beispiele zu erreichen vermocht).

Der Grund hierfür ist, daß der Chardonnay, von dem die meisten weißen Burgunder und insbesondere die großen gekeltert werden, bei allem schätzenswerten Gehalt und Wohlgeschmack eigentlich keine starke Persönlichkeit hat. Deshalb läßt er sich weitgehend nach Wunsch formen und ermöglicht es den Weinerzeugern in der Neuen Welt, die nichtburgundische tropische Frucht im Aroma herunterzuspielen

Die Fülle großer weißer Burgunder drückt sich in Noten von Walnüssen, Haselnüssen, Toast und Butter aus.

Ein Blick auf die im Dunst liegenden Täler Burgunds: Die besten Weinlagen befinden sich an den Hängen und nicht auf der Talsohle. Hier Vézelay südlich von Chablis, der Heimat des trockeneren, stahlig-mineralischen weißen Burgunders.

und dafür die butterigen Nuß- und Toastelemente zu verstärken, die das burgundische Ende des Spektrums betonen.

Diese Formbarkeit des Chardonnay führt dazu, daß sich die regionalen Stile häufig stärker verwischen als bei anderen Rebsorten: Er bringt dann nicht mehr so sehr ein bestimmtes Terroir, sondern eher die Mittel und Interessen eines Erzeugers zum Ausdruck. Die sahnige, nußwürzige Art feiner Burgunder kommt durch Ausbau auf der Hefe in nach Möglichkeit neuen, kostspieligen französischen Eichenfässern zustande, in denen der Wein auch vergoren werden sollte – und nicht in Edelstahltanks. Jede vereinfachte Behandlung erbringt nur schlichten, wenn auch anfänglich gefälligen Geschmack, nicht aber die tiefe Konsistenz, Komplexität und Langlebigkeit großer Burgunder.

USA

Der Schlüssel zum kalifornischen Chardonnay-Stil liegt ganz ähnlich wie beim Cabernet in reifer Frucht, Wucht und Eichenholzaroma. Doch die besseren Chardonnays aus kühleren Gegenden südlich von San Francisco sowie aus dem Napa Valley, Sonoma und Carneros sind heute nicht mehr die alkoholstarken Schwergewichte von vor 10 oder 15 Jahren, aber auch nicht mehr die mageren, asketischen Verirrungen aus der Mitte der 1980er Jahre, als das Pendel – zum Glück nur kurz – zum anderen Extrem schwang. Die Frucht ist selbst aus kühlen Lagen immer reifer, exotischer als in Burgund; die butterige Vanillewürze aus dem Eichenholz ist stets ausgeprägter (in feinem Burgunder dient Eichenholz eher einer besseren Struktur und Haltbarkeit als der Würze). Kalifornischer Chardonnay hat schwächere Säure und gelangt in wenigen Jahren zur Genußreife, dennoch entfalten die besten Beispiele auch Komplexität. Dagegen gibt es andere, die zu stark gefiltert, klinisch rein sind und nichts als Frucht und Eichenholz vorweisen können. Billiger kalifornischer Chardonnay hat meist eine gewisse Süße, die rasch langweilig wirkt.

Im Staat New York bietet Chardonnay auf Long Island mit seinem milden Klima mehr noch als an den Finger Lakes gute Aussichten: Es kommen von dort bereits nußwürzige Weine mit eleganter Fülle, die mehr als nur flüchtig an Puligny-Montrachet erinnern. Im Staat Washington steht der Stil irgendwo zwischen Kalifornien und der kargen säuerlichen Art von Oregon. Texas ist übrigens größter Beachtung wert, obwohl dort der Chardonnay-Anbau noch in den Kinderschuhen steckt.

Australien

Australien produziert keine Chablis-ähnlichen Chardonnays, sonst aber sind fast alle Varianten anzutreffen. Aus warmen Gegenden wie dem Barossa und Hunter Valley kommen die fettesten Beispiele, voll Ananasfrucht und Butterscotchfülle. Kühlere Gegenden wie das Yarra Valley, Padthaway, Margaret River und Tasmanien bringen Chardonnays eher im europäischen Stil hervor – konzentriert und rassig mit klar konturierten Zitrusaspekten. Nun ist aber der australische Weinbau vor allem darauf aus zu produzieren, was der Verbraucher verlangt, und daher gibt es hier keinen harten Stil.

Verschnitte von Sémillon mit Chardonnay erinnern mit ihrem wächsernen Zitrusgeschmack allenfalls an australischen Chardonnay, nicht aber an Burgunder. Dagegen entwickelt Sémillon aus dem Hunter Valley seltsamerweise im Alter – ohne jeden Eichenfaßausbau – eine volle, toast- und honigwürzige Art, die eher burgundisch anmutet.

Neuseeland

Innerhalb von fünf Jahren hat Neuseeland sich auf der Chardonnay-Bühne der Welt in den Vordergrund gespielt. In kühlem Klima, vor allem um Gisborne, gelangt die Traube zu fast vollendeter Reife und erlangt Fruchtnuancen von großer Klarheit und Konzentration, jedoch ohne den tropischen Obstsalatcharakter wärmerer Länder. Wenn der kräftigen Säure und Alkoholstärke als Gegengewicht butterige Fülle sowie Toast und Eichenholzwürze beistehen, ist das Resultat erstaunlich Meursault-ähnlich.

Südamerika

Der Durchschnitts-Chardonnay aus Chile ist kalifornischem, australischem oder neuseeländischem nicht ebenbürtig und noch weniger mit Burgunder zu verwechseln. Derzeit handelt es sich meist um billige Versionen mit angenehm reifer Frucht, mittlerem Körper und etwas Eichenholzwürze – doch Jahr für Jahr zeigen sich Verbesserungen.

Südafrika

Hier ist der Chardonnay erst in der zweiten Hälfte der 1980er Jahre an den Start gegangen – es ist also noch zu früh für ein Urteil. Der Charakter scheint nicht überschäumend fruchtig, eher europäisch als kalifornisch oder australisch auszufallen, doch ist vielen Erzeugern zunächst eine leichtere Hand mit Eichenholz zu empfehlen.

Oben und unten: **Chardonnays aus der Neuen Welt sind meist ausgeprägter fruchtig als die aus Burgund.**

Frankreich

Wie beim roten Burgunder sind auch beim weißen die weniger bekannten südlichen Teile Burgunds ein guter Ausgangspunkt für die Suche nach Alternativen – das Mâconnais bietet recht leichte, sahnige, apfelfruchtige und die Orte an der Côte Chalonnaise etwas kräftigere Chardonnays. Noch weiter aus dem Süden zeigt Chardonnay de l'Ardèche, produziert von Louis Latour aus Burgund, ebenfalls überzeugend saftige burgundische Art. Die anderen französischen Chardonnays sind entweder frisch, fruchtig, blumig, ohne Eichenholzwürze (Haut-Poitou, Vin de Pays du Jardin de la France und Savoie) und – wenn man von der säuerlichen Frische des Chablis absieht – ohne größere Ähnlichkeit mit Burgunder, oder aber reif, fruchtig, oft eichenholzwürzig in den Vins de Pays aus dem Süden (v. a. Vins de Pays d'Oc), die viel von der Neuen Welt, aber auch etwas von Burgund an sich haben.

Italien

Hier gibt es zwei scharf kontrastierende Chardonnay-Stile: die etablierten, ganz und gar einheimischen leichten, frischen, würzig-fruchtigen Weine aus dem Norden (Südtirol und Friaul), die innerhalb von zwei bis drei Jahren getrunken sein wollen, und die kräftigen, vollen eichenholzwürzigen Weine, die von berühmten Erzeugern als *vini da tavola* in den Rotweinbereichen Chianti, Brunello di Montalcino, Barolo und Barbaresco produziert werden. Sie sind nach dem Vorbild von Meursault für die Weltspitzenklasse gestaltet und oft recht eindrucksvoll, wenn auch manchmal zu stark mit Eichenholz befrachtet und überteuert.

Spanien

Weit ist der Chardonnay in Spanien noch nicht herumgekommen, aber es gibt gute Beispiele aus Penedès, von denen eines, der Milmanda, zur Weltklasse zählt und echte Burgunderkomplexität aufweist. Raimat in Costers del Segre bietet butterige, fruchtige Versionen mit und ohne Eichenfaßausbau, die mehr an die Neue Welt als an Frankreich erinnern.

Sonstige

Bulgarien, Ungarn, Portugal, Kanada, Israel, China und sogar die relativ kühle Pfalz bringen achtbare Chardonnays zuwege, und sicherlich werden sich noch weitere Gegenden diesem höchst modischen Zug anschließen.

Sancerre und Pouilly-Fumé

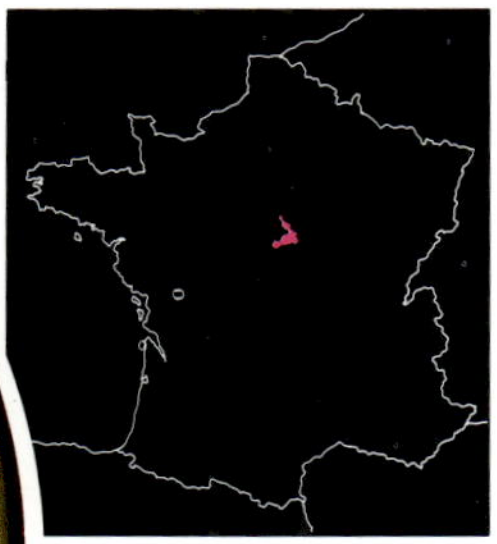

Sauvignon Blanc, die einzige Traube im Wein von Sancerre und Pouilly-Fumé, ist ausdrucksstark und kompromißlos. Zu mindestens 95 % schmecken ihre Weine jung am besten – dann sind sie intensiv aromatisch, pikant, appetitlich frisch und knochentrocken, voll mit dem Duft und Geschmack von frischem Grasschnitt, Stachelbeeren, Laub und Früchten der schwarzen Johannisbeere, oft noch mit einer rauchigen Note. Doch der Sauvignon stellt eigene Ansprüche an das Klima. Wenn er an der Loire gelegentlich zu wenig Sonne zu sehen bekommt, dann rächt er sich mit herbem, dünnem Wein. Wenn es ihm dagegen wie manchmal in Kalifornien und Australien zu warm wird, nimmt er schwerfällig krautige Art mit unerfreulichem Beigeschmack von Dosenspargel oder grünen Bohnen an und läßt nichts von rassiger, kräuterwürziger, kerniger Frische erkennen. Auch an den Boden stellt er Ansprüche, gedeiht am besten auf Kalk- und Feuersteinböden (wie an der oberen Loire), schlechter dagegen auf fetten, fruchtbaren Böden (wie vielerorts in Kalifornien).

Unten: Sancerre und Pouilly-Fumé zeigen das unverwechselbare Sauvignon-Aroma von frischem Grasschnitt und Stachelbeeren und dazu rauchigen Feuersteinduft.

Oben: Sauvignon Blanc ist um einiges anspruchsvoller als Chardonnay, doch im kühlen Pouilly-Fumé fühlt er sich bei Château de Nozet ganz daheim.

Auch im Keller ist Sauvignon nicht besonders flexibel. Für sich allein (d. h. ohne seinen Verschnittpartner Sémillon aus Bordeaux) macht er sich nichts aus Eichenholz, obwohl hier die Kalifornier, die ihren eichenholzwürzigen Fumé-Stil sehr mögen, widersprechen dürften. Bessere Erfolgsaussichten bestehen, wenn Gärung und Ausbau im Eichenfaß erfolgen.

Neuseeland

Die beiden einzigen Länder, die Sauvignon Blanc in größeren Mengen hervorbringen, sind Frankreich und seit den 1980er Jahren Neuseeland, das dabei seinem Klima sogar mehr Beständigkeit verdankt. Der von Marlborough verkörperte neuseeländische Stil ist fast unbändig intensiv und lebhaft, ausgeprägt grasig, mit saftigem Stachelbeeraroma und pikanter Säure (ohne Eichenholz).

USA

In Kalifornien gibt es eine Handvoll feiner Sauvignons (oder Fumé Blancs) mit konzentrierter stahligfrischer Frucht und aus dem Eichenfaßausbau gewonnener Struktur und Tiefe, aber fast allen anderen fehlt es an Charme, Sortencharakter und Säure – und darüber hilft auch eine gewisse Lieblichkeit nicht hinweg.

Lebendigere, klassischere Sauvignons kommen aus dem Staate Washington, wo in den Flußtälern östlich der Cascades ideale Voraussetzungen herrschen, und aus Texas, wo die in großen Höhen gelegenen Weinberge von kühlen Nächten profitieren.

Australien

Sauvignon Blanc ist eine der wenigen Traubensorten, die in Australien trotz großer Auswahl an Anbaubedingungen und trotz aller kellertechnischen Talente nicht zum Zug zu kommen scheinen. Gute Beispiele von reinem Sauvignon (im Gegensatz zu ganz andersartigen Sémillon/Sauvignon-Verschnitten) gibt es kaum, und es sind auch noch keine potentiellen Anbaugebiete in Sicht.

Südamerika

In den letzten Jahren sind in Chile Sauvignons in neuem Stil mit typisch frisch-grasigem Charakter herausgekommen. Konzentration und Biß von Sancerre oder Pouilly-Fumé fehlen ihnen, doch sie sind nützliche und preiswerte Alternativen zum neuseeländischen Sauvignon und werden von Jahr zu Jahr besser.

Südafrika

Der hiesige schlichte, grasig-frische Stil ist dem chilenischen ähnlich, und das gilt auch für die Preise.

Frankreich

Sancerre und Pouilly-Fumé sind große Mode. Der Ménétou-Salon liegt ihnen in der Art am nächsten, im Preis aber weit darunter. Der Sauvignon de Touraine von weiter Loire-abwärts ist nicht so konzentriert, eher eindimensional grasig – aber ebenfalls preiswert –, und der Sauvignon von Haut-Poitou macht mit seiner spritzigen Frucht und Säure meist besseren Eindruck.

In Bordeaux fällt der Sauvignon stark grasig, sogar holzig aus und wird deshalb klugerweise oft mit Sémillon verschnitten, doch aus Bergerac und den Côtes de Duras an der Dordogne kommen ansprechende Sauvignons mit Stachelbeeraroma. Der Sauvignon de St-Bris, ein Einzelgänger aus dem Norden Burgunds, ist meist schwerer als der Sancerre oder Pouilly-Fumé, hat aber etwas von der starkduftigen Art. Auch in den Vin-de-Pays-Regionen im Süden werden mit Sauvignon probierenswerte Versuche gemacht.

Italien

In Italien wird Sauvignon in mehreren Gegenden angebaut (und oft mit anderen Trauben verschnitten oder im Eichenfaß gereift), es bildet sich aber bisher kein fester Stil heraus. Die Weine aus dem Collio weisen viel mehr Charakter auf als ihre Südtiroler Artgenossen und erreichen eher die Intensität von Sancerre und Pouilly-Fumé – jedoch mit etwas süßerer Frucht. Der sehr eindrucksvolle neue Poggio alle Gazze aus der Toskana hat es noch nicht zu der stahligen französischen Intensität gebracht.

Spanien

Frische, mittelschwere, kräuterwürzige Weißweine aus Rueda mit einem gewissen Anteil Sauvignon Blanc bilden das spanische Pendant zum französischen Stil. Hinzu kommt aber noch der Fransola, ein vorwiegend auf Sauvignon beruhender Verschnitt von Torres in Penedès.

Sonstige

Saubere, fruchtige, klar umrissene, aber nicht übermäßig ausdruckskräftige Sauvignons kommen inzwischen aus Ungarn und Moldova.

Deutscher Riesling

Riesling ist so aus der Mode, daß englische Weinhändler oft australische Erzeuger drängen, die hohe, schlanke Rieslingflasche aufzugeben und eine Burgunder- oder Bordeauxform einzuführen. Manche gehen noch einen Schritt weiter, lassen den Namen Riesling ganz weg und benutzen den gesichtslosen Ausdruck «trockener Weißwein». Die Strategie funktioniert: Der Absatz steigt. Leider glaube ich nur nicht, daß damit etwas für die Wiederaufrichtung des guten Namens Riesling getan ist, der in den 1970er und 80er Jahren immer mehr mißbraucht wurde und daraufhin einen Niedergang erlebte.

Ironie des Schicksals ist, daß sich dieser Mißbrauch vor allem im eigenen Land abspielte, und zwar durch die anschwellende Flut immer dünnerer, ausdrucksloser, lieblicher Weine unter Bezeichnungen wie Liebfrauenmilch, Bereich Nierstein oder Bereich Bernkastel und dergleichen. Zwar wurden diese Weine größtenteils nicht von Riesling, sondern von weniger edlen Traubensorten (etwa Müller-Thurgau) gewonnen, doch der Verbraucher setzte deutschen Wein mit Riesling gleich. Andernorts geschah ihm durch Usurpatoren Abtrag – in Europa vor allem durch Welschriesling (Laski Rizling, Olasz Rizling

Oben: Die Weinberghänge im Rheingau fangen Sonnenschein und Wärme in geradezu idealer Weise auf.

Unten: Die Geschmackstöne des deutschen Rieslings liegen zwischen frischer, säuerlicher Apfelfrucht an der Mosel und reifen Pfirsichen und Aprikosen in der Pfalz.

oder Riesling Italico), in Kalifornien durch Gray Riesling (oder Pinot Gris) und Emerald Riesling, in Australien durch Sémillon und in Neuseeland durch «Riesling-Sylvaner» (Müller-Thurgau).

Tatsächlich überspannt der deutsche Riesling das ganze Spektrum von knochentrocken bis süß, doch der klassische Stil beruht auf den halbtrockenen bis lieblichen Versionen Kabinett, Spätlese und Auslese (Seiten 110/111). Die Fruchtpalette reicht von knackig-saftigen Äpfeln mit einem Schuß Zitrone (Mosel) über die reiferen, eher schon würzigen Noten der Pfalz bis zu der feinen Honigsüße mit Aprikosen und Pfirsichen in Beeren- und Trockenbeerenauslesen. Im Alter entwickelt der Riesling eine ausgeprägte Petroleum- oder Benzinnote und sanfte Honigsüße; wer allerdings für Benzin nichts übrig hat, für den hält der Riesling schon in seiner lebensprühenden Jugend schönsten Genuß bereit.

Australien

Riesling und Australien gehören zusammen, seit die ersten deutschen Siedler Rebenstecklinge ins Barossa Valley mitbrachten. Heute ist er in vielen Gegenden eine hochwertige und wirtschaftlich wertvolle Traubensorte; die besten Weine erbringt er jedoch im Clare Valley und im Eden Valley (in den Adelaide Hills). Zwar sind sie kraftvoller und alkoholstärker als deutsche Rieslinge, doch der Geschmack hat Ähnlichkeit. Der australische Charakter wird gekennzeichnet durch eine anregende Limonennote, dazu oft ein Anflug von Passionsfrucht oder Guava. Im Alter entfaltet sich in den besten dieser Weine feine Honigsüße und Toastwürze, manchmal auch die hier allerdings nicht so beliebte Benzinnote.

Neuseeland

Zwar konzentrieren sich die meisten Weinerzeuger auf Sauvignon und Chardonnay, doch es hat sich gezeigt, daß Bemühungen um Riesling sich im maritimen Klima Neuseelands sehr wohl lohnen. Der Stil ist hier eher deutsch – frisch, duftig und fruchtig, jedoch weniger stahlig oder mineralisch. Auch gute süße Spätlesen kommen vor.

In Australien, vor allem im Clare Valley, zeichnet sich der Riesling durch köstlichen Limonengeschmack aus.

USA

Verbreiteten Erfolg hat der Riesling in den USA nicht. Die meisten kalifornischen Rieslinge sind halbtrocken, nichtssagend, kommerziell, nur ein paar hinreißende, opulente und süße sind darunter. Die Staaten Washington und Oregon bieten ein geeigneteres Klima, vor allem in Washington entstehen gute Rieslinge von trocken bis üppig süß. Die vielleicht besten amerikanischen Rieslinge – zumindest die am meisten am deutschen Vorbild orientierten – kommen von den Finger Lakes im Staate New York.

Frankreich

Das Elsaß, das ja einst ein Teil Deutschlands war, ist die einzige Region Frankreichs, wo diese deutsche Traube angebaut wird. Elsässer Rieslinge sind stets kräftiger, trockener und alkoholstärker als ihre deutschen Artgenossen. Die besten (von beschränkten Erträgen) zeichnen sich durch herrliche, leicht würzige Apfelnoten und ausgeprägte mineralische Nuancen aus, die jedoch Zeit brauchen, um sich gegen die anfängliche Kargheit durchzusetzen. Die billigeren Versionen allerdings haben nur allzu oft den unreifen holzigen Charakter von Apfelkernen und -schalen. In guten Jahren wird ein Teil der Trauben erst spät im Herbst gelesen und zu *vendange tardive* und *sélection des grains nobles* verarbeitet – volle, reife, konzentrierte Weine, wenn auch nicht unbedingt sehr süß (zumindest die *vendages tardives*). Auch sie sind meist voller und alkoholstärker als ihre spätgelesenen Pendants mit Edelfäule aus Deutschland.

Österreich

Österreichs Rieslinge gehören zu den großen Geheimnissen der Welt des Weins; vielleicht schmecken sie den Österreichern so gut, daß sie sie alle selbst trinken. Wer die Gelegenheit bekommt, darf sich an hochwertigen, aromatischen, grandios fruchtigen Weinen erfreuen, die in Stil und Gewichtigkeit zwischen deutschen und Elsässer Rieslingen liegen.

Italien

In Italien herrscht der geringere Riesling Italico vor; den echten Riesling gibt es nur wenig, und er fällt meist recht neutral aus.

Champagner

Die Champagnerhersteller sind nach wie vor überzeugt, daß zu einem gleichwertigen Schaumwein mehr gehört, als nur dieselben Traubensorten (Chardonnay, Pinot Noir und Pinot Meunier) in ähnlich kühlem Klima anzupflanzen und das Champagnerverfahren (die *méthode champenoise* bzw. außerhalb der Champagne *méthode traditionnelle*, bei der eine Nachgärung und eine Reifung auf dem geschmacksintensiven Hefesatz in der Flasche stattfindet) nachzuahmen. Im Stil besitzen die neuen Schaumweine mehr vordergründige Frucht und haben sanftere Säure und schwächere Struktur als der Champagner, so daß sie zwar früher trinkreif, aber auch kurzlebiger sind. Auf jeden Fall geht der Trend zu mehr Eleganz, doch soweit es Komplexität, Intensität und Nachhaltigkeit anlangt, kommt keiner dem Champagner gleich. Vor allem drei Facetten seines Charakters sind schwer zu erreichen: die subtile und doch volle, an Biskuit und Brot erinnernde Nuance, die vom längeren Lagern auf der Hefe herrührt, dann der toast- und nußwürzige Charakter, der nicht aus dem Eichenfaß, sondern allein vom reifenden Chardonnay stammt, sowie die üppige Himbeerfrucht des Pinot Noir.

Ferner behaupten die Champenois, kein anderer Schaumwein könne dem Champagner gleichkommen, weil keiner auf demselben Kreideboden wächst. Und es läßt sich auch nicht bestreiten, daß sich in den Weinbergen der Neuen Welt nur wenig Kreide oder Kalkstein findet. Dem wird entgegengehalten, daß nicht die chemischen Eigenschaften dieser Böden wesentlich sind, sondern die physikalischen: ihre Durchlässigkeit bei gleichzeitigem Wasserspeichervermögen in der Tiefe, ohne Bildung stauender Nässe – und diese Eigenschaften sind nun einmal nicht den französischen Kreide- und Kalksteinböden allein vorbehalten.

Wie dem auch sei, an schierer Finesse und Komplexität sind selbst die besten unter den übrigen Schaumweinen dem feinsten Champagner nicht gewachsen – und das gehört sich wohl auch so, denn er ist ja schließlich viel teurer. Unbestreitbar aber sind die besten australischen, neuseeländischen und kalifornischen Schaumweine (die meisten übrigens von oder in Zusammenarbeit mit Champagnerhäusern hergestellt) besser als die weniger guten Champagner, für die doch der gleiche Preis verlangt wird. Wenn nun auch die Qualität der geringeren Champagner unter dem Einfluß der strengeren Bestimmungen von 1992 besser werden dürfte, so steigt doch schließlich die Qualität der Schaumweine aus der Neuen Welt

Oben: An der Aube im südlichen Teil der Champagne wachsen vor allem die dunklen Trauben Pinot Meunier und Pinot Noir.

Unten: Der volle Biskuit- und Haselnußcharakter des Champagners ist anderswo am schwersten mit Eleganz nachzuahmen.

ebenfalls von Jahr zu Jahr, da ja die Kellertechniker das Verfahren immer besser meistern, die Qualität der Trauben mit älter werdenden Weinstöcken steigt und sich Bestände an den so wichtigen älteren «Reserveweinen» ansammeln.

USA

In Kalifornien stellen inzwischen neun Champagnerhäuser, entweder allein oder in Partnerschaft mit einheimischen Firmen, Schaumwein her, und was dabei herauskommt, ist gut bis sehr gut, wenn nämlich kargere Frucht durch eine cremige Tiefe ergänzt wird. Während die kühleren Gegenden, z.B. das Anderson Valley und Carneros, an Boden gewinnen, kommen aus dem wärmeren Napa Valley ebenfalls eindrucksvolle Ergebnisse. Besonders Gutes leisten auch kalifornische Schaumweinhersteller ohne direkte Beziehungen zur Champagne.

Inzwischen blicken alle Augen gespannt auf das kühle Oregon, wo sich das Champagnerhaus Laurent-Perrier engagiert hat; es wird aber noch bis zum Ende des Jahrhunderts dauern, ehe dort etwas zutage treten kann.

Australien

Neben großen Mengen an erstaunlich billigen, herrlich sauberen, sanften und fruchtigen Schaumweinen, die mit Champagner nicht viel gemein haben, bietet Australien auch eine wachsende Zahl hochwertiger Chardonnay/Pinot-Noir-Verschnitte aus kühleren Bereichen wie den Adelaide Hills, dem südlichen Victoria und dem windigen Tasmanien. Sie zeigen meist etwas kräftigere Frucht (Äpfel, Zitronen, Melonen) und dabei weniger Tiefe als Champagner.

Neuseeland

Neuseeland hat die Welt nicht nur mit Stillweinen, sondern auch mit Schaumweinen überrascht. Zu einem Urteil ist es noch etwas früh, doch die bisher erreichte Qualität ist bereits exzellent, und in mindestens einem Fall (einem Erzeugnis von Daniel le Brun aus der Champagne, der jetzt in der Nähe von Marlborough lebt) ist die Ähnlichkeit mit Champagner außerordentlich groß.

Frankreich

Der Crémant de Bourgogne kommt dem Champagner am nächsten. Er wird zwar von denselben Traubensorten hergestellt, ist aber derber.

Der apfelfrische Blanquette de Limoux aus dem Süden hat in letzter Zeit Fortschritte gemacht, ist aber mit Champagner nicht zu verwechseln. Aus Saumur und Vouvray an der Loire kommt ein ganz anderer, auf der Chenin-Blanc-Traube beruhender Stil – recht säuerlich, in guten Jahren aber mit süßer Frucht und gerösteten Nüssen im Geschmack, vor allem im Vouvray. Crémant d'Alsace zeichnet sich durch eher fruchtige, blumige Art aus, ebenso der Schaumwein aus Savoyen.

Spanien

Spanien produziert ein Meer von Cava (Schaumwein), und die Hersteller bemühen sich sehr um Qualitätsverbesserung, doch die einheimischen Trauben bringen nicht viel Charakter ein. Nur die erfreulichen Chardonnays von Codorníu und Raimat haben eine gewisse Ähnlichkeit mit Champagner.

Italien

Auch Italien bringt große Mengen an Schaumweinen hervor, davon viel «Metodo classico», champagnerähnlich aber sind sie meist nicht, mit Ausnahme der Erzeugnisse von Franciacorta, die aber teils frischer und karger, teils voller und fetter und manchmal erstaunlich toastwürzig sind.

Großbritannien

Die Weinerzeuger in England und Wales haben neuerdings Schaumwein als ihrem kühlen maritimen Klima höchst angemessen entdeckt. Sie stehen noch sehr am Anfang, aber es gibt schon einige frische, trockene, fruchtige Beispiele – allerdings zu einem stolzen Preis.

Indien

Der Schaumwein der Marke Omar Khayyam beweist, daß mit Entschlossenheit alles möglich ist. Die Trauben werden hoch oben in den Bergen südöstlich von Bombay angebaut, und es wurden Fachleute aus der Champagne hinzugezogen. Die Qualität ist in den acht Jahren, seit die ersten Flaschen herauskamen, etwas ungleichmäßig ausgefallen, wenn aber alles zusammenstimmt, ist Verwechslung mit Champagner nicht ausgeschlossen.

Melone ist eine typische Komponente im eher fruchtigen Geschmack australischer Schaumweine.

Sauternes

In fast allen Weinbauländern gibt es eine Süßweintradition, aber Kopien von Sauternes – dem grandiosen, goldenen, natursüßen Wein aus Bordeaux – sind bei weitem nicht überall anzutreffen. Das ist auch kein Wunder, wenn man bedenkt, wie er entsteht und wie es ihm in letzter Zeit ergangen ist. Großer Sauternes mit seinen üppigen Noten von Honig und *crème brûlée*, von Aprikosen, Pfirsichen und Ananas und mit seiner cremigen Konsistenz entsteht von Sémillon- und Sauvignon-Blanc-Trauben, die von der nur unter besonderen feuchtwarmen Wetterbedingungen im Herbst auftretenden Edelfäule angewelkt wurden. In manchen Jahren stellt sie sich nicht ein, und dann kann man von Glück sagen, wenn ein annehmbarer Süßwein zustande kommt, aber die honigfeine Opulenz, Öligkeit und Langlebigkeit eines klassischen Jahrgangs ist damit nicht zu vergleichen. Da den Trauben der Wassergehalt entzogen ist, braucht man übrigens doppelt soviel für eine Flasche von diesem Wein wie für die gleiche Menge an rotem oder trockenem weißem Bordeaux.

Bis in die 1980er Jahre hinein hat der Sauternes lange Zeit Schweres durchgemacht. Er war aus der Mode gekommen, ungeliebt und vernachlässigt, und seine Preise waren so tief gesunken, daß sich die Erzeugung kaum noch rentierte. Deshalb gaben sich die Erzeuger keine Mühe mehr mit ihm, und der Qualitätsstand war oft niedrig; kein Wunder, daß sich anderswo kaum jemand für den Sauternes-Stil engagierte. Der Umschwung kam 1983 mit einem längst überfälligen hervorragenden Jahrgang, dem dann

Oben: Dunst am Morgen und Sonne am Nachmittag sind die Voraussetzungen, auf die in Sauternes nicht nur Château Guiraud hofft, damit sich im Herbst die Edelfäule einstellt.

Unten: Honig, Aprikosen und Ananas sind nur einige der vielen Nuancen, die dem Sauternes Üppigkeit und Intensität verleihen.

1986, 1988, 1989 und 1990 sehr gute folgten. Plötzlich merkten die Weinliebhaber, worauf sie so lange verzichtet hatten. Sauternes kam wieder in Mode, und nun probierten es auch Weinerzeuger anderswo mit ihm.

USA

In Kalifornien wie in Australien werden Weine mit Edelfäule meist von Riesling erzeugt, sie sind aber der kraftvolleren Art wegen ebensosehr Sauternes-ähnlich wie deutschstämmig. Auch einige sehr gute Sémillon/Sauvignon-Weine mit Edelfäule im klassischen Stil gibt es – wobei hier die Edelfäule oft auch künstlich eingeleitet wird. Als Hinweis auf süße Weine ist die Bezeichnung *late harvest* anzusehen.

Australien und Neuseeland

Obwohl in Australien viel Sémillon angebaut und zu trockenem Weißwein verarbeitet wird, kommt er als süßer Wein mit Edelfäule im Stil von Sauternes nur selten vor. Der erste wurde 1982 von De Bortoli in der Massenweinregion Murrumbidgee in Neusüdwales produziert. Rieslinge mit Edelfäule werden unter den Bezeichnungen «Beerenauslese», «Trockenbeerenauslese» oder «Late Harvest» nach deutscher Art produziert: süß, konzentriert und duftig fruchtig, dabei weniger alkoholstark und ölig als Sauternes.

Frankreich

Cérons, Premières Côtes de Bordeaux, Ste-Croix-du-Mont, Loupiac und Cadillac sind Appellationen im Weinbaugebiet Bordeaux, die Sauternes-ähnliche Weine in allerdings etwas leichterem Stil hervorbringen. Leider ist der Qualitätsstand nicht überall hoch, gute Beispiele aber dürfen als attraktive, preiswerte Alternativen gelten. Dasselbe läßt sich auch vom Monbazillac aus Bergerac sagen, auch wenn er heute nicht mehr wie früher im gleichen Atemzug mit Sauternes genannt werden kann.

Im Loire-Tal wird auch die Chenin-Blanc-Traube manchmal von Edelfäule befallen und erbringt dann Weine mit wundervoll tiefer, honigsüßer Frucht (Aprikosen, Äpfel, Nektarinen ...) und Mandelmarzipan im Geschmack, stets aber mit der kräftigen Säure der Chenin-Traube (z.B. Coteaux du Layon, Bonnezeaux, Quarts de Chaume, Vouvray und Montlouis). Die Opulenz und Öligkeit des Sauternes fehlt ihnen zwar, aber ihre Intensität verleiht ihnen große Lebensdauer. Vouvray und Montlouis gibt es auch als trockene und halbtrockene Weine sowie als Schaumwein, daher gilt es auf die Bezeichnung *moelleux* zu achten.

Im Elsaß entstehen bei Edelfäulebefall sogenannte *sélections des grains nobles*, beispielsweise vom aromatischen Gewürztraminer, der mit Sémillon den öligen Charakter gemeinsam hat und deshalb dem Sauternes sehr nahekommen kann.

Deutschland

Es wäre nicht sinnvoll, an dieser Stelle die superben Beeren- und Trockenbeerenauslesen nicht erwähnen zu wollen, die von Riesling mit Edelfäule in guten Jahrgängen erzeugt werden, doch sie sind im Stil ganz anders als Sauternes. Bei aller intensiven Süße, Duftigkeit und Honigwürze besitzen sie deshalb so große Haltbarkeit und Entfaltungsfähigkeit, weil sie über kräftigere Säure verfügen, dabei aber bei weitem nicht so fett und alkoholstark sind wie der Sauternes.

Ungarn

Ungarns historischer Süßwein Tokajer Aszú und Eszencia ist mit anderen Weinen nicht vergleichbar, verdient aber dennoch hier verzeichnet zu werden. Seine sagenhaften heilenden und lebenspendenden Kräfte sowie seine anscheinend unendliche Lebensdauer gehen ebenfalls auf Trauben mit Edelfäulebefall zurück, die auf eigenwillige Art verarbeitet und dann ähnlich wie Sherry ausgebaut werden. So entfaltet sich in diesem Wein ein Füllhorn aus Plumpudding, Orangenmarmelade, Bratäpfeln und Karamel vor einem sherryähnlich oxidierten Hintergrund.

Österreich

Österreichs Dessertweine, die meisten aus dem Burgenland, stehen dem deutschen Stil näher als dem Sauternes. Die besten Beispiele zeigen außerordentliche Konzentration und Harmonie in Frucht und im von der Edelfäule erhöhten Aroma und Geschmack.

Frische Orangen und Orangenmarmelade finden sich unter den Geschmacksnoten, die den Tokajer auszeichnen.

Sherry und Port

Noch bis vor zwei oder drei Jahrzehnten wurde in den USA, Südafrika, Australien und Neuseeland viel mit Alkohol angereicherter Wein produziert. Als aber das Zeitalter des Tischweins heraufdämmerte, schwanden Popularität und Produktion dieses Stils dahin. Es gibt immer weniger solche Weine, und immer weniger werden exportiert. Auch die klassischen Vertreter – vor allem Sherry – haben es heute beim Verbraucher schwer. Es wäre aber doch schade, wenn diese Apéritifs und Desssertweine aus dem Repertoire des 20. Jahrhunderts verschwinden würden.

Sherry – aus der Gegend von Jerez in Spanien – war früher in England der klassische Apéritif, kam aber um 1980 aus der Mode – dabei regt nichts den Appetit schöner an als ein Fino oder Manzanilla, und auch zum Essen selbst sind beide erstaunlich vielseitig (Seiten 30–39).

Doch dem mit reifen, sanft-fruchtigen Weinen von heutzutage verwöhnten Gaumen kommt Sherry oft allzu karg vor. So ist der Sherry-Geschmack inzwischen gewöhnungsbedürftig geworden. Hinzu kommt, daß heutiger Sherry längst nicht mehr dem echten Typ entspricht. Er wird gesüßt, um den Absatz zu fördern, und deshalb kommen die meisten Menschen nie in den Genuß von frischem, trockenem, von der pikanten Note der Florhefe geprägten Fino und meersalzigem Manzanilla, ebenso trockenem, aber dunklerem Amontillado mit kräftigerem Körper und nußwürziger Art sowie ebenfalls trockenem, aber vollerem, wärmerem und noch nußwürzigerem Oloroso, ohne den Anflug von Hefe (Seite 128).

Von allen Imitationen kommen die australischen dem Vorbild am nächsten, insbesondere mit einigen sehr guten «Finos». In Südafrika werden ebenfalls recht gute Sherry-Imitationen produziert, denen es allerdings an Finesse mangelt (in Australien und Südafrika werden frisch vergorene und mit Alkohol angereicherte Weine anschließend mit Florhefe geimpft); in den USA kommt den Sherry-Typen keine Bedeutung mehr zu.

In Europa bringt Zypern einigermaßen derbe Imitationen hervor, und in Großbritannien wird billiger Sherry aus Traubenkonzentrat hergestellt (allerdings darf dieses Produkt ab Ende 1995 nicht mehr als Sherry bezeichnet werden). Der spanische Montilla ist eine weitere preiswerte Alternative, er ist jedoch nicht mit Alkohol angereichert, und es fehlt ihm an Geschmackstiefe.

Während Sherry als der klassische Apéritif galt, war der Port der klassische Dessertwein, zum Stilton oder auch lange nach dem Essen noch für sich allein genossen. Port wird von hoch oben im Douro-Tal in Portugal heimischen Trauben bereitet und traditions-

Der als Albariza bekannte Kreideboden in Jerez behagt der Palomino-Traube ganz besonders.

gemäß in den «Shippers' Lodges» an der Douro-Mündung in Porto ausgebaut; er ist süß, dunkel und alkoholstark – fast das genaue Gegenteil zum modernen Tischwein.

Es gibt zwar Portwein in mehreren Stilen (z. B. auch halbtrocken und trocken in Weiß und als Apéritif geeignet), aber die Haupttrennungslinie wird zwischen flaschengereiftem (verkörpert durch Vintage Port) und faßgereiftem Tawny Port gezogen. Sie unterscheiden sich im Charakter sehr stark. Vintage Port wird nur in besten Jahren produziert und ist selten trinkreif, ehe er 10, manchmal 20 Jahre hinter sich hat. Bei tiefer Farbe und intensiver Frucht (schwarze Johannisbeeren, Pflaumen, getrocknete Feigen) ist er gehaltvoll, sehr süß, oft schokoladig und in der Jugend ungeheuer tanninherb. Nach Holz darf Vintage Port nicht schmecken. Demgegenüber ist Tawny viel heller, eher gelbbraun und hat milden, nuß- und holzwürzigen Charakter von trockenen Früchten, der sich während der langen Reifezeit in porösen Holzfässern durch die Berührung mit Luft einstellt. Anders als Vintage Port sollte Tawny Port leicht gekühlt serviert werden und gibt sogar einen guten Apéritif ab.

Theoretisch werden beide Stile, Vintage und Tawny, in den neuen Weinbaukontinenten kopiert, praktisch aber herrscht der Tawny in einer Art Kompromißformel vor. In Südafrika noch mehr als in Australien ist er nämlich voller, fruchtiger und stärker als sein echtes Vorbild. Die besten, wenn auch aromatischeren und süßeren Vintage-Versionen entstehen in sehr kleinen Mengen in Australien, und zwar meist von der Shiraz-Traube.

Oben: Die Lese in den terrassierten oder steil abfallenden Weinbergen am Duoro ist harte, heiße Knochenarbeit.

In Europa werden süße, mit Alkohol angereicherte Rotweine in Rivesaltes und Banyuls in Südfrankreich von der Grenache-Traube produziert. Sie sind alkoholschwächer als Port und erlangen durch Faßausbau leichtere, würzigere Art.

Italien hat dem Port seinen eigenwilligen Recioto della Valpolicella entgegenzusetzen, der zwar nicht mit Alkohol angereichert wird, aber trotzdem stärker ist als normaler Tischwein, weil die Trauben vor dem Vergären zum Vortrocknen (Anwelken) ausgelegt werden und dadurch höhere Konzentration erlangen. Bricht die Gärung ab, bevor der gesamte Zucker in Alkohol umgewandelt ist, dann entsteht intensiv süßer Wein mit komplexer, bitterer Kirschenfrucht und Kräuterwürze. Gärt er dagegen trocken aus, wird er zu Recioto della Valpolicella Amarone.

Unten: Die volleren Sherrystile Amontillado und Oloroso haben mit Tawny Port eine nußwürzige Art gemeinsam; Vintage Port besitzt dagegen intensive Fülle und die Frucht von schwarzen Johannisbeeren, Pflaumen und Dörrobst.

Hermitage und Côte Rôtie

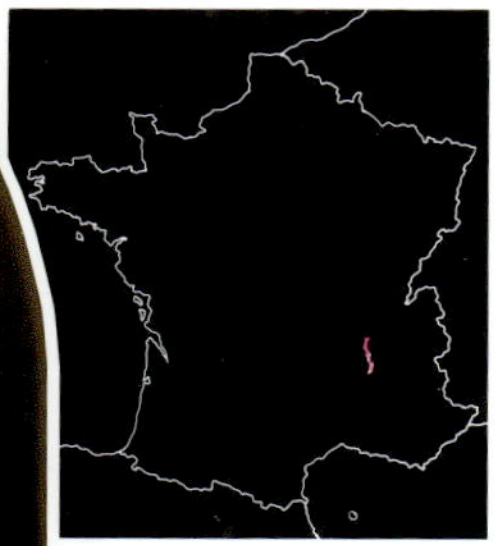

Oben: Der steile Hermitage-Berg auf dem Ostufer der Rhône ist schwer zu bearbeiten, doch der Granitboden und die sonnige Lage lohnen die Mühe.

Obschon Hermitage und Côte Rôtie im 19. Jahrhundert so hochgeschätzt waren wie Bordeaux und Burgunder, sind diese großen Syrah-Rotweine von der nördlichen Rhône mit ihrer intensiven Farbe, Fülle und Langlebigkeit doch anderswo nicht oft nachgeahmt worden. Erst heutzutage wächst ihre Popularität wieder, aber lange Zeit stand der Trend Weinen mit so massiver Art entgegen, vor allem dem berühmten Hermitage, der so lange braucht, bis er sein verlockendes Beerenaroma und seine urwüchsige Komplexität unter einer Maske aus oft teer- und lederartigem Tannin hervorscheinen läßt. Selbst in Australien, wo unter dem Namen Shiraz viel mehr Syrah angebaut wird als in Frankreich und der größte Wein dieser Traube den Namen Grange Hermitage trägt (der Namensbestandteil Hermitage fehlt beim Export nach Europa), werden nicht viele Weine produziert, die ihm gleichkämen. Der Schöpfer des Grange wollte in den 1950er Jahren eigentlich Bordeaux nachahmen – an der Rhône war er nie gewesen. Die meisten Shiraz-Weine mit ihrem würzigen Beerenaroma und oft einem typisch australischen Hauch von Minze sind milder, geschmeidiger, kurzlebiger als die Rhône-Weine. Selbst die eindrucksvolleren, wuchtigeren, haltbareren – zumeist von alten Reben aus Barossa – sind schon viel früher ansprechend als Syrah von der Rhône.

In Kalifornien treiben neuerdings die «Rhône Rangers» einen gewissen Kult mit Weinen von den Rhône-Rebsorten Syrah, Grenache, Viognier usw. Manche Syrahs sind großartig – oft nach dem duftigeren, eleganteren Vorbild der Côte Rôtie, entstehen aber nur in sehr kleinen Mengen und sind dementsprechend teuer.

Vin de Pays von Syrah aus Südfrankreich ist eine neue, rasch um sich greifende Art; zwar fehlt ihr die Wucht, Tiefe, Komplexität und Herbheit der Weine von der nördlichen Rhône, doch sie hat die typische Beerenfrucht der Syrah-Traube sowie pfefferig-würzige Saftigkeit und Vollmundigkeit.

Unten: Die Syrah-Traube verleiht den Weinen von der nördlichen Rhône verlockendes Beerenaroma und große Wucht.

Sonstige

Die bisher beschriebenen Stile sind durchaus nicht die einzigen Klassiker mit traditioneller Identität, sie sind lediglich diejenigen, die dadurch internationale Verbreitung gefunden haben, daß sie von Erzeugern in aller Welt nachempfunden wurden. Andere, nicht so weitgereiste Stile finden sich bei den Rebsorten (Seiten 50–59) unter

Gamay (Beaujolais)
Nebbiolo (Barolo)
Sangiovese (Chianti)
Tempranillo (Rioja)
Gewürztraminer (Elsaß)
Muskateller (Beaumes-de-Venise und Liqueur Muscat)
Sémillon und Sauvignon Blanc (trockener weißer Bordeaux)
Melon de Bourgogne (Muscadet)

Weitere Hinweise im letzten Abschnitt.

Wo Wein wächst

Die Traube übt natürlich den Haupteinfluß auf den Stil und die Qualität eines Weins aus, sie bildet aber nur einen Ausgangspunkt, und – wie die Weinerzeuger im letzten Viertel des Jahrhunderts entdecken mußten – nicht unbedingt immer den günstigsten.

Im Gegensatz zu Frankreich, wo jeder Wein, der Anspruch auf höheren Status als Vin de table erheben will, von ganz bestimmten in der jeweiligen Gegend oder Appellation zugelassenen Traubensorten produziert sein muß, gingen die Pioniere der Neuen Welt gewöhnlich so vor, daß sie sich im sonnigen Kalifornien, Australien oder sonstwo auf der Welt ein Stück Land kauften und darauf nach eigenem Gutdünken diese oder jene Rebsorte anpflanzten. Schließlich wächst Wein überall, wo er genug Wärme, Wasser und Platz vorfindet, wozu sich also Gedanken über Bodentyp, Topographie oder Feinheiten des Klimas machen, um die in Frankreich unter dem Namen *terroir* so viel nahezu religöser Kult getrieben wird?

Aber gedeihliches Rebenwachstum ist nun einmal nicht unbedingt der Schlüssel zu großem oder auch einfach nur gutem Wein. Vielmehr kommen dabei meist in Hülle und Fülle Trauben mit dünnem, schwächlichem Geschmack zustande, aus denen natürlich wieder nur dünner, schwächlicher Wein entsteht. Die Behauptung der Westeuropäer, daß die Rebe nur dann Früchte mit dem Potential für großen Wein hervorbringen könne, wenn sie zu «kämpfen» habe, ist umstritten, zweifellos aber braucht die Rebe mit wenigen Ausnahmen (Coonawarra ist eine solche), wenn sie Anspruch auf Qualität und Stil erheben will, einen Boden, in dem sie tiefe und ausgebreitete Wurzeln treiben kann. Das aber tut sie einfach nicht, wenn ihr alles auf dem Tablett serviert wird (Bewässerung, Düngung, überreichlicher Sonnenschein usw.). Dann verfällt sie in Wildwuchs und bringt nur massenweise Laub und nichtssagende Trauben hervor.

Oben: Das Besprühen der Reben mit Wasser wird in Chablis wirkungsvoll zur Vermeidung von Frostschäden eingesetzt.

Boden

Hält man Ausschau nach idealen Voraussetzungen für den Weinbau – wenn es denn solche gibt –, dann fällt auf, daß die altetablierten Weinberge Europas an Stellen liegen, wo sonst nichts Rechtes gedeihen will. Der Rebe aber behagen sie – scheinbar handelt es sich um kargen Boden, es ist aber mehr als nur das. Ob es die Winzer von damals wußten oder nicht, die europäischen Erfahrungen lehren, daß die besten Böden die sind, die eine tiefe Durchwurzelung fördern, Wasser gut durchlassen, es aber doch ohne Staunässe speichern können. Kalkstein, wie er in Burgund und der Champagne viel vorkommt, in der Neuen Welt jedoch wenig, erfüllt diesen Befund vollkommen, und das gilt auch für andere steinige oder kiesdurchsetzte Böden wie beispielsweise im Haut-Médoc. Steiniger Boden (manchmal ungeheuer steiniger wie in Châteauneuf-du-Pape) ist unter verschiedensten Klimabedingungen überhaupt am besten, denn er erwärmt sich rasch und strahlt die Wärme nachts wieder ab; dabei ist er nicht zu fett und erodiert nicht ohne weiteres. Außerdem findet sich steiniger Boden oft am Fuß von Hängen, die darüber hinaus andere günstige Klimavoraussetzungen bieten, etwa gute Durchlüftung und Sonneneinstrahlung.

Unten: Die Steine im Weinberg der Domaine de la Solitude sind nicht einfach nur charakteristisch für Châteauneuf-du-Pape, sie bieten auch Vorteile: Vor allem strahlen sie nachts Wärme ab.

Ob über die physikalische Beschaffenheit eines Bodens hinaus auch seine chemische Zusammensetzung (mineralisch und mikrobiell) den Geschmack des Weins, der auf ihm wächst, beeinflußt, darüber läßt sich streiten: Die Franzosen sind davon überzeugt – die Neue Welt hält nichts oder nicht viel davon. Es gibt zwar keine wissenschaftlichen Beweise für den Standpunkt der Franzosen, aber es läßt sich auch nicht leugnen, daß bestimmte Böden sich für bestimmte Rebsorten besonders eignen und – genauer betrachtet – mit bestimmten Weinstilen und Geschmacksinhalten in Zusammenhang stehen. Erfahrene Degustatoren entdecken immer wieder den Geschmack von Schiefer in Moselweinen, Erde in rotem Graves und stahligen Feuersteincharakter im Chablis.

Klima

Obwohl sich in dem französischen Begriff *terroir* die Einflüsse von Klima und Boden unauflöslich verknüpfen, ist doch die Rolle des Klimas einfach augenfälliger. Die Winzer Europas befinden sich großenteils in den Randregionen des Weinbaus und haben Jahr für Jahr mit zu wenig Sonnenschein und zu viel Regen zu rechnen, so daß sie um reife, vollschmeckende Frucht stets bangen müssen. Deshalb gibt es hier von einem Jahrgang zum anderen größere Schwankungen in Qualität und Art. Der größte Teil der Neuen Welt hat eher zuviel Wärme und trotz Bewässerung zu wenig Feuchtigkeit für Trauben voll Subtilität und schönem Gleichgewicht zwischen Frucht, Säure und Tannin. Andererseits sind die Ergebnisse einheitlicher.

Die Winzer in der Neuen Welt nehmen dies aber nicht einfach hin. Immer mehr wird in Kalifornien, Australien und Südafrika auf das Mikroklima geachtet – auf die örtlichen Besonderheiten im allgemeinen Klima also –, wo sich Windschutz oder eine kühle Brise vom Meer, vielleicht auch Nebel oder eine zusätzliche Stunde Sonneneinstrahlung oder kühlere Nachttemperatur, auf die jeweilige Rebsorte auswirkt. Es überrascht nicht, daß sich das gesuchte «perfekte» Mikroklima von dem kühlen Klima des jeweiligen europäischen Vorbilds nicht wesentlich unterscheidet. Die dadurch inzwischen entstandenen großen, zugleich subtilen und komplexen Weine bieten dementsprechend weniger Gewißheit, daß sie Jahr für Jahr neu produziert werden können.

Unten: Der vom Pazifik heraufziehende kühlende Nebel ist an heißen Tagen im Napa Valley ein vertrauter – und willkommener – Anblick.

Maßnahmen im Weinberg: Rebenpflege

Die geeignete Rebsorte in entsprechendem Boden und günstigem Klima garantiert leider immer noch nicht guten Wein – und zwar nicht allein deshalb, weil ja auch noch ein guter Kellermeister dazugehört. Lange bevor es ans Keltern und in den Keller geht, müssen die Reben erst einmal gepflegt, geschnitten, aufgebunden, gegen Krankheiten und die Unbilden der Witterung geschützt und schließlich im günstigsten Augenblick gelesen werden.

Den Wert guter Weinbergpflege haben die Weinerzeuger der Neuen Welt erst Ende der 1980er Jahre gelernt. Bis dahin hatten sie ihre ganzen Bemühungen auf den Keller konzentriert, weil sie glaubten, Wissenschaft und Technik reichten allein aus, um guten Wein zu gewährleisten. Sie mußten feststellen, daß auf diese Weise zwar saubere, technisch korrekte Weine entstanden, aber jede Köchin hätte von vornherein sagen können, daß nichts Besseres herauskommen kann, als was man an Zutaten hineinsteckt. Inzwischen ist das Pendel zum Weinberg hin geschwungen.

Schnitt und Erziehung

Betrachtet man die Zeilen ordentlich an Drähten gezogener Reben in einem modernen Weinberg, dann kann man sich kaum vorstellen, wie die Pflanzen, wenn man sie sich selbst überläßt, in wildem Durcheinander von Trieben und Schossen über den Boden und an jedem ihnen in die Quere kommenden Baum hinaufkriechen würden. Je üppiger aber das Wachstum, desto mehr hängen die Trauben unter dem Laubdach im Schatten. Hieraus erklärt sich, weshalb die Reben in der winterlichen Ruhezeit so streng zurückgeschnitten werden.

In letzter Zeit ist nun auch diese Tradition (wie so manche andere) in der Neuen Welt und insbesondere in Australien in Frage gestellt worden; dort haben viele Erzeuger den kostspieligen Winterschnitt ganz

In der Neuen Welt wird die Bedeutung des winterlichen Rebschnitts oft bezweifelt, in der Alten Welt aber ist er fest im Jahresablauf verankert.

aufgegeben (sich vielmehr auf einen leichten Rückschnitt im Sommer beschränkt) und dabei festgestellt, daß die ungeschnittenen Reben sich entgegen der bisherigen Ansicht sehr diszipliniert verhalten: Ihre Vegetation bewahrt nicht nur Maß und Ziel, sie tragen auch ihre Früchte außerhalb der Laubdecke, wo sie das meiste Sonnenlicht abbekommen. Die Befürworter dieses «Minimalschnitts» behaupten, daß dabei nicht nur der Ertrag, sondern auch die Qualität steige. Die meisten Weinerzeuger sind freilich davon noch nicht überzeugt, und so bleibt der Rebschnitt vorerst noch eine wichtige qualitätsbestimmende Maßnahme.

Ein weiteres heiß diskutiertes, aber weniger heftig umstrittenes Thema ist die Behandlung der Laubmassen, die ja eventuell das Sonnenlicht aussperren könnten. Angestrebt wird eine möglichst reichliche Belichtung von Laub und Früchten durch eine Kombination von Techniken, bei denen neuartige Spanndrahtsysteme, Triebeinkürzung, Sommerschnitt und Laubausdünnung angewandt werden.

Ertrag

Alle diese Maßnahmen haben Auswirkungen auf den Ertrag, und dieser wiederum wirkt sich auf die Weinqualität aus – hohe Erträge haben ungünstigen Einfluß –, deshalb werden in den französischen Appellations Contrôlées (Seite 96) und in vielen anderen Systemen Höchsterträge festgesetzt und Bewässerung untersagt. Aber so einfach geht die Gleichung doch nicht auf. Es läßt sich zwar nicht bestreiten, daß oberhalb einer gewissen Ertragsmenge die Qualität nachzulassen beginnt, aber es gibt dabei die verschiedensten Variablen zu berücksichtigen.

Da ist zunächst die Rebsorte: Bei Pinot Noir leidet die Qualität schon bei Ertragsmengen, die beispielsweise dem Chardonnay noch lange nichts ausmachen. Die Lage kommt hinzu: In strengem Klima sind die Erträge kleiner als in mildem. Auch die Pflanzdichte hat ihre besonderen Tücken: Der Ertrag wird meist in Hektolitern pro Hektar gemessen, aber die Zahl der Weinstöcke, die auf einem Hektar gepflanzt sind, ist stark unterschiedlich: In der Neuen Welt, wo Erntemaschinen eingesetzt werden (die ja zwischen den Rebzeilen genug Platz brauchen), ist sie viel geringer als beispielsweise in Burgund, wo eine derartige Mechanisierung kaum möglich ist. Allgemein herrscht jedoch die Ansicht, daß große Zeilenabstände der Qualität abträglich sind, weil die Rebwurzeln sich dann horizontal ausbreiten und nicht dazu angeregt werden, in tiefere Bodenschichten vorzudringen. Und schließlich ist da noch die unbestreitbare und doch anscheinend unbegreifliche Tatsache,

Moderne Plagen

Der moderne Weinbau leidet unter zwei Plagen. Die eine, Eutypiose, ist neu, die andere, die Reblaus, eine im 19. Jahrhundert bereits dagewesene und heute erneut drohende Katastrophe. Sie kam um 1860 mit Rebenstecklingen aus Amerika nach Europa und hatte bereits zwei Jahrzehnte darauf fast alle Weinberge Europas und Kaliforniens verheert. Heute beschränkt sich ihr Vernichtungsfeldzug weitgehend auf Kalifornien. Die meisten anderen Weinbauregionen wurden nach den Verwüstungen im 19. Jahrhundert auf «Unterlagen» umgepfropft, die von der Reblaus nicht angegeriffen werden; an anderen Stellen, so in Chile, verwehren natürliche Schranken (Gebirge, Meer, Wüsten) dem Schädling das Eindringen. Den kalifornischen Weinbauern wurde zu ihrem Unglück eine Unterlage empfohlen, die sich als nicht reblausfest erwiesen hat. Auf diese Weise kam es zu einem «Milliarden-Dollar-Alptraum» und zu umfangreichen Neuanpflanzungen in diesem Jahrzehnt. Ein geringer Trost mag sein, daß dabei die Chance zur Neubestockung mit besseren Sorten besteht.
Die Eutypiose, auch «Reben-Aids» genannt, ist ein Pilz, der erstmals Anfang der 1980er Jahre in Frankreich, und zwar an den Ugni-Blanc-Reben in Cognac, auftrat. Cabernet Sauvignon und Sauvignon Blanc sind offenbar besonders anfällig, immun ist aber keine Sorte. Die Inkubationszeit ist so lang (5–10 Jahre), daß die Forschung nur langsam vorankommt. Bisher sind noch keine Gegenmittel bekannt, nur ein paar Vorbeugungsmaßnahmen.

Traditionelle Rebenerziehung an Pergolen auf Granitsäulen in Galicien (Nordspanien) – welch ein Unterschied zu der Laubdachbehandlung in der Neuen Welt.

daß in Bordeaux und der Champagne seit 1982 die besten Jahrgänge zugleich auch zu den ertragreichsten gehörten.

Es gibt nun einmal kein Patentrezept. Letzten Endes ist es nicht Sache des Gesetzes, sondern jedes einzelnen Winzers, den Ertrag der angestrebten Weinqualität anzupassen (nicht jeder greift ja nach den Sternen). Das kann durch den richtigen Anschnitt (im Winter, Frühjahr und Sommer) im Verein mit Ausdünnen (Herausschneiden überzähliger Früchte im Sommer) und bedachtsamen Einsatz von Düngemitteln und anderen Behandlungen geschehen. Und damit komme ich zu einem weiteren Streitpunkt: Welche Mittel dürfen im Weinberg Anwendung finden?

«Grüne» Methoden

Eigentlich ist die Sache längst nicht mehr so kontrovers wie noch vor fünf Jahren. Das zeigte sich 1992 bei einer Fachtagung, als die angekündigte Debatte über «Chemie oder Natur» in einem großen Konsens endete. Von den Winzern über die Wissenschaftler und Einkäufer bis zu den Wiederverkäufern war alles auf Grün eingestellt. Alle waren dafür, künstliche Dünger zu vermeiden und behutsam nur organische zu verwenden, das Spritzen gegen Pilze, Viren und Schädlinge einzuschränken und möglichst nur «natürliche» Spritzmittel, z.B. Kupfersulfat, sowie Nützlinge einzusetzen. Die Erträge sinken dadurch, aber das kann ja nur positive Wirkungen haben. Häufig erstrecken sich diese Gedankengänge auch auf die Kellertechnik, obschon eine allgemeine Abneigung gegen einen überstürzten Einstieg in organische Methoden mit ihren starren Regeln und ihrem noch immer nicht überwundenen Sandalen-Image festzustellen ist.

Reife und Lese

Man möchte glauben, daß die Entscheidung, wann die Trauben geerntet werden sollen, noch am einfachsten wäre – natürlich wenn sie reif sind. Aber die Traube ist eine komplizierte Frucht, und der optimale Reifezustand für die Lese kann daher viel Kopfzerbrechen bereiten. Liest man zu spät, dann sinkt der Säuregehalt ab, und man bekommt faden, kurzlebigen Wein – vor allem Weißwein. Liest man zu früh, dann kommt die Süße zu kurz, und die Säure herrscht vor, so daß Weißwein säuerlich und Rotwein tanninstreng, vielleicht sogar bitter ausfällt.

Schlimmer noch, die physiologische und chemische Reife kann zweierlei sein. Im potentiell hervorragenden Jahr 1989 wurde in Bordeaux festgestellt, daß die Merlot-Trauben in jeder Hinsicht reif waren, außer im Tannin. Wartete man nun ab, bis das Tannin ausreifte, dann sank der Säuregehalt bedrohlich.

Biodynamischer Anbau, wie er in Coulée de Serrant an der Loire praktiziert wird, bedeutet streng traditionelle Bearbeitungsmethoden.

Alles in allem aber hat sich bei der Wahl des richtigen Lesezeitpunkts in letzter Zeit vieles gebessert, weitgehend aufgrund von Fortschritten in der Kellertechnik, die im nächsten Kapitel behandelt werden soll. Um nur ein Beispiel zu nennen, werden heute in Bordeaux die dunklen Trauben später und reifer gelesen als vor Einführung der Gärtemperaturregelung. Sie verhindert, daß bei höherem Zuckergehalt der Trauben die Gärung sich überhitzt und ins Stocken gerät. Reifere Trauben aber gewährleisten im Wein süßere, vollere Frucht und reiferes, ansprechenderes Tannin.

Eine weitere grundlegende Entscheidung ist, ob die Lese von Hand oder maschinell durchgeführt werden soll. In manchen Regionen, z. B. in der Champagne und in Jerez, sind Erntemaschinen verboten, in

Vom organischen zum biodynamischen System

Noch vor ein paar Jahren erschien das biodynamische System – organischer Anbau, nach den Ideen Rudolph Steiners einen Schritt weiter in die Bereiche des Kosmos getragen – als eine ausgesprochen verschrobene Angelegenheit. Doch am Anfang der 1990er Jahre haben Spitzenweinerzeuger in Burgund und an der Rhône Interesse daran gewonnen und sich sogar engagiert. Teile der berühmten Domaine Leflaive in Puligny-Montrachet haben den siebenjährigen Weg zur Umstellung bereits zur Hälfte hinter sich (sieben Jahre sind erforderlich, bis im Boden die Reste von Unkrautvertilgungsmitteln, Kunstdüngern und synthetischen Spritzmitteln abgebaut sind). Es ist aber mehr an dem System als nur Bodenpflege und Anbau allein mit Naturmitteln tierischen und pflanzlichen Ursprungs und die Vermeidung von klonierten Reben. Seine wichtigste Funktion ist, um einen seiner passioniertesten Jünger, Nicolas Joly in Coulée de Serrant an der Loire, zu zitieren, «das Leben des Bodens durch Stärkung seiner Bindungen an das Sonnensystem und seinen kosmischen Hintergrund zu fördern». In der Praxis bedeutet dies, daß sich alle Arbeiten im Weinberg und am Wein nach dem Gang des Mondes und der Sterne richten müssen. In gewisser Hinsicht handeln französische Winzer schon seit Generationen danach, beispielsweise indem sie sich beim Abfüllen im Frühjahr nach den Mondphasen richten.

anderen, z.B. Bordeaux und Burgund, zwar erlaubt, finden aber kaum Anwendung. Die Lese von Hand ist schonender und ermöglicht bessere Auslese, sagen die Befürworter, in der Neuen Welt dagegen, wo die maschinelle Lese (und der maschinelle Rebschnitt) vorherrschen, heißt es, die modernen Maschinen seien imstande, ausreichende Schonung zu gewährleisten und hätten überdies den Vorteil, viel schneller zu arbeiten als der Mensch und jederzeit – selbst mitten in der Nacht – verfügbar zu sein.

Erntemaschinen trifft man in Burgund selten an. Auf den oft kleinen Parzellen sieht man viel häufiger Leser an der Arbeit.

Die Rolle des Kellermeisters

In mancherlei Hinsicht ist die Weinbereitung eine einfache Sache. Haben Natur und Pflege für gesunde, reife Trauben gesorgt, dann gibt es keine Entschuldigung für schlechten Wein mehr, denn der Gärprozeß, bei dem der Traubenzucker in Alkohol und Kohlensäure umgesetzt wird, ist so einfach und natürlich wie eh und je. Wenn nur das Wetter einigermaßen mild ist und die natürlichen Hefen auf den Schalen der Trauben nicht abgetötet wurden, bereitet sich der Wein gewissermaßen von selbst, wie er es schon seit Urzeiten getan hat.

Trotzdem ist der Kellermeister freilich nicht überflüssig, denn wenn der Wein sich selbst überlassen bleibt, wird er die Beute von Bakterien und befindet sich bald auf dem Weg zum Essig. Darum muß er gegen Sauerstoffeinwirkung geschützt werden, wenn der Gärprozeß beendet ist. Nach heutiger Auffassung beruht die Qualität des Weins allerdings mehr auf dem, was im Weinberg geschieht, und deshalb hat der Kellertechniker seine Rolle als allmächtiger Zauberer, die in den 1970er und 1980er Jahren in den High-Tech-Kellereien Kaliforniens und Australiens ihren Höhepunkt erreichte, weitgehend wieder abgeben müssen.

Die hier erwähnen Weine und Rebsorten werden im letzten Abschnitt (Seiten 94–157) bzw. unter «Die Bedeutung der Traube» (Seiten 50–59) näher beschrieben.

Rotweingewinnung

Keltern

Nach der Lese gilt es zunächst, die Trauben so rasch und reibungslos wie möglich in die Kellerei zu schaffen – ideal ist der Transport in kleinen Plastikkörben, anstatt aufgehäuft in einer großen Mulde, in der die unten am Boden liegenden Trauben vom Gewicht der daraufgeschütteten zerquetscht werden. In der Kellerei werden die Beeren in einer Traubenmühle schonend aufgebrochen, so daß der Saft austreten kann, und je nach Traubensorte und Gegend werden dabei die bitteren, tanninhaltigen Stiele teilweise (z.B. in Burgund) oder ganz (z.B. in Bordeaux) entfernt.

Rote Trauben für Schaumwein werden nicht gemahlen, sondern nach der im Beaujolais üblichen Methode als ganze Beeren vergoren (wobei leichter, fruchtiger, aromatischer Wein mit nur schwachem Tanningehalt entsteht). Auch die besten roten Trauben vom Douro, die für langlebigen Vintage Port bestimmt sind, kommen nicht in die Mühle, obwohl viele Erzeuger es damit versucht haben; sie sind aber zum althergebrachten Stampfen mit dem schonend wirkenden, warmen menschlichen Fuß zurückgekehrt. Manche finden jedoch, daß das Stampfen bessere Ergebnisse bringt, wenn die Trauben vorher maschinell angequetscht wurden.

Gärung

Nach dem Zerkleinern wird die Masse aus Schalen und Saft in große Gärbehälter gegeben. Dabei handelt es sich traditionell um oben offene Holzbottiche, es können aber auch mit Glas ausgekleidete Zement- oder Kunstoffbehälter und schließlich geschlossene Edelstahltanks sein. Eine geringe Dosis Schwefeldioxid kann jetzt oder auch schon beim Zerkleinern als Oxidationshemmer und Desinfektionsmittel beigegeben werden, ist aber eher bei Weißwein nötig. In kühlen Gegenden, z. B. in Frankreich, darf sowohl roter als auch weißer Most mit Zucker angereichert werden (*chaptalisation*), um den potentiellen Alkoholgehalt auf ein bestimmtes Maß zu bringen. In wärmeren Gegenden, vor allem in der Neuen Welt, ist das Beimischen von Säure, allerdings meist bei Weißwein, erlaubt und gebräuchlich.

Der Kellermeister hat mehrere Möglichkeiten, die Gärung in Gang zu bringen. In kühlem Klima kann er den Most erwärmen und mit Hefeaktivierung oder – meist in der Neuen Welt – mit den viel zuverlässiger als die wilden Hefen wirkenden Kulturhefen arbeiten. Dagegen spricht allerdings, daß man, wenn man die natürlichen durch im Labor gezüchetete Hefen ersetzt, etwas von der Individualität des jeweiligen Weins einbüßt.

Im Verlauf des Gärvorgangs ist es wichtig, daß die Gärtemperatur nicht zu hoch steigt. Aus überhitztem Most entsteht grober, gekocht schmeckender Wein, und

Kohlensäuremaischung

Diese Technik erbringt sehr fruchtigen, süffigen Rotwein, der jung getrunken sein will. Das klassische Beispiel ist der Beaujolais, aber auch viele Côtes du Rhône und Vins de Pays aus Südfrankreich und mancher australische Wein entstehen auf diese Weise. Die Trauben werden nicht gemahlen, sondern unzerkleinert unter CO_2-Schutzgas vergoren. Dabei beginnt der Gärprozeß im Inneren der unversehrten Beeren und bringt diese zum Aufplatzen, worauf dann der Most austritt und in üblicher Weise weitergärt. Bei diesem Vorgang wird den Traubenschalen sehr rasch Farbstoff und aromatische Fruchtigkeit, aber nur wenig Tannin entzogen.

Die Hauptphasen der Rotweingewinnung

1 STAMPFEN ODER MAHLEN Das Stampfen der Trauben, die traditionelle Methode bei Vintage Port, ist nicht nur für Touristen inszenierte Folklore, sondern die beste Art, Farbstoffe und Tannin aus den Schalen zu extrahieren.

2 GÄRUNG In geschlossenen Tanks oder offenen Bottichen, heutzutage meist mit Temperaturregelung. In dieser Phase setzt die Hefe den Traubenzucker in Alkohol und Kohlensäure um und verwandelt damit Most in Wein.

3 UNTERTAUCHEN DER SCHALEN Während des Gärvorgangs bildet sich auf dem brodelnden Most ein «Hut» aus Traubenschalen. Er muß nach unten gedrückt werden, damit die Farbstoffe aus den Schalen in die Flüssigkeit übergehen.

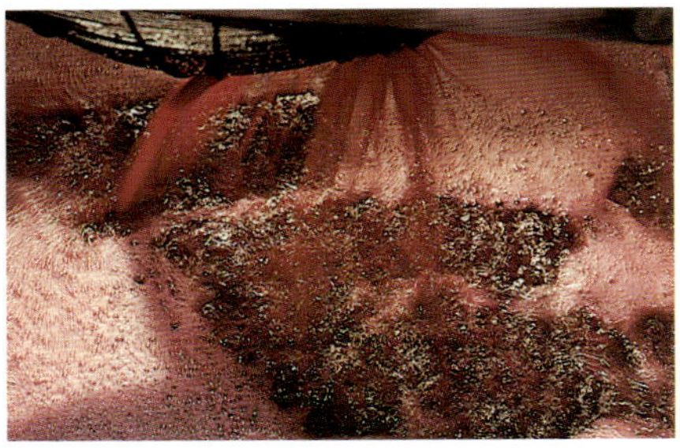

4 PRESSEN Rotweintrauben werden vor dem Vergären zerkleinert, aber erst nachher gepreßt. Der dabei gewonnene sehr tanninreiche Preßwein kann dem übrigen Wein teilweise beigemischt werden, um ein kräftigeres Endprodukt zu erreichen.

5 AUSBAU Rotwein wird nur selten im Faß vergoren; bessere Gewächse – vor allem aber solche, die sich über längere Zeit entfalten sollen – machen mindestens teilweise eine Reifezeit in neuen Eichenfässern durch, wobei sie Tiefe und Komplexität erlangen.

6 ABSTECHEN Während der Reifezeit bildet sich ein Bodensatz, von dem der Rotwein durch Abstechen, d. h. vorsichtiges Umfüllen in ein anderes, sauberes Faß, abgezogen wird. Dann folgt der Transport in die Abfüllanlage.

wenn es allzu heiß wird, stirbt die Hefe ab, bevor sie den Zucker in Alkohol umgewandelt hat. Rotwein wird meist bei Temperaturen zwischen 21 und 28 °C vergoren. Bei der Rotweingärung ist es ferner wichtig, daß die Schalen im Most untergetaucht bleiben, damit die darin sitzenden Farbstoffe (das Fruchtfleisch der meisten dunklen Trauben ist farblos wie das von weißen Trauben), Tannin und Geschmacksstoffe extrahiert werden können. Die von der Hefe abgegebene Kohlensäure treibt die Schalen ständig nach oben, so daß sie auf die eine oder andere Weise untergetaucht gehalten werden müssen.

Manchmal dauert der Gärprozeß nur ein paar Tage – so entstehen leichte Rotweine für baldigen Verbrauch. Seriösere Rotweine gären oft zwei, ja drei oder gar vier Wochen lang. Anschließend wird der Wein von den Schalen abgezogen (das kann auch schon während der Gärung geschehen, damit der Wein nicht so tanninreich wird), und die Schalen werden dann gepreßt. Den dadurch gewonnenen sehr robusten, tanninherben «Preßwein» kann der Kellermeister sofort oder später dem übrigen Wein teilweise beimischen, um ihm mehr Körper zu verleihen.

Malolaktische Säureumwandlung

Das letzte Gärungsstadium ist bei allen Rotweinen (aber nur bei manchen Weißweinen) die malolaktische Säureumwandlung. Dabei wird die scharfe Apfelsäure zu milderer Milchsäure. Heutzutage wird dieser Vorgang durch Zusetzen bestimmter Bakterien unmittelbar nach der alkoholischen Gärung hervorgerufen, traditionsbewußtere Kellermeister warten dagegen, bis er sich im Frühjahr von selbst einstellt.

Theoretisch ist der Wein nun trinkfertig. In der Praxis brauchen jedoch die meisten Rotweine eine Zeit zur Milderung. Alle für den sofortigen Verbrauch bestimmten Rotweine nach dem Vorbild des frischfruchtigen Beaujolais werden dagegen durch Schönen und Filtern von Trubstoffen befreit und sodann abgefüllt.

Faßausbau

Die meisten seriösen Rotweine lagern 4 bis 24 Monate in neuen kleinen Eichenholzfässern (225 l Inhalt) und entfalten dabei Komplexität. Das Eichenholz für die Fässer stammt vorzugsweise aus Frankreich, denn dort wachsen nicht nur großartige Weine, sondern – in den Wäldern von Allier, Nevers und im Limousin – auch die schönsten Eichen. Eichenholz gibt Würze (insbesondere Vanillin) sowie Tannin ab und läßt durch seine Poren eine zwar geringfügige, aber vorteilhafte Wechselwirkung zwischen Wein und Luft zu.

Wichtig ist das Alter eines Fasses (je neuer es ist, desto mehr hat es dem Wein zu geben) und sein Röstungsgrad (je stärker das Holz angekohlt wurde, desto intensiveren Geschmack gibt es ab).

Im Vergleich mit französischer Eiche bietet amerikanische und slowenische eine nicht so subtile, eher kräftige Sägespänewürze. Baltische Eiche dagegen ist so feinporig, daß sie überhaupt kaum zum Geschmack beiträgt. Andere Hölzer, in Italien beispielsweise Kastanie, wirken recht aufdringlich. Bei australischen Weinen vor allem der unteren bis mittleren Preisklassen (und verbotenerweise auch in Spanien und Südfrankreich) ist das Einmaischen von Sägespänen zur Vermittlung einer gewissen, wenn auch nicht gerade subtilen Eichenholzwürze gebräuchlich.

Tannin

Es wird in der Welt des Weins viel darüber debattiert, ob die großen Rotweine von heute aus den klassischen Regionen – Bordeaux, Burgund, Rhône, Barolo – ebenso lange leben werden wie ihre Ahnen, und in dieser Debatte spielt die Reife oder Milde des Tannins eine zentrale Rolle. Tannin, der trockene, leicht bittere, den Mund pelzig machende Gerbstoff, ist inbesondere für Rotwein, der längere Zeit haltbar sein soll, unumgänglich (bei Weißwein ist Säure wichtiger). Seit den 1980er Jahren streben die Weinerzeuger jedoch nicht mehr so tanninstrenge, dafür geschmeidigere und früher genußreife Weine an. Erreicht wird das durch spätere Lese, so daß das Tannin in den Schalen, Kernen und Stielen reifer ist, durch Entfernen der Stiele, die ja strengeres Tannin enthalten als die Schalen, und durch schonendes Zerkleinern, damit die Kerne, in denen das bitterste Tannin steckt, unversehrt bleiben. Für den Ausbau im Faß, aus dem wiederum Tannin in den Wein gelangt, wird darauf geachtet, daß nur gut abgelagertes und angeröstetes Eichenholz Verwendung findet und der Wein nicht allzu lange im Faß bleibt. Nichts hiervon erleichtert jedoch das grundsätzliche Urteil, ob die heutigen Weine sich ebenso lange halten wie die früheren. Die Erzeuger sagen ja, denn das Tannin ist – wenn auch nicht so streng – doch vorhanden, aber erst die Zeit wird es erweisen.

Der letzte Schliff

Während der Ausbauzeit hat der Kellermeister noch einiges zu tun. Die Fässer müssen von Zeit zu Zeit aufgefüllt werden, um Verdunstung zu kompensieren, und der Wein muß «abgestochen», d.h. in ein anderes Faß umgefüllt werden, damit der Bodensatz zurückbleibt (wie viele Abstiche erforderlich sind, hängt von der Ausbauzeit und der Art des Weins ab). Manche Weine werden auch verschnitten, entweder weil sie wie der Bordeaux aus mehreren Traubensorten bestehen, oder weil bisher getrennt gehaltene Weine gemischt werden sollen. Vor dem Abfüllen werden Trubstoffe durch Schönen entfernt; das geschieht traditionsgemäß mit Eiweiß, inzwischen aber auch mit Bentonit. Die meisten Weine werden auch noch gefiltert, um ihre Stabilität zu gewährleisten. Allerdings nehmen immer mehr Spitzenerzeuger, vor allem in Burgund, an der Rhône und in Kalifornien, vom Filtrieren Abstand, weil es den Charakter des Weins beeinträchtigen kann.

Weißweingewinnung

Weißwein wird im wesentlichen wie Rotwein gewonnen, nur sind die Traubenschalen nicht beteiligt. Die Trauben (weiße und/oder rote) werden vor dem Vergären gemahlen, entrappt und gepreßt, manchmal wird der Most vor dem Pressen ein paar Stunden lang mit den Schalen zusammen gemaischt, damit er Geschmacksstoffe aufnehmen kann. Vor dem Vergären wird er dann durch Absetzen, Filtrieren oder Zentrifugieren geklärt, wobei die letzteren beiden Methoden als sehr rigoros gelten.

Gärdauer und -temperatur sind unterschiedlich, hängen aber voneinander ab. Moderne, leichte und aromatische Weißweine werden in Edelstahltanks sehr langsam – bis zu 4 Wochen lang – bei Temperaturen um 10 °C vergoren, so daß die Frische der Frucht erhalten bleibt. Die meisten werden dann innerhalb von 3 bis 6 Monaten nach der Lese abgestochen, gefiltert, kaltstabilisiert (damit sie später nicht trüb werden) und abgefüllt. Traditionelle europäische Weißweine und schwerere Versionen werden rascher und bei höheren Temperaturen (bis zu 20 oder sogar 25 °C) im Faß vergoren und nehmen dadurch kräftigeren, volleren Geschmack an. Ob ein Weißwein die malolaktische Säureumwandlung durchmachen soll oder nicht, entscheidet der Kellermeister. In Burgund und der Champagne ist dieser Vorgang üblich und vorteilhaft, aber in wärmeren Gegenden, wo die Säure sowieso eher knapp ausfällt, wird er durch Schwefeln oder Filtrieren verhindert.

Feine, körperreiche Weine, vor allem Chardonnays, aber auch Sauternes, die in neuen Eichenfässern vergoren wurden, lagern nun noch eine Zeitlang im Eichenfaß, um noch mehr Aroma und Komplexität zu gewinnen, andere werden ebenfalls in neuen Eichenfässern ausgebaut oder erhalten eine rasche Eichenholzwürze durch Einmaischen von Spänen (leichte und aromatische Weine dagegen kommen so gut wie nicht mit Holz in Berührung). Während der Faßreifezeit können die Hefereste am Boden des Fasses verbleiben und werden über einige Monate hinweg regelmäßig aufgerührt, um dem Wein zusätzlichen Geschmack und Körper zu verleihen. Nach dem Faßausbau wird dann abgestochen, zumeist auch gefiltert und nach 4 bis 20 Monaten abgefüllt.

Roséwein

Die Bereitung von Rosé ist ein Mittelding zwischen der Weiß- und Rotweingewinnung. In ganz wenigen Fällen darf er durch Mischen von Weiß- und Rotwein erzeugt werden – z. B. rosé Champagner –, doch die meisten Rosés beziehen ihre Farbe direkt aus den Schalen dunkler Trauben. Das geschieht entweder vor dem Vergären durch Zerkleinern der Trauben und bis zu 36stündiges Maischen mit den Schalen oder durch sanftes Pressen von unzerkleinerten

Die Hauptphasen der Weißweingewinnung

1 ANLIEFERUNG Selbst die schönsten Weißweintrauben können unterwegs durch unsachgemäße Behandlung Schaden erleiden. Deshalb ist prompter Transport vom Weinberg zur Kellerei oberstes Gebot: Lese, Beförderung und Keltern müssen Hand in Hand gehen.

2 KELTERN Nach dem Mahlen – heutzutage manchmal auch ohne Zerkleinerung – werden die weißen Trauben unverzüglich zu Most gepreßt. Das muß vor dem Gären geschehen, damit Saft, Schalen und Kerne möglichst rasch voneinander getrennt werden.

3 GÄRUNG Das Gesicht der modernen Weinkellerei ist von Edelstahltanks geprägt, die sich für Weißwein deshalb so gut eignen, weil sie wirksame Regelung der Gärtemperatur und damit der Hefeaktivität ermöglichen.

4 FILTRIEREN Vor dem Vergären zum Klären des Mosts bzw. abschließend zur Gewährleistung eines klaren, stabilen Weins. Dadurch könnten zwar dem Wein Geschmacksstoffe entzogen werden, aber gute Filter (unten) arbeiten schonend.

5 WESHALB FILTRIEREN? Hier zwei Gläser mit demselben Chardonnay. Der Inhalt des linken ist ungefiltert, der des rechten wurde durch den abgebildeten Vakuumfilter gegeben.

6 AUSBAU Körperreiche Weißweine werden oft in Eichenfässern gelagert, um ihnen mehr Fülle in Geschmack und Konsistenz zu verleihen. (Spitzenweine werden sogar im Faß vergoren.) Das Abfüllen geschieht entweder aus dem Tank oder aus dem Faß.

Trauben, wobei ein Most mit leichter Färbung entsteht, oder durch kurzes Vergären mit den Schalen. Anschließend wird Rosé stets wie Weißwein behandelt.

Schaumwein

Wenn einem fertigen Wein Hefe und Zucker beigemischt werden, dann setzt in ihm eine erneute Gärung ein, und wenn die dabei entstehende Kohlensäure nicht entweichen kann, bleibt sie in Form von Bläschen im Wein gelöst – so entsteht Schaumwein. Qualität und Art des Grundweins sind allerdings wichtig; selbst der feinste (von handgelesenen und unzerkleinert sehr schonend gepreßten Trauben) ist stets ziemlich dünn, sauer und neutral, weil er von nicht ganz reifem Lesegut bereitet wird. Von größter Bedeutung ist auch der Behälter, in dem die zweite Gärung abläuft – die subtilsten und komplexesten Schaumweine entstehen dann, wenn dieser Vorgang in der Flasche geschieht und der Inhalt eine Zeitlang (in der Champagne sind es 15 Monate) auf dem darin entstandenen Hefesatz ruht: Die toten Hefezellen lösen sich allmählich auf und geben den typischen cremigen Brot- und Brioche-Charakter des feinen Champagners ab. So funktioniert die traditionelle Methode, die nicht ihresgleichen hat, aber sie ist kostspielig und zeitraubend – allein das Entfernen des Hefesatzes vor dem Auffüllen mit *liqueur d'expédition* stellt eine ausgesprochen aufwendige Arbeit dar.

Einfacher wird man den Bodensatz los, wenn man – wie es in der Neuen Welt oft geschieht – den fertigen Wein in eine neue Flasche umfüllt und die toten Hefen in der alten zurückläßt, aber dabei entsteht nicht dieselbe Finesse und auch nicht derselbe langlebige Schaum. Noch billiger ist das Tankgärungsverfahren und am allereinfachsten das Einpumpen von Kohlensäure in stillen Wein.

Remuage (Rütteln) ist ein wichtiger Verfahrensschritt der Sektherstellung, bei dem die Flaschen gedreht und allmählich immer weiter auf den Kopf gestellt werden, damit das Sediment in den Flaschenhals rutscht.

Süße Weine

Die bei weitem meisten Süßweine sind Weißweine. Ihre Süße stammt vom natürlichen Traubenzucker außerordentlich süßer, reifer Trauben, der nicht zu Alkohol vergoren ist. Hoher Zuckergehalt hemmt die Aktivität der Hefen, so daß sie bei 8–9 % Alkohol schließlich ganz abbricht, in manchen Fällen quält sie sich aber auch weiter, bis 15 oder 16 % erreicht sind. Oft stoppt der Kellermeister die Gärung durch Schwefeln, Kühlen, Abstechen oder Zentrifugieren ab, wenn Süße, Alkohol und – nicht weniger wichtig – auch die Säure das gewünschte harmonische Gleichgewicht erlangt haben. Manche lieblichen deutschen Weine erhalten ihre Süße durch Zusatz von unvergorenem Most, der sogenannten Süßreserve.

Die spät im Herbst gelesenen Trauben für süße Weine sind im wesentlichen mehr oder weniger angewelkt und besitzen daher einen besonders hohen Gehalt an Zucker und Säure. Manchmal schrumpfen oder «rosinieren» sie am Weinstock, so in Jurançon in Südwestfrankreich; in anderen Gegenden werden sie zum Trocknen auf Matten ausgelegt oder wie beim italienischen Passito oder Recioto aufgehängt, oder schließlich – das ist die wichtigste Gruppe – schrumpfen sie am Weinstock unter der Wirkung der Edelfäule (*Botrytis cinerea*) ein. Unter bestimmten feuchtwarmen Witterungsbedingungen tritt dieser unansehnliche, aber höchst wohltätige Schimmelpilz in Sauternes, Deutschland, an der Loire, im Elsaß, in Tokaj und Österreich auf und gibt Anlaß zur Entstehung der herrlichsten süßen Weine. In der Neuen Welt wird Edelfäule oft auch im Weinberg oder in der Kellerei durch Impfen herbeigeführt.

Hochkonzentrierte süße Weine lassen sich auch produzieren, wenn der Wassergehalt in den Trauben gefriert. In Deutschland bleiben zu diesem Zweck für Eiswein bestimmte Trauben manchmal bis in das neue Jahr hinein am Weinstock. In wärmeren Regionen wird «Ice Wine» durch Einfrieren des Leseguts in der Kellerei hergestellt. Eine ähnliche Technik findet in Sauternes Anwendung, wenn die Trauben kurz vor der Lese durch Regen aufgeschwemmt und in ihrem Gehalt verdünnt werden.

Mit Alkohol angereicherter Wein

Mit Branntwein oder Weingeist «gespriteter» Wein ist ebenfalls oft süß, weil der Alkohol dazu verwendet wird, die Gärung abzustoppen, bevor der Traubenzucker vergoren ist. Klassische Beispiele hierfür sind Portwein, Muscat de Beaumes-de-Venise und andere Vins Doux Naturels aus Südfrankreich, australischer Liqueur Muscat sowie Bual und Malmsey Madeira. Aber auch nach beendeter Gärung kann ein trockener Wein angereichert werden, z. B. Sherry und Verdelho Madeira.

Weine dieser Art – Port, Sherry und Madeira – beziehen ihren Charakter zum großen Teil aus der langjährigen Reifezeit in Faß oder Flasche (Näheres Seiten 79/80 sowie 128 und 132/133).

Organische Weinbereitung

Als natürliche Ergänzung zum organischen Anbau kam die organische Weinbereitung im Gefolge immer neuer Weinskandale im Lauf der 1980er Jahre in Schwung. Schließlich brachte die EG im Januar 1993 eine (recht verschwommene) Definition für organischen, biologischen bzw. ökologischen Wein zustande. Es war durchaus nicht einfach, einen Konsens darüber herzustellen, was ökologisch produzierter Wein überhaupt sein soll, weil sich die vielen einschlägigen Zusammenschlüsse in Europa nicht auf gemeinsame Maßstäbe einigen konnten. Theoretisch kommt es freilich darauf an, daß auch im Keller nur natürliche anstelle von synthetischen Chemikalien verwendet werden sollen. Als oxidationshemmendes und desinfizierendes Mittel gilt allerdings Schwefeldioxid in möglichst schwacher Dosierung als akzeptabel, und für das Schönen wird allgemein Eiweiß empfohlen – bei anderen Mitteln herrscht weniger Klarheit. Immerhin trifft der Trend zu verringertem Einsatz von Chemikalien im Weinberg und im Keller bei den meisten Menschen kaum auf Widerspruch.

Üppig süße Weine entstehen in Italien von Trauben, die in gut durchlüfteten Räumen auf Strohmatten zum Trocknen («Rosinieren») ausgelegt werden.

Feine Weine und ihre Herkunft

3 Die Landkarte des Weltweinbaus hat sich im letzten Vierteljahrhundert radikal verändert. Neue Länder und Kontinente treten mit interessanten, hochwertigen Weinen in Erscheinung. In der Alten Welt, deren Antwort auf die Herausforderung durch die Neue lange auf sich warten ließ, erleben nun vernachlässigte Weinbaugegenden ein Wiedererwachen, neue Regionen tun sich mit neuen Weinen auf, und althergebrachte Weine, die früher aus ihrer engeren Heimat nie herauskamen, sind nun allenthalben zu haben.

Frankreich

Italien produziert mehr, Australien zuverlässigeren, Bulgarien billigeren Wein – aber als die wahre Heimat des feinen Weins gilt seit Jahrhunderten Frankreich. Selbst heute, da die Spitzenerzeuger der Neuen Welt Frankreich überall in die Schranken verweisen, bringen sie ihre Herausforderung auf französisch vor. Gäbe es Frankreich nicht, dann hätte der Wein in aller Welt vermutlich ein ganz anderes Gesicht.

Paradoxerweise ist es das Klima der größten französischen Weinbauregionen, das für die Qualität wesentlich ist, weil – obwohl Wein überall wachsen kann, wo es warm genug für Trauben ist – feiner Wein in den Randregionen entsteht, wo es meist gerade warm genug, in schlechten Jahren aber eben nicht warm genug ist; die Champagne, Burgund, die Loire, auch Bordeaux haben solches Klima auf des Messers Schneide.

Das zweite Geheimnis Frankreichs ist sein Boden. Er zeigt genug Abwechslung, um für alle Rebsorten von einigem Wert eine Heimat zu bieten, und das bedeutet, daß das Land – obwohl sein Renommee auf den feinsten Weinen beruht – doch auch Alltagswein für den kleinsten Geldbeutel hervorbringt. Nachdem inzwischen das Wissen und Können im Weinbau bis in die letzten Winkel vorgedrungen ist, besitzt die Appellation Contrôlée (AC) auch nicht mehr den Alleinvertretungsanspruch für Qualität und Klasse.

Die AC-Weine bilden zwar die Spitze der Pyramide, aber man darf nicht vergessen, daß der AC-Status nicht wirklich eine Qualitätsgarantie darstellt. Durch Reglementierung der Rebsorten, Erträge, Mindestalkoholstärken und Ausbauzeiten garantiert er lediglich Herkunft und Stil – natürlich gilt aber als Regel, daß ein Wein um so besser sein kann, je genauer sein Herkunftsgebiet umrissen ist. Zwischen AC und Vin de Pays steht der Vin Délimité de Qualité Supérieure (VDQS), eine kleine Gruppe mit ähnlichen, nur nicht ganz so strengen Regeln und mit Aussicht auf Beförderung in den AC-Rang.

Vins de Pays (Landweine) gibt es weit über 100; für sie sind Herkunft und Rebsorten ebenfalls vorgeschrieben, aber der Spielraum ist oft sehr groß. Umfassende regionale Vins de Pays heißen Jardin de la France (für die Loire), Comté Tolosan (Midi/Pyrenäen), Collines Rhodaniennes (Rhône/Alpen), und der allergrößte ist der Vin de Pays d'Oc (Languedoc-Roussillon) mit etwa $^1/_{10}$ der Weltweinproduktion in einer breiten Palette. Unter diese vier fallen jeweils viele enger definierte lokale Vins de Pays.

Dem Languedoc haben seine sortenreinen Vins de Pays den Namen «Europas Neue Welt» eingetragen, aber auch die Alte Welt ist in dieser Region nicht umzubringen. Ihre traditionellen Weine von alten Reben mit kleinen Erträgen sind oft sensationell.

Elsaß

Anders als es sonst in Frankreich üblich ist, bezeichnet das warme, sonnige, trockene Elsaß seine aromatischen Weißweine (und seine wenigen Rotweine) vor allem nach der Rebsorte – auch die kleine Erzeugung aus den jetzt als Grand Cru anerkannten 50 Einzellagen. Die Grand-Cru-Weine dürfen nur von den vier edelsten weißen Traubensorten (Riesling, Tokay-Pinot Gris, Gewürztraminer und Muscat) stammen und zeichnen sich durch Tiefe und Langlebigkeit aus. Breiteren Raum auf unseren Regalen nehmen freilich die «Prestigemarken» der Erzeuger ein. Sie tragen Bezeichnungen wie Réserve oder Cuvée und weisen damit auf höhere als die Durchschnittsqualität des jeweiligen Erzeugers hin. Vergleiche zwischen der Cuvée des einen und der Réserve des anderen sind jedoch nicht sinnvoll.

Besonders zu beachten sind ferner Kennzeichnungen wie *vendange tardive* (Spätlese) oder *sélection*

Die Weinbauregionen Frankreichs

Riquewihr – eine Elsässer Stadt mit kopfsteingepflasterten Gassen, Fachwerkhäusern und viel Wein, insbesondere Riesling – alles wie aus dem Bilderbuch.

des grains nobles (Auslese). Dabei handelt es sich um besonders gehaltvolle und hochwertige Weine aus guten Jahrgängen und ausgewähltem Lesegut. *Vendanges tardives* sind oft halbtrocken bis lieblich, und die *sélections des grains nobles* – ebenfalls nur von den vier edlen Rebsorten – sind noch süßer und gehaltvoller, da sie von Lesegut mit Edelfäule stammen.

Die Weine

Crémant d'Alsace
Der nach der *méthode traditionnelle* hergestellte Elsässer Schaumwein ist oft seinen Preis wert. Meist wird er von Pinot Blanc mit einer Beimischung von Riesling produziert und schmeckt jung am besten.

Edelzwicker
Der einfache, preiswerte, oft sehr ansprechende Alltagswein wird heute vielfach unter der Bezeichnung «Alsace» angeboten; er ist eine Mischung aus Sylvaner, Pinot Blanc und Chasselas.

Gewürztraminer
Die anderswo in Frankreich nicht angebaute Traube erbringt körperreiche, oft fast ölige Weine mit exotischem Duft. Spätlesen passen besonders gut zu Gänseleber.

Muscat
Wenig angebaut, aber köstlich. Junger Muscat gibt mit seiner trockenen Frische und seinem Rosenduft einen herrlichen Aperitif ab.

Pinot Blanc
Der duftige Wein von Pinot Blanc (Clevner oder Klevner) ist leichter und weniger würzig als Tokay-Pinot Gris, meist einfach und hat erfrischende Apfelfrucht.

Pinot Noir
Die einzige Rotweintraube im Elsaß ist selten mehr als ein Schatten des burgundischen Vorbilds, kann aber in reifen Jahrgängen schöne Farbe und ansprechenden Geschmack haben. Jung und kühl schmeckt der Wein im Sommer ausgezeichnet.

Riesling
Im Elsaß erlangt der klassische Riesling als trockener Wein wie als Spätlese besonders kräftigen Körper und volle Reife. Grands Crus und Prestigemarken sind oft anfänglich karg, leben aber außerordentlich lange; leichtere Versionen schmecken jung am besten.

Sylvaner
Einfacher, apfelfrischer. trockener Wein, oft für Verschnitte.

Tokay-Pinot Gris
Der Namensbestandteil Tokay muß demnächst aufgegeben werden. Die Weine sind voll, würzig, manchmal mit feiner Honig- und Nußwürze versehen, auch in lieblicher Version ganz superb.

Elsässer Jahrgänge

1992	8	★
1991	6	★
1990	9	★
1989	9	★
1988	8	★
1987	6	▲
1986	7	▲
1985	9	▲

Schlüssel

0–10 Qualitätsbewertung (10 = Spitzenjahrgang)

▲ austrinken
★ trinkreif, aber noch haltbar
▼ lohnt weitere Aufbewahrung

(Siehe auch Seiten 44–47)

Bordeaux

Bordeaux ist das größte Anbaugebiet der Welt für feinen Wein – der rote Bordeaux beherrscht seit eh und je den internationalen Weinmarkt. Die 60–70 Spitzenweine – die meisten von ihnen sind schon in der berühmten Klassifizierung von 1855 enthalten – reifen 10, 15, manchmal 20 Jahre und stehen dann viele Jahre lang auf dem Höhepunkt. Aber Bordeaux hat mehr als nur illustre Namen (und phänomenale Preise). In der Region sind über 13 000 Weinbaubetriebe (vom feinen Château über bescheidene Weingüter bis zu Genossenschaften) beheimatet, und sie umfaßt 54 Appellationen von der einfachen AC Bordeaux und Bordeaux Supérieur bis zu den einzelnen *communes* wie Pauillac und Pomerol, wo die großen Namen und hohen Preise zu Hause sind. Auch trockener und süßer Weißwein wächst hier, außerdem werden *crémant* (Schaumwein) und *clairet* (Rosé) produziert.

Klassifizierungen, Rangstufen, Kategorien

Seit einem Jahrhundert sind in verschiedenen Teilen der Region Bordeaux Rangordnungen für Wein aufgestellt worden (siehe auch Graves, St-Emilion, Sauternes), doch an erster Stelle steht nach wie vor die Médoc-Klassifizierung von 1855. In ihr wurden die 59 besten Châteaux in fünf Stufen (vom 5e Cru bis 1er Cru) eingeordnet, und zwar nach den Preisen, die sie zu erzielen imstande waren. Als Premiers Crus wurden die Châteaux Lafite, Latour, Haut-Brion (in Graves) und Margaux ausgewählt. Mouton-Rothschild wurde erst 188 Jahre später in den obersten Rang erhoben – die einzige Veränderung, die jemals in der Klassifizierung stattgefunden hat. Allerdings zweifelt niemand daran, daß sich bei einer Revision heute manches ändern würde: Das in aller Welt beliebte Lynch-Bages würde sicherlich vom 5e zum 2e Cru aufgestuft.

Auch eine Handvoll der 200 sogenannten Crus Bourgeois im Médoc hätten es verdient, in Anerkennung ihrer guten Lagen und ihrer sorgfältigen Bereitungsmethoden unter die Crus Classés aufgenommen zu werden; die meisten übrigen allerdings sind Weingüter mit bescheideneren Ambitionen. Immerhin streben auch sie Weine in überdurchschnittlicher Qualität an, die in guten Jahrgängen von ein paar Jahren Kellerreife profitieren. Die Crus Grands Bourgeois und Crus Grands Bourgeois Exceptionnels stellen anspruchsvollere Stufen dieser Kategorie dar, allerdings sind diese Bezeichnungen zum Schaden des Verbrauchers auf Etiketten nicht mehr erlaubt.

Unterhalb des Crus-Bourgeois-Rangs schließen sich Myriaden unklassifizierter Weingüter an, die als Petits Châteaux zusammengefaßt werden. Ihre Weine sind bereits 1 bis 1 1/2 Jahre nach der Lese trinkreif und lohnen nur selten längere Aufbewahrung als drei oder vier Jahre.

Ferner gibt es Markenweine (besonders berühmt ist der Mouton-Cadet). Sie stammen meist von Handelshäusern und Genossenschaften, die vor allem Gleichmäßigkeit in Qualität und Geschmack anstreben und deshalb Weine aus verschiedenen Gegenden

DAS BORDEAUX-ETIKETT
Alles in allem sind französische Etiketten aufschlußreich und logisch.
Von oben nach unten: Château La Dominique heißt das (abgebildete) Weingut. Es folgt (zweimal) die Mitteilung, daß es sich um die Appellation (AC) St-Emilion handelt und die Rangstufe Grand Cru Classé lautet; die Jahrgangsangabe 1986 bedeutet, daß das Lesegut aus diesem Jahr stammt; der Weingutsbesitzer (*propriétaire récoltant*) heißt C. Fayat; *mis en bouteille au château* bedeutet Gutsabfüllung; der Alkoholgehalt von 12,5% ist für Bordeaux typisch, und die Flasche hat die Standardgröße (75 cl). Schließlich nennt uns das Etikett auch noch das Land, aus dem der Wein stammt.

Nicht überall in Frankreich wächst Wein: Der Sandboden der Landes eignet sich nicht besonders für die Rebe, obschon z.B. im Sables du Golfe du Lion in Südfrankreich der Sand die in ihn gepflanzten Reben vor der Reblaus schützt.

Bordeaux-Jahrgänge (Rotwein)

Médoc und Graves

1992	6	▼
1991	5	▼
1990	9	▼
1989	9	▼
1988	8	▼
1987	6	▲
1986	8	▼
1985	9	★
1984	4	▲
1983	8	★
1982	9	★
1981	7	▲

St-Emilion

1992	5	▼
1991	4	▼
1990	9	▼
1989	9	▼
1988	8	▼
1987	6	▲
1986	7	★
1985	9	★
1984	3	▲
1983	8	★
1982	8	★
1981	7	▲

(Zeichenerklärung siehe Seite 98)

der Region Bordeaux und oft auch verschiedene Jahrgänge miteinander verschneiden. Bezeichnungen wie Médoc, St-Emilion usw. weisen auf regional begrenztere Herkunft hin; hinter ihnen stehen auch oft namhafte Weingüter.

Die sogenannten Zweitweine bilden eine Kategorie für sich. Es handelt sich dabei um Weine bedeutender Châteaux, die nicht ganz dem Qualitätsanspruch des jeweiligen Hauses gerecht werden und deshalb unter einem anderen, oft aber unverkennbar mit dem Erzeuger verknüpften Namen preiswerter auf den Markt kommen (z. B. Carruades de Lafite, Les Forts de Latour). Von geringeren Jahrgängen abgesehen kann man in ihnen oft zu einem günstigeren Preis einen ziemlich früh genußreifen Vorgeschmack auf den Spitzenwein eines Châteaus bekommen.

Rebsorten

Roter Bordeaux ist praktisch immer ein Verschnitt mehrerer Traubensorten: vorwiegend Cabernet Sauvignon (die berühmteste Traube) und Merlot (die verbreitetste und in einfachen, früh trinkreifen Bordeaux-Weinen vorherrschende Sorte) mit Cabernet Franc und manchmal auch Petit Verdot und Malbec. Weißer Bordeaux in süßer wie auch in trockener Version beruht auf Sémillon und Sauvignon Blanc, manchmal auch mit der aromatischen Muscadelle.

Weine und Bereiche

Graves

Südlich der Stadt Bordeaux wachsen in etwas wärmerem Klima auf kieshaltigem Boden die besten trockenen Weißweine der Region sowie Rotweine mit würziger Tabaknote und erdigem Charakter. Alle Crus Classés (die Klassifizierung entstand in den 1950er Jahren) befinden sich im nördlichen Drittel von Graves, das inzwischen über die eigene AC Pessac-Léognan verfügt; aber auch im südlichen Teil – der AC Graves – ist Gutes zu finden. Die AC Graves Supérieur ist süßen Weißweinen vorbehalten, wird aber wenig genutzt.

Médoc

Die Weinberge des Médoc liegen in einem langen, schmalen Streifen auf dem linken Ufer der Gironde, von der Stadt Bordeaux nordwärts zur Küste. Das Bas-Médoc ist ein Bereich geringerer Qualität, während auf den kargeren, kieshaltigeren Böden des Haut-Médoc die feinsten Châteaux von Bordeaux beheimatet sind. Hier befinden sich sechs Gemeinden mit eigenen Appellationen: Margaux, St-Julien, St-Estèphe, Pauillac, Moulis und Listrac.

Pomerol

Pomerol ist ein kleiner Bereich mit kleinen Weingütern, aber großem Ruf und hohen Preisen: Das berühmte Château Pétrus erzeugt einen der teuersten Weine der Welt. Der Bereich liegt auf dem rechten Ufer der Dordogne, wo der schwere, kalte Lehmboden dem Merlot besser behagt als dem Cabernet Sauvignon. Durch den hohen Merlot-Anteil fällt der Wein vollmundiger und fülliger aus als der Médoc, keineswegs aber weniger konzentriert oder langlebig. Die nördlich anschließende AC Lalande de Pomerol bietet zwar preiswertere, aber auch nicht gerade billige Gewächse. (Weißen Pomerol gibt es nicht.)

St-Emilion und seine Satelliten

Die kompakte Appellation südlich von Pomerol bringt Rotweine auf Merlot-Basis hervor, die generell milder und früher trinkreif sind als die aus dem Médoc und oft eine auffallend würzige Note besitzen. Die Spitzenweine werden als Premier Grand Cru Classé bezeichnet, gefolgt von den Grands Crus Classés. Diese Klassifizierung wird als einzige in Bordeaux regelmäßig revidiert. Die fünf «Satelliten», St-Georges, Montagne, Puisseguin, Lussac und Parsac, dürfen St-Emilion an den eigenen Namen anhängen.

Sauternes und seine Satelliten

Der große Sauternes entsteht im Süden der Region Bordeaux von Sémillon und Sauvignon Blanc mit Edelfäule und ist einer der opulentesten süßen Weißweine der Welt. Gute Jahrgänge halten sich zwei Jahrzehnte und länger, während der Wein aus Jahren ohne Edelfäulebefall leichter und kurzlebiger ist. Die Klassifizierung umfaßt 25 Weingüter, von denen nur eines, das sagenumwobene Château d'Yquem, den Titel Premier Grand Cru trägt; die übrigen verteilen sich ziemlich gleichmäßig auf die Rangstufen Premier Cru und Deuxième Cru. Von den fünf Orten, in denen Sauternes erzeugt wird, verfügt einer, nämlich Barsac, über eine eigene AC, so daß sein Wein entweder Barsac oder Sauternes heißen darf. Unter den «Satelliten» hat Cérons den am wenigsten interessanten Wein zu bieten; dagegen produzieren Loupiac und Ste-Croix-du-Mont auf dem anderen Ufer der Garonne ansprechende, leichtere, aber auch preisgünstigere Alternativen zu Sauternes.

Sonstige Bereiche

Entre-Deux-Mers (zwischen den Flüssen Dordogne und Garonne) ist der größte und hübscheste Bereich von Bordeaux. Die AC gilt nur für trockene Weißweine. Sie sind sauber und frisch, alles in allem aber bescheiden und preiswert. Die einfachen Rotweine der Gegend laufen als Bordeaux oder Bordeaux

Supérieur (manchmal auch als Graves de Vayres) und wollen jung getrunken sein. Die auf dem Ostufer der Garonne anschließenden Premières Côtes de Bordeaux besitzen mehr Potential: Die Rotweine mit und ohne Eichenfaßausbau sind empfehlenswert, ebenso die trockenen Weißweine (AC Bordeaux Blanc oder Bordeaux Supérieur) und die süßen Weißweine (AC Cadillac). Die Côtes de Castillon und Côtes des Francs stehen geographisch und in der Art St-Emilion nahe; Fronsac und Canon-Fronsac westlich von Pomerol produzieren vorwiegend Rotweine auf Merlot-Basis in oft guter Qualität. Aus den größeren Bereichen Bourg und Blaye kommen ebenfalls zuverlässige Rotweine, aus Blaye auch Weißweine; die besseren Qualitäten aus Blaye tragen die AC Premières Côtes de Blaye.

Bordeaux-Jahrgänge (Weißwein)

Sauternes

1992	4	▼
1991	3	★
1990	9	▼
1989	9	▼
1988	8	▼
1987	4	▲
1986	8	★
1985	6	▲
1984	5	▲
1983	9	★
1982	5	▲

Trockene Weißweine

1993	8	▼
1992	6	★
1991	4	▲
1990	9	★
1989	9	★
1988	8	★
1987	6	▲
1986	7	▲
1985	6	▲
1984	3	▲
1983	8	▲

St-Emilion ist in der Landschaft und im Wein ganz anders als das Médoc: Die Weingüter sind viel kleiner, der Boden enthält mehr Lehm und Sand, und der Merlot hat mehr Anteil als der Cabernet.

Burgund

Im Vergleich mit den Appellationen in Burgund nimmt sich selbst das kleine Pomerol in Bordeaux noch groß aus. Burgund – zwischen Chablis und Lyon – ist insgeamt nur ein Fünftel so groß wie Bordeaux und in Klassifizierung, Struktur und Mentalität ganz anders. Trotzdem gibt es hier viel mehr Appellationen als in Bordeaux, manchmal haben Parzellen von nur wenigen Hektar eigenen AC-Status und sind obendrein unter vielen Winzern aufgeteilt. Châteaux wie in Bordeaux gibt es hier überhaupt nicht, nur Winzer und *négociants* (Handelshäuser, die Wein oder Lesegut aufkaufen, mischen, ausbauen und schließlich den Wein unter dem eigenen Namen verkaufen). Heute ist das Interesse am individuellen Winzer wieder größer geworden. Infolgedessen haben sich auch die Handelshäuser vom bisherigen «Stil des Hauses» getrennt und räumen den Charakteristiken der einzelnen Lagen und Orte mehr Gewicht ein.

Klassifizierungen

An der Spitze stehen die rund 30 Grands Crus – Einzellagen mit eigener AC (z.B. Le Montrachet und Bâtard-Montrachet). Auch die eine Stufe darunter stehenden Premiers Crus sind Einzellagen, sie nehmen aber stets noch den Ortsnamen zu ihrem eigenen hinzu (z.B. Puligny-Montrachet-Les Pucelles). Nochmals eine Stufe darunter steht der Ortsname allein (z.B. Puligny-Montrachet) und schließlich am unteren Ende die AC Bourgogne.

Rebsorten

Burgund hat nicht nur andere Rebsorten als Bordeaux, sie werden auch anders eingesetzt, denn Burgunder ist fast nie ein Verschnitt aus mehreren Traubensorten. Die großen Rotweine werden von Pinot Noir, die großen Weißweine von Chardonnay, der Beaujolais und größtenteils der rote Mâcon von Gamay erzeugt, und nebenbei gibt es noch Sauvignon Blanc für VDQS Sauvignon de St-Bris und Aligoté für Bourgogne-Aligoté. Eine Ausnahme macht lediglich der Passe-Tous-Grains als Verschnitt von Pinot Noir mit Gamay.

Weine und Bereiche

Beaujolais

Der südlichste Teil von Burgund bringt den bekannten saftig-fruchtigen Beaujolais hervor. Die beiden einfachsten Versionen sind der Nouveau (oder Primeur), der ein paar Wochen nach der Lese jeweils im November herauskommt, und der Beaujolais (oft derselbe Wein, jedoch erst später auf den Markt gebracht). Der Beaujolais-Villages aus 39 ausgewählten Orten ist etwas voller und hält sich ein paar Jahre, und die Beaujolais Crus aus den 10 Spitzenorten zeichnen sich durch vollmundigere Art und mindestens 3 Jahre Haltbarkeit aus. Sie heißen Brouilly, Chénas, Chiroubles, Côte de Brouilly, Fleurie, Juliénas, Morgon, Moulin-à-Vent, Régnié und St-Amour. Weißwein trägt die Bezeichnung Beaujolais Blanc oder St-Véran.

Burgunder-Jahrgänge (Weißwein)

1992	7	▼
1991	5	★
1990	8	★
1989	9	★
1988	8	★
1987	6	▲
1986	9	★
1985	8	★
1984	5	▲
1983	7	▲

Burgunder-Jahrgänge (Rotwein)

Côte d'Or

1992	7	▼
1991	6	★
1990	9	▼
1989	8	★
1988	9	★
1987	7	▲
1986	7	★
1985	9	★
1984	4	▲
1983	6	▲

Beaujolais Crus

1992	6	▼
1991	9	★
1990	7	▲
1989	9	▲
1988	7	▲

(Zeichenerklärung siehe Seite 98)

Corton, die Grand-Cru-Lage bei Aloxe-Corton an der Côte de Beaune, bringt roten und weißen Burgunder von großer Wucht und Fülle hervor.

Von den sanften Hängen der Grand-Cru-Lage Grands Echézeaux an der Côte de Nuits kommen hochelegante und doch langlebige Burgunder.

Chablis
Vom Kalksteinboden im Norden Burgunds kommt ein frischer, trockener Weißwein, der für einen Hauch Feuerstein im Bukett berühmt ist; heutzutage wird er freilich öfter in neuen Eichen-*barriques* ausgebaut und nimmt dadurch fettere, eher nußwürzige Art an. In Chablis gibt es 7 Grands Crus und 17 Premiers Crus; aus geringeren Lagen kommt der Petit Chablis, der noch unter dem einfachen Chablis rangiert.

Côte Chalonnaise
Vier Orte am Südende der Côte d'Or – Mercurey, Givry (beide nur Rotwein), Rully (Rot- und Weißwein) und Montagny (nur Weißwein) – haben eigenen AC-Status, jedoch auch Anspruch auf die AC Bourgogne Côte Chalonnaise. Die Rotweine sind weit billiger als die von der Côte d'Or, können aber dennoch recht eindrucksvoll sein. Der Ort Bouzeron hat eine eigene AC für Aligoté, weil hier die Voraussetzungen für das Gedeihen der etwas säuerlichen, aber geschmacksintensiven Traube besonders gut sind.

Côte d'Or
Die Côte d'Or, eine in Nord-Süd-Richtung verlaufende und in die Côte de Nuits im Norden und die Côte de Beaune im Süden aufgeteilte Hügelkette, bildet das Herz von Burgund. Viele weltberühmte Namen – u. a. Vougeot, Vosne-Romanée, Volnay, Beaune, Pommard – begleiten diese Hänge. An der Côte de Nuits wachsen kräftigere, wuchtigere Rotweine als an der Côte de Beaune, die außerdem aber auch fabelhafte Weißweine wie Meursault und Montrachet hervorbringt. In guten Jahren sind auch die Weine der Côte de Beaune-Villages, der Côte de Nuits-Villages und der Hautes-Côtes durchaus zu empfehlen.

Crémant de Bourgogne
Der nach der *méthode traditionnelle* von Chardonnay und Pinot Noir gewonnene Schaumwein ist oft ein brauchbarer Champagner-Ersatz zum halben Preis – man sollte ihn aber nicht lange aufbewahren.

Mâconnais
Die Rot- und Weißweine aus der Gegend im südlichen Burgund sind allgemein zuverlässig, aber selten besonders ausdrucksvoll. Der Mâcon Supérieur hat 1% Alkohol mehr; die AC Mâcon-Villages gilt nur für Weißwein, dagegen dürfen Rot- und Weißweine den Namen eines von 43 ausgewählten Orten wie Lugny oder Viré führen. St-Véran, Pouilly-Fuissé und Pouilly-Vinzelles verfügen über AC-Status für Weißwein.

Wenn die Sonne im Herbst auf das sich verfärbende Laub scheint, bieten die sanft hügeligen Weinberge der Champagne ein freundliches Bild, im Winter aber sieht es hier öd und trist aus.

Champagne

Echter Champagner kommt nur aus der Gegend um Reims und Epernay, etwa 120 km nördlich von Paris. Kreideboden im Verein mit kühlem Klima schafft die idealen Voraussetzungen dafür, daß Chardonnay, Pinot Noir und Pinot Meunier gerade bis zu einem Punkt reifen, der säuerlichen stillen Grundwein für feinen Schaumwein entstehen läßt.

Stile und Qualität

Das Klima ist hier so am Rand, daß Champagner meist keine Jahrgangsangabe trägt. Er ist nicht das Produkt eines einzigen Jahres, das nur allzu oft dünn und scharf ausfallen müßte, sondern es wird ihm älterer Wein beigemischt, um ihn aufzufüllen und abzurunden. In guten Jahren entsteht allerdings auch Jahrgangs-Champagner, der dann eine längere Reifezeit durchmacht (mindestens 3 Jahre gegenüber 15 Monaten) und neben größerer Tiefe auch längere Lebensdauer, bis zu einem Jahrzehnt oder mehr, aufweist. Die meisten Prestige-Cuvées – Champagner der Spitzenklasse, die unter Phantasienamen zu Phantasiepreisen angeboten werden (Dom Pérignon beispielsweise) – sind Jahrgangs-Champagner.

Blanc de Blancs, ein eleganter, modischer Stil, wird ausschließlich von weißen Trauben (Chardonnay) hergestellt. Seltener ist der meist recht körperreiche Blanc de Noirs – weißer Champagner ausschließlich von dunklen Trauben. Rosé Champagner kann mit hohem Chardonnay-Anteil oder vorwiegend von Pinot hergestellt sein und ist dann entweder recht delikat oder eher voll und fruchtig. Brut bedeutet sehr trocken, Extra Dry dagegen etwas milder. Die Bezeichnung *récemment dégorgé* besagt, daß der betreffende Champagner bis noch vor kurzem auf seinem Hefesatz gelegen hat (Seite 92). Da die Reifezeit bei Champagner einer der Schlüssel zur Qualität ist, darf man von dieser (meist teuren) Version größere Tiefe und Komplexität, aber auch durch den Aufenthalt auf der Hefe schöne Frische erwarten. (Bollinger hat sich die Abkürzung RD als Warenzeichen eintragen lassen, alle anderen Hersteller müssen sich mit dem langatmigen vollen Ausdruck behelfen.) Wenn auf dem Etikett Grand Cru oder Premier Cru steht, dann ist das keine Qualitätsgarantie: Grand Cru bedeutet nur, daß ausschließlich teuerste Trauben aus den 17 Orten der Spitzenklasse verarbeitet wurden; Premier Cru steht für die 40 Orte der zweiten Rangstufe und das dementsprechend nicht ganz so teure Traubenmaterial. Aber gute Trauben allein machen noch keinen guten Champagner, und mit den Bezeichnungen Grand und Premier Cru sind keine Herstellungsvorschriften verbunden. Sie finden sich auch häufiger auf den manchmal superben, manchmal aber auch recht mäßigen, oft aber relativ preiswerten Champagnern kleinerer Winzer und nicht der großen Firmen wie Moët & Chandon, die den größten Teil der Trauben oder Grundweine aus verschiedenen Quellen beziehen. Die Buchstaben RM (*récoltant manipulant*) auf dem Etikett stellen einen Hinweis auf einen derartigen Winzer dar.

Die in Supermärkten anzutreffenden Hausmarken sind meist zuverlässige, wenn auch nicht gerade umwerfende Produkte aus Genossenschaftskellereien. Die berühmten Marken der großen Häuser sind dagegen teurer, sollten aber jeweils den eigenen Stil des Hauses in stets gleichbleibender Qualität bieten, was meist auch zutrifft.

Champagner-Jahrgänge

1992	6	▼
1991	7	▼
1990	10	▼
1989	9	▼
1988	8	★
1987	5	▲
1986	7	▲
1985	8	★
1984	2	▲
1983	8	★
1982	9	★

(Zeichenerklärung siehe Seite 98)

Loire

Meistens denkt man sich die Loire als Weißweinland, in Wahrheit aber herrscht hier große Vielfalt: neben Weißwein in allen Ausführungen von trocken bis süß gibt es auch Rosé, Rotwein und Schaumwein. Gemeinsam ist all diesen Weinen, daß sie in so weit nördlichen Lagen recht leicht ausfallen und daß sehr süße Weine die Ausnahme bilden.

Muscadet

Der leichte, trockene Weißwein von der Atlantikküste ist der krasse Gegensatz zu den strammen, fülligen Weinen der Neuen Welt, dennoch hat der Muscadet, sofern er gut bereitet und angemessen preisgünstig ist (beides trifft nicht immer zu), durchaus seine Daseinsberechtigung. Der meiste und gleichzeitig beste kommt aus Sèvre-et-Maine. Charakter und Frische verdankt der Muscadet der Lagerung *sur lie*, also auf dem Hefesatz (siehe Seite 91), bis er abgefüllt wird. Gros Plant, der VDQS-Verwandte des Muscadet, ist noch leichter, trockener und säuerlicher; meist schmeckt er in seiner Heimat am besten – vor allem zu Austern.

Anjou-Saumur

In Anjou und Saumur weiter Loire-aufwärts ist der Chenin Blanc die weiße Haupttraube und zeigt die besten Resultate im nervigen, mineralisch trockenen Savennières sowie im süßen, überaus langlebigen Coteaux du Layon mit Edelfäule, dessen beste Crus Bonnezeaux und Quarts de Chaume heißen.

Cabernet Franc und Cabernet Sauvignon liefern die Rot- und Roséweine von Anjou und Saumur. Der beste ist der milde, himbeerduftige, leicht erdige rote Saumur-Champigny, der bekannteste dagegen der meist nichtssagende liebliche Rosé d'Anjou, ein Verschnitt aus Cabernet und anderen Sorten.

Touraine

Frischer, himbeerduftiger Cabernet Franc ist der Star im östlichen Teil der mittleren Loire. In Chinon, Bourgueil und St-Nicolas-de-Bourgueil erbringt er die besten Rotweine, die jung und kühl getrunken werden wollen; nur besonders reife Jahrgänge halten sich auch bis zu fünf Jahre lang. Ebenfalls bemerkenswert sind Vouvray und Montlouis, Weißweine von der Chenin-Blanc-Traube, welche je nach Jahrgang trocken (*sec*), lieblich (*demi-sec*) oder vollsüß (*moelleux*) ausfallen; auch als Schaumweine kommen sie vor.

Sancerre, Pouilly-Fumé und die obere Loire

Weit im Landesinneren wachsen am Oberlauf der Loire Sauvignon-Blanc-Weine in den berühmt gewordenen AC-Bereichen Pouilly-Fumé und Sancerre sowie in ihren preisgünstigeren, aber häufig guten Satelliten Ménétou-Salon, Quincy und Reuilly. VDQS-Sauvignons aus dem Haut-Poitou (wo es auch empfehlenswerten Gamay und Chardonnay gibt) sind leichter, oft aber vorzüglich. Sowohl Sancerre-Rotwein wie auch Rosé von Pinot Noir kann in reifen Jahrgängen verblüffend gut sein, teuer ist er aber in jedem Fall. Ein guter Ersatz dafür ist roter Ménétou-Salon.

Loire-Jahrgänge

Coteaux du Layon		
1992	6	★
1991	4	▲
1990	10	★
1989	9	★
1988	8	★
1987	4	▲
1986	8	★
Sancerre		
1992	7	▲
1991	6	▲
1990	8	▲
1989	8	▲
1988	8	▲
Rotwein		
1992	6	★
1991	5	▲
1990	9	★
1989	9	★
1988	8	★
1987	5	▲

(Zeichenerklärung siehe Seite 98)

An ihrem gewundenen Lauf aus der Mitte Frankreichs heraus bis zur Bretagne und dem Meer bietet die Loire vielen verschiedenen Weinen eine Heimat: Bekannt sind vor allem die Schaumweine von Saumur, aber auch die Rotweine können vorzüglich sein.

Châteauneuf-du-Pape hat der Welt nicht nur den berühmten Rotwein geschenkt, die 1923 auf Château Fortia (oben) von Baron Le Roy entworfenen Regeln wurden auch zum Vorbild für das 1936 entstandene in ganz Frankreich gültige System der Appellations Contrôlées.

Schaumwein

An der ganzen Loire (außer in der Muscadet-Gegend) wird nach der *méthode traditionnelle* guter, frischer Schaumwein vorwiegend von der Chenin-Blanc-Traube erzeugt. Die umfassende Appellation Contrôlee heißt Crémant de Loire, am häufigsten aber steht Saumur auf dem Etikett. Aus Vouvray und Montlouis kommen besonders milde, fruchtige, nußwürzige Beispiele.

Sonstige AC-Bereiche

An der Loire gibt es eine Fülle von AC-Bereichen, deren Namen für sich selbst sprechen: Gamay de Touraine (oft so gut wie Beaujolais, aber billiger), Cabernet d'Anjou, Cabernet de Saumur (gehören zu den besten Rosés). Weniger vertraut klingen dagegen Cheverny (Rot- und Weißwein) und Cour-Cheverny (nur Weißwein) – beide sind aber durchaus probierenswert.

Rhône

Wie an der Loire gibt es auch an der Rhône eine Fülle verschiedenartiger Weine – rot, weiß und rosé, still und schäumend, trocken und süß –, allerdings herrschen in der weit wärmeren, südlichen Rhône-Region kraftvolle, mächtige, langlebige Rotweine vor. Der Weinbau an der Rhône beginnt südlich von Lyon und reicht südwärts bis Avignon, dabei teilt er sich in zwei deutlich getrennte Gebiete. Im bergigen, felsigen Norden, wo die Weinbergterrassen aus senkrecht abstürzenden Granitfelsen herausgemeißelt zu sein scheinen, wird für Rotwein nur eine Traube angebaut: Syrah. Im Süden, wo Strom und Land breiter werden, verbreitert sich auch die Rebsortenpalette: Neben Syrah stehen Grenache, Carignan, Cinsaut, Mourvèdre und viele andere. Zu den weißen Trauben des Nordens – Marsanne, Roussanne und Viognier – kommen im Süden noch Grenache Blanc, Ugni Blanc, Clairette und Muscat.

Während die berühmten steilen Hänge der nördlichen Rhône nur eine einzige Traubensorte für Rotwein tragen, bietet Châteauneuf-du-Pape, das Kernland der südlichen Rhône, in seinen viel flacheren, mit Steinen übersäten Weinbergen mit insgesamt 13 Rebsorten eine wahrhaft reichliche Auswahl.

Die nördliche Rhône

Die dunklen, muskulösen, tanninherben Rotweine von der nördlichen Rhône brauchen oft 5 oder gar 10 Jahre, um sich zu mildern und ihren faszinierend komplexen Geschmack, ihre außergewöhnliche, urwüchsige, lederige oder teerige Fülle im Verein mit Duft und reifer Beerenfrucht zu entfalten. Die Stars sind Côte Rôtie – der duftigste – und Hermitage – der majestätischste. Crozes-Hermitage heißt der inzwischen stark verbesserte, leichtere und früher trinkreife Verwandte des Hermitage. Auch der St-Joseph lebt nicht so lange, doch seine verlockende, sanfte Brombeerfrucht gewährt von Jugend an bis ins Alter von etwa 6 Jahren schönen Genuß. Der Cornas ist kraftvoller, schwärzer und teeriger – der Wein eines guten Erzeugers kann es nach 10 Jahren mit dem teureren Hermitage aufnehmen.

Traditioneller weißer Hermitage hält sich jahrzehntelang und mildert dabei seinen kargen, kräuter- und arzneihaften Charakter zu nußwürzigen, strohigen Noten; die fruchtige, duftige moderne Version läßt sich wie der Weißwein von St-Joseph und Crozes-Hermitage jung trinken. Der seltene und kostspielige Viognier-Wein aus Condrieu hat ein ungewöhnliches, ausdrucksvolles Bukett und üppigen, seidigen, doch trockenen Geschmack.

Die südliche Rhône

Eine große Appellation mit reichlichen Erträgen und variabler Qualität ist Châteauneuf-du-Pape: Der Rotwein zeigt sich stets warm, reif, würzig und alkoholstark, aber nur die besten Erzeuger verleihen ihm genug Intensität und Ausgewogenheit für eine Lebensdauer von 6 Jahren und mehr. Die Appellationen Gigondas, Vacqueyras und Lirac produzieren reichfruchtige, robuste, würzige Rotweine, die nicht nur billiger, sondern auch zuverlässiger sind.

Neuere Fortschritte in den umfassenden Appellationen Côtes du Rhône und Côtes du Rhône-Villages (letztere für die 16 besseren Orte) vergrößern die Chance, einen pfefferigen, pflaumenwürzigen Côtes du Rhône oder einen etwas volleren Côtes du Rhône-Villages zu finden.

Die leichten, fruchtigen Rotweine aus den Coteaux du Tricastin und die oft volleren aus den Côtes du Ventoux sind ebenfalls probierenswert.

Mit Ausnahme einiger teurer Châteauneufs waren die Weißweine aus dem Süden früher stets flach und alkoholstark; inzwischen hat sich der Qualitätsstand etwas gebessert, es herrscht mehr Frische, aber begeisternd sind sie immer noch nicht.

Rosé-, Schaum- und Süßwein

Zu den besten Rosés zählt der körperreiche, kräftige und würzige Tavel, dagegen ist der Lirac etwas leichter; beide können jung sehr gut sein.

Der köstlichste Schaumwein von der Rhône ist der eigenwillige, duftige, traubige Clairette de Die, ein sanft schäumender Muskateller mit erfrischend geringem Alkoholgehalt. Der Crémant de Die Brut ist bei weitem nicht so interessant, und auch für den St-Péray kann ich mich nicht begeistern.

Beaumes-de-Venise, einer der Rotweinorte der Côtes du Rhône, hat mehr Ruhm durch seinen goldenen, malzzuckersüßen, mit Alkohol angereicherten Muscat erlangt, der über eine eigene AC verfügt.

Rhône-Jahrgänge (Rotwein)

Norden		
1992	6	▼
1991	7	▼
1990	9	▼
1989	8	▼
1988	9	★
1987	6	▲
1986	6	★
1985	9	★
1984	5	▲
1983	9	★

Süden		
1992	6	★
1991	5	▲
1990	9	★
1989	9	★
1988	8	★
1987	4	▲
1986	6	▲
1985	8	★
1984	5	▲
1983	8	▲

(Zeichenerklärung siehe Seite 98)

Der Südwesten

Der Südwesten umfaßt ein großes, vielfältiges Gebiet zwischen Bordeaux, dem Massif Central und den Pyrenäen, wo der Weinbau zwei ganz verschiedenen Traditionen huldigt: dem Bordeaux-Stil mit Rotwein, trockenem Weißwein und Süßwein von den Bordeaux-Rebsorten und dem wenig bekannten, oft aber viel interessanteren einheimischen Stil, der auf Traubensorten wie Petit und Gros Manseng, Fer-Servadou, Tannat und Négrette beruht.

Bergerac, eigentlich die Fortsetzung von St-Emilion an der Dordogne, verkörpert die Bordeaux-Seite der Medaille. Dort wird Wein in großen Mengen produziert, der größte Teil zuverlässig und jung am besten, aber einige Weingüter bringen auch Seriöseres mit Eichenfaßausbau zustande. Probierenswert sind auch die Rotweine von den Côtes de Buzet, den Côtes du Marmandais und Pécharmant, die trockenen Weißweine von Montravel sowie die Rot- und Weißweine der Côtes de Duras und der Côtes de St-Mont. Monbazillac, eine Süßweinenklave in Bergerac, bietet unterschiedliche Qualität – leider, denn die besten Beispiele sind sehr gut.

Der Cahors aus dem Lot-Tal stellt die unbändigere Seite des Südwestens dar. Er ist zwar nicht mehr der strenge, schwarze Wein der Legende, aber die Auxerrois-Traube (anderswo heißt sie Malbec) verleiht ihm noch immer ein rauheres, kargeres Gepräge, als es Bordeaux oder Bergerac aufweisen. Seine leicht würzige, butterige Brombeerfrucht tritt oft erst nach drei bis vier Jahren hervor. Der auf der Tannat-Traube beruhende Madiran ist ebenfalls traditionell groß und kräftig, verliert aber nichts durch neuere Bemühungen um mehr Frucht.

Weitere Lokalcharaktere sind bei Rotwein Gaillac, Béarn und Côtes du Frontonnais sowie bei Weißwein ebenfalls Gaillac und der markante Jurançon, den es trocken bis süß gibt. Den größten Erfolg unter den vielen verschiedenen Weinen des Südwestens verzeichnet in letzter Zeit jedoch der einfache Vin de Pays des Côtes de Gascogne. Er hat sich als billiger, fröhlich-fruchtiger, leichter Weißwein ein gutes Renommee geschaffen.

DAS FRANZÖSISCHE WEINETIKETT
Von oben nach unten: die Jahrgangsangabe; das Weingut; eine Rebsorte ist nicht angegeben, Blanc-Fumé deutet in Anlehnung an Pouilly-Fumé auf einen trockenen Weißwein auf Sauvignon-Blanc-Basis hin; die Einstufung nach dem Weingesetz ist Vin de Pays; die Abfüllung ist nicht durch den Erzeuger geschehen – oft treten Genossenschaften oder Handelshäuser als Abfüller auf (die Initialen HDR stehen für Hugh Ryman, einen bei mehreren Genossenschaftskellereien in freier Mitarbeit tätigen Kellermeister).

Der Süden

Der Süden Frankreichs hat sich durch seine Experimentierfreudigkeit und den damit verbundenen erstaunlichen Qualitätswandel den Namen «Neu-Kalifornien» erworben. Languedoc-Roussillon, die Region zwischen der spanischen Grenze und Nîmes, die noch vor zehn Jahren mit billigen Massenprodukten den Weinsee der EG anschwellen ließ, zählt heute zu den fortschrittlichsten in der Welt.

Die hier verbreiteten Rotweinsorten Carignan und Cinsaut sind oft flach und ohne Frucht, aber von alten Weinstöcken können bei kleinen Erträgen und mit moderner Kellertechnik wahre Wunder entstehen, insbesondere wenn bessere Trauben, z. B. Mourvèdre, Cabernet Sauvignon und Syrah, beigemischt werden. Die AC-Bereiche Corbières, Minervois und Fitou können inzwischen interessante Rotweine bieten – herzhaft, kräuterwürzig und voller Frucht; die besten, vor allem eichenfaßgereifter Corbières, halten sich längere Zeit. Auch in den umfassenden Appellationen Coteaux du Languedoc, Côtes du Roussillon und Côtes du Roussillon-Villages ist der Qualitätsstand verbessert; guter Coteaux du Languedoc ähnelt

Im Roussillon liefern nahe an der Mittelmeerküste und der spanischen Grenze knorrige alte Grenache-Weinstöcke die Trauben für den charaktervollen Banyuls.

Corbières, dagegen sind die Roussillon-Weine oft leichter und saftiger.

Weitere Triumphe für Languedoc-Roussillon bedeuten die überaus empfehlenswerten Vins de Pays in Rot, Weiß und Rosé. Es gibt sie als nur in kleinen Mengen verfügbare Weine dynamischer Güter in vielen kleinen Bereichen (Coteaux de Murviel z.B.) bis zu modernen Sortenweinen mit und ohne Eichenfaßausbau, v.a. Chardonnay, Sauvignon Blanc, Cabernet Sauvignon, Merlot und Syrah unter dem Schirm des Vin de Pays d'Oc. Sie kommen oft aus Genossenschaftskellereien und konkurrieren mit Weinen aus Australien und der übrigen Neuen Welt – es ist kein Zufall, daß viele Kellertechniker hier entweder Australier oder in Australien geschulte Kräfte sind.

In der Provence war die Ausgangssituation anders. Die Weine waren nicht schlecht, sondern eher mittelmäßig, rechtfertigten aber keineswegs die hohen, nur der Nähe zu modischen Badestränden am Mittelmeer zu verdankenden Preise. Billig sind sie immer noch nicht, aber inzwischen gibt es frischere, fruchtigere Rosés und einige eindrucksvolle Rotweine. Besonders gut ist der tiefe, kräuterwürzige und beerenfruchtige Bandol, der sich zehn Jahre gut hält (auch der Bandol Rosé ist ansprechend, aber teuer). In qualitativ aufsteigender Reihenfolge sind auch die AC-Bereiche Côtes de Provence, Coteaux d'Aix-en-Provence und Coteaux des Baux-en-Provence mit zunehmend kräuterwürzigen, cassisfruchtigen Rotweinen und gefälligen Rosés sowie sauberen, schlichten Weißweinen zu nennen. Brauchbare billigere Alternativen stellen die robusten, würzigen Rotweine und sanften, fruchtigen Rosés der Costières de Nîmes sowie die einfachen frischen Rot-, Weiß- und Roséweine von den Côtes du Lubéron dar.

Schaumweine und angereicherte Weine

Der Crémant de Limoux beweist, daß mit Hilfe der säuerlichen Mauzac-Traube und der *méthode traditionnelle* auch im warmen Süden achtbarer Schaumwein entstehen kann. Hier ist aber auch die Heimat der Vins Doux Naturels, der mit Alkohol angereicherten Süßweine von halbvergorenem Most. Sie werden entweder von Muskatellertrauben bereitet und sind jung und frisch am besten – wie der Muscat de Frontignan, Muscat de Rivesaltes und Muscat de Lunel –, oder sie beruhen auf Grenache und erlangen durch Faßreife einen markanten *Rancio*-Charakter wie der Banyuls, Maury und Rivesaltes.

Savoyen und der Jura

Die frischen, rassigen, intensiven Weißweine der alpinen Region Savoie werden fast alle in den Wintersportorten dort selbst getrunken. Die meisten stammen von der Roussette-Traube, aber auch gute Jacquères und Chardonnays kommen vor. Besonders empfehlenswert sind Roussette de Savoie, die allgemeinere AC Vin de Savoie sowie Apremont, Seyssel (vor allem die Schaumweinversion) und Bugey.

Im Jura herrschen der stets beliebte, gefällige Chardonnay (mit guten Still- und Schaumweinen) und die seltsam nuß- und harzwürzige weiße Savagnin-Traube vor; Rotweine entstehen von Pinot Noir und der Lokaltraube Trousseau. Die AC-Bezeichnungen lauten Côtes du Jura und Arbois. Eine Spezialität der Gegend ist der trockene, intensive, sherryähnliche Vin Jaune von der Savagnin-Traube, der mindestens sechs Jahre unter einer Florhefeschicht im Faß reift.

In den alpinen Weinbergen Savoyens bei Grenoble und am Genfersee wachsen lebendige, duftige, trockene Weißweine.

Deutschland

Deutscher Wein hat nicht seinesgleichen. Zwar wachsen seine Rebsorten nicht nur in Deutschland, aber die Weine stellen eine ganz eigene Mischung aus Zartheit und Festigkeit, aus Delikatesse und Konzentration dar, die sie von der durch die übrige Weinwelt rollenden allgemeinen Cabernet-Sauvignon- und Chardonnay-Welle abhebt.

Der deutsche Wein steht unter der Herrschaft seines Klimas. Das mag allzu selbstverständlich klingen, nirgendwo sonst (außer vielleicht in Österreich) ist aber das Weingesetz so sehr auf die einfache Prämisse abgestellt, daß reife Trauben besseren Wein ergeben als unreife.

Die geographische Einteilung beruht derzeit auf den 13 bestimmten Anbaugebieten. Sie sind in Bereiche und diese wiederum in Großlagen (die allerdings abgeschafft werden sollen) unterteilt; die kleinste Einheit ist die Einzellage. So kann aus dem Etikett die geographische Herkunft eines Weins bis ins kleinste Detail hervorgehen, doch der Reifegrad der Trauben bleibt der entscheidende Punkt.

Auf ihm baut eine Rangordnung auf, deren unterste Stufe der Tafelwein bildet – auf ihn entfallen etwa 2% der Gesamterzeugung. Er ist stets mit Zucker angereichert (siehe Seite 89) und oft verschnitten. Die nächste Stufe, der Landwein, entspricht in etwa dem französischen Vin de Pays. Er hat aber nie denselben Erfolg verzeichnen können, und die Erzeugung ist kaum erwähnenswert. Der größte Teil aller deutschen Weine entfällt in normalen Jahrgängen auf die nächsthöhere Stufe, Qualitätswein aus einem der 13 bestimmten Anbaugebiete (QbA).

Der Rheingau ist bekannt für vollen, langlebigen Riesling – und für aristokratische Weingüter. Schloß Vollrads, Besitz des Grafen Matuschka-Greiffenclau, gilt als der älteste Familienweinbaubetrieb der Welt.

So weit, so gut. Wenn nun ein Wein jedoch über dieses recht einfache Niveau hinausgehoben werden soll, dann ist die Voraussetzung dafür nicht etwa, daß er aus einer besonders guten Lage kommt, sondern daß die Trauben einen bestimmten Grad der Reife oder gar Überreife erreicht haben. Dies gilt in einem Land, wo in einem kühlen Jahr die Trauben vielleicht überhaupt nur mit Mühe zur Reife gelangen können, nun einmal als wesentlich.

Die Stufe über dem QbA trägt die Bezeichnung Qualitätswein mit Prädikat (QmP). Die Produktion in dieser Stufe ist gewöhnlich kleiner, nur 1990 entfielen 60% des Ertrags auf QmP. Diese Stufe, in der übrigens nicht mit Zucker angereichert werden darf, ist nochmals in sechs Kategorien unterteilt. Die leichteste ist Kabinett, darauf folgt Spätlese, dann Auslese von ausgewählten Trauben, Beerenauslese von ausgelesenen, oft von Edelfäule befallenen Beeren und schließlich Trockenbeerenauslese von ausgelesenen, durch Befall mit Edelfäule am Weinstock eingeschrumpften und daher zu intensiver Süße gelangten Beeren. Ebenfalls sehr süß ist Eiswein, eine Rarität, die aus am Weinstock gefroreren Trauben gewonnen wird. Aber schon die Beerenauslese ist süß, oft auch die Auslese, während Spätlesen zwischen trocken und lieblich liegen.

Bei qualitätsbewußten Erzeugern sind heute trockene Weine im Trend. Wenn die Reife als Gegengewicht zur Säure ausreicht, dann ist er als Begleiter zu Speisen gut geeignet, oft aber überwiegt die Herbheit. Für den daran nicht gewöhnten Gaumen ist halbtrockener Wein ein guter Kompromiß; vor allem Spätlesen nehmen sich nicht nur trocken, sondern auch halbtrocken oft sehr gut aus. Viele Weine werden mit Süßreserve (Seite 92) gemildert und zeigen in guten Beispielen eine faszinierende Spannung zwischen traubiger Frucht und fester, eleganter Säure. Manche brauchen lange Flaschenreife, andere wiederum sind dafür gedacht, innerhalb weniger Jahre getrunken zu werden. Auf jeden Fall ist der Wein eines guten Erzeugers nicht nur in guten Jahrgängen Welten von der gängigen Liebfrauenmilch entfernt.

Die deutschen Anbaugebiete

Es gibt mehrere Zusammenschlüsse von Erzeugern, die sich eigene hohe Qualitätsmaßstäbe setzen und deren Erkennungszeichen auf Etiketten größter Beachtung wert sind. Die beiden bedeutendsten heißen Charta und VDP. Charta ist eine Vereinigung Rheingauer Weingüter, die sich der Förderung traditioneller trockener Rheingauer Rieslingweine widmen: Die Klassifizierung spricht von Ersten Lagen, und das Zeichen auf dem Etikett ist ein doppelter Rundbogen. Die Abkürzung VDP steht für Verband Deutscher Prädikats- und Qualitätsweingüter e.V., eine das ganze Land überspannende Gruppe hochwertiger (und ökologiebewußter) Erzeuger; ihr Zeichen ist ein schwarzer Adler.

Rebsorten

Der Riesling ist Deutschlands feinste Traube, doch in den wärmeren Gegenden können auch Weiß- und Grauburgunder (Ruländer) durchaus feine Weine erbringen. Müller-Thurgau, die meistangebaute Rebsorte, kann dagegen in Feinheit nicht mithalten. Die besten Rotweine werden von Spätburgunder (Pinot Noir) gekeltert, doch nur manche Erzeuger verfügen über das nötige Klima und genug Entschlossenheit zu niedriggehaltenen Erträgen, um diese Traube wirklich gut zu nutzen. Auf Rotwein entfällt nur ein kleiner Teil der deutschen Produktion. In allen 13 Anbaugebieten wächst eine Vielzahl von Rebsorten: Außer den bereits genannten kommt Bedeutung auch Silvaner, Scheurebe, Kerner und der roten Dornfelder-Traube zu. Der blumige Morio-Muskat wird oft dazu benutzt, einfacheren Weinen zusätzlichen Duft zu verleihen.

Anbaugebiete und Weine

Ahr

Ausgerechnet das so weit im Norden gelegene zweitgrößte der 13 Anbaugebiete widmet sich vor allem der Erzeugung von Spätburgunder- und Portugieser-Rotweinen. Sie sind hell, leicht und meist lieblich; bei den Weißweinen sind die auf Schiefer angebauten Rieslinge am besten.

Baden

In Baden gerät zweierlei besser als im übrigen Deutschland: erstens Rotwein, denn Baden hat ein merklich milderes Klima, und zweitens trockener Wein, wohl weil es dem Elsaß gegenüberliegt. Wie im Elsaß wird auch hier viel Weiß-, Grau- und Spätburgunder angebaut. Die Böden sind unterschiedlich, die Berge nicht allzu steil. Die Weinproduktion liegt weitgehend in den Händen von Genossenschaftskellereien, die hohen Qualitätsstand gewährleisten.

Franken

Die Spezialität Frankens ist trockener Silvaner in der charakteristischen Bocksbeutelflasche. Er zeichnet sich oft durch sehr ansprechenden, erdigen Geschmack aus. Müller-Thurgau ist die meistangebaute Rebsorte, aber auch viele Neuzüchtungen haben in Franken begeisterte Aufnahme gefunden. Sie sind oft sehr winterhart, erbringen aber nur selten beste Weine.

Hessische Bergstraße

Das kleine Anbaugebiet bringt ansprechenden Müller-Thurgau und guten Riesling hervor, der sich manchmal mit Rheingauer Riesling messen kann.

Mittelrhein

In diesem Anbaugebiet, dessen Weine – meist gute, stahlige Rieslinge – nicht oft über die Grenzen ihrer Heimat hinausgelangen, ist der Weinbau inzwischen stark im Rückgang begriffen.

Mosel-Saar-Ruwer

Mit gutem Grund ist dieses Anbaugebiet eines der berühmtesten in Deutschland: Ein Moselwein von

einem guten Erzeuger ist leicht und zart, hat aber stets stahlige Kontur und lange Lebensdauer; kräftiger Säure steht rauchige Pfirsichfrucht gegenüber. Der Riesling, die beachtenswerteste Sorte, wächst auf steilen Schieferhängen an den Ufern der Mosel. An den beiden Nebenflüssen Saar und Ruwer entstehen noch schlankere und stahligere Weine; gute Jahrgänge mildern und entfalten sich aber mit der Zeit schön (Mosel-Saar-Ruwer bringt selten mehr als die Kategorie Spätlese hervor). Es lohnt sich übrigens, für Weine aus einem namhaften Weingut in berühmten Orten wie Brauneberg, Bernkastel, Graach oder Ürzig einen etwas höheren Preis anzulegen, denn billigere Weine sind oft nichtssagend.

Nahe

Es gibt in dieser Gegend hochfeine Rieslinge, vor allem aus Bad Kreuznach sowie aus Schloßböckelheim, allerdings eher aus dem Ort selbst und dem dortigen Staatsweingut als aus dem gleichnamigen

DAS DEUTSCHE WEINETIKETT

Aus den Ortsangaben auf deutschen Weinetiketten geht leider nicht immer einwandfrei hervor, ob es sich um eine Einzellage oder um eine viel umfangreichere und daher von vornherein mit größerer Unterschiedlichkeit behaftete Großlage handelt. Außerdem gilt es darauf zu achten, ob auf dem Etikett nicht etwa neben einem meist berühmten Ortsnamen der Hinweis erscheint, daß es sich lediglich um den gleichnamigen Bereich handelt, der Wein also aus einer mehr oder minder weiten Umgebung des genannten Orts stammt. Die Rangstufe Qualitätswein mit Prädikat wird hier durch die weiter unten erscheinende Angabe Spätlese genauer definiert. Der Begriff Erzeugerabfüllung wird seit 1990 oft durch «Gutsabfüllung» ersetzt.

Die Weinberge an der Mosel – mit die steilsten der Welt – sind oft als Terrassen angelegt, damit sie überhaupt kultiviert werden können. Die Hangneigung bietet jedoch der Sonne den günstigsten Einstrahlungswinkel.

Jahrgänge

Rhein (QmP)

1992	7	★
1991	6	★
1990	9	★
1989	9	★
1988	7	★
1987	6	▲
1986	6	▲
1985	7	▲
1984	4	▲
1983	8	▲

Mosel (QmP)

1992	7	★
1991	6	★
1990	9	★
1989	9	★
1988	8	★
1987	5	▲
1986	7	▲
1985	8	▲
1984	4	▲
1983	8	▲

Schlüssel

0–10 Qualitätsbewertung (10 = Spitzenjahrgang)

▲ austrinken
★ trinkreif, aber noch haltbar
▼ lohnt weitere Aufbewahrung

(Siehe auch Seiten 44–47)

Bereich, der das halbe Nahetal umfaßt. Allgemein steht Nahewein in der Mitte zwischen der leichten Art von der Mosel und der Gewichtigkeit des Rheingaus.

Pfalz

Bis 1993 trug das Anbaugebiet offiziell den Namen Rheinpfalz. Es teilt sich in zwei deutlich voneinander unterschiedene Hälften, den Norden mit der Mittelhaardt und ihren großen Weingütern und berühmten Orten wie Deidesheim, Forst und Bad Dürckheim, und den Süden mit eher gemischter landwirtschaftlicher Nutzung und nicht so vielen berühmten Namen. Zwar hat sich der Qualitätsstand insgesamt in der Pfalz in letzter Zeit stark erhöht, aber die größten Veränderungen gehen derzeit im Süden vor sich; der früher etwas sehr volle, manchmal fast flaue Stil hat sich zu Eleganz gewandelt, die Weine sind jetzt trockener und fester geworden.

Pfälzer Weine können sich oft mit Rheingauern messen, insbesondere die vollen, würzigen, manchmal tropisch-fülligen Rieslinge; die Scheurebe erbringt vor allem ausgezeichnete liebliche Weine.

Rheingau

Der Rheingau ist seit langem als Quelle des feinsten deutschen Weins anerkannt, allerdings tritt nun die Pfalz als ernsthafter Herausforderer hervor. Der große Ruf des Rheingaus beruht auf dem Riesling, der hier auf Hängen mit sehr vielfältiger Bodenbeschaffenheit zu schöner Reife, Gewichtigkeit, Ausgewogenheit und Tiefe gelangt. Das Klima ist wärmer als an der Mosel, und deshalb kann der Riesling besser

Assmannshausen im Rheingau hat insofern eine Sonderstellung, als es auf Spätburgunder-Rotwein spezialisiert ist.

ausreifen und in guten Jahren Trockenbeerenauslese-Niveau erreichen; Auslesen kommen ziemlich oft vor. Auffallend ist die Häufung adeliger Weingüter und berühmter Ortsnamen von Hochheim über Eltville, Erbach, Hattenheim, Johannisberg bis Rüdesheim. Assmannshausen hat sich auf Spätburgunder-Rotwein spezialisiert.

Rheinhessen

Es gibt hier – vor allem an der Rheinterrasse in Nierstein, Oppenheim, Bodenheim und Nackenheim – viele gute Erzeuger, doch der größte Teil des rheinhessischen Weins ist mild, gefällig, aber schlicht. Der Bereich Niersteiner Gutes Domtal bietet zwar preiswerte Weine, die aber dem guten Namen nur selten gerecht werden, und im übrigen ist Rheinhessen eine Hauptquelle für Liebfrauenmilch. Die Buchstaben RS auf in Schwarz und Orange gehaltenen Etiketten stehen für Rheinhessen Silvaner Trocken und verweisen auf einen Zusammenschluß von etwa 80 Winzern, die sich der Wiederbelebung des traditionellen Stils verschrieben haben. Ihre Weine sind empfehlenswert.

Saale-Unstrut

Auf kalkhaltigem Boden wachsen leichte Weine, zumeist Müller-Thurgau, doch die wirtschaftlichen Probleme sind in dieser Gegend noch schwerwiegend.

Sachsen

Das am weitesten im Osten gelegene deutsche Anbaugebiet hat mit hohen Produktionskosten, schwierigen Verhältnissen in den (größtenteils mit Müller-Thurgau besetzten) Weinbergen und der Anpassung an marktwirtschaftliche Bedingungen zu kämpfen und dürfte deshalb noch eine ganze Weile brauchen, bis es in größerem Umfang in Erscheinung tritt.

Württemberg

Die Hälfte der Erzeugung entfällt auf Rotwein – Trollinger, Müllerrebe, Lemberger, Portugieser und Spätburgunder –, der ebensowenig wie der Weißwein weit herumkommt.

Liebfrauenmilch

Die stets liebliche und meist nichtssagende Liebfrauenmilch gehört zum Billigsten, was die deutsche Weinwirtschaft bietet, hat aber dennoch die Exportmärkte erobert und dort mit dazu beigetragen, den guten Ruf des deutschen Weinbaus zu ruinieren. (Wer könnte den Unterschied zwischen ihr, dem Piesporter Michelsberg und dem Niersteiner Guten

Domtal nennen – ich kann es nicht.) Liebfrauenmilch muß aus den Anbaugebieten Rheinhessen, Pfalz, Nahe oder Rheingau stammen und Riesling, Müller-Thurgau, Silvaner und Kerner als Hauptbestandteile des Verschnitts enthalten.

Sekt

«Deutscher Sekt» muß ausschließlich von in Deutschland gewachsenen Trauben hergestellt sein, «Deutscher Sekt bA» stammt von Trauben aus dem genannten Anbaugebiet und ist von Riesling am besten, vor allem nach der traditionellen Methode der Flaschengärung. Der größte Teil der Produktion entsteht allerdings im Tankgärungsverfahren (siehe Seite 92).

Die Pfalz kommt in den Genuß von mehr Sonnenschein und Wärme als die weiter nördlich gelegenen Anbaugebiete und bringt daher vollere, reifere und oft würzigere Weine hervor, die zum Essen ausgezeichnet schmecken.

Italien

Italien ist erst seit knapp 150 Jahren ein einheitliches Staatsgebilde; so überrascht es nicht, daß sogar heute noch viel regionales Denken herrscht und viele Weine sich für ein kleines Publikum entwickelt haben. Das regionale Denken wirkte sich insofern gut aus, als in allen Teilen Italiens eigene Traditionen und Geschmacksrichtungen entstanden sind, wozu eine breite Palette charaktervoller einheimischer Traubensorten viel beigetragen hat. Der Nachteil ist jedoch, daß viele Weine außerhalb ihrer engeren Heimat kaum bekannt geworden sind. Sie brauchten ja auch nicht weit herumzukommen, denn allenthalben wachsen Reben und werden Weine gekeltert.

Bei den großen Mengen und vielfältigen Traditionen sind die Qualitätsmaßstäbe selbstverständlich sehr unterschiedlich, es läßt sich aber nicht bestreiten, daß vor allem aus dem kühleren Norden Rotweine kommen, die sich mit den besten in der Welt messen können. Dennoch ist die Reputation Italiens in gewissem Umfang immer noch etwas lädiert. Es ist dies ein Erbe der 1970er Jahre, als die Erzeuger der bekannteren Weine – Soave und Chianti – zugunsten der Quantität alle Qualität opferten. Die Massenexporte von damals verdienten sehr wohl den schlechten Ruf, den sie sich einhandelten, heute allerdings haftet er ihnen nicht mehr ganz zu Recht an, denn in den 1980er Jahren richteten sich Aufmerksamkeit und Aktivität wieder auf Qualität. Einzellage, Mikroklima und Ertragsbeschränkung wurden zu Schlagworten. Auch setzten sich internationale Rebsorten durch, und heute erbringt der Cabernet Sauvignon in Piemont und in der Toskana einige seiner feinsten Weine.

Diese Entwicklungen hatten im italienischen Weingesetz (das dem französischen System der Appellations Contrôlées nachempfunden war) keine Grundlage. Es erkannte vielmehr rund 240 DOC-Weine an (Denominazione di Origine Controllata), auf die allerdings ingesamt nur 10 % der Jahresproduktion entfielen. In den 1980er Jahren wurden einige in die neue, höhere Rangstufe DOCG (Denominazione di Origine Controllata e Garantita) erhoben, durch die in der Theorie sowohl die Qualität als auch

Die großartigen Rotweine aus den Bergen der Toskana sind berühmt, um die mittelalterliche Bergstadt San Gimignano aber wachsen als Kontrast moderne Weißweine von der Vernaccia-Traube.

Herkunft und Rebsortenzusammensetzung garantiert wurden. Unter der DOC-Stufe gab es nur Vino da Tavola, und in diese Kategorie fielen dann auch die Weine führender Erzeuger, insbesondere in der Toskana, die sich bei ihren Experimenten mit fremden Rebsorten und französischen Eichenfässern von den DOC-Regeln entfernten oder gar das DOC-System als wertlos ablehnten.

Diese Situation, in der durch DOC (und sogar DOCG) nur allzu oft unzulänglichen Weinen der offizielle Segen erteilt wurde, während modebewußte Spitzenerzeuger mit ihren Vini da Tavola himmelhohe Preise erzielten, soll sich wenigstens theoretisch nun ändern. Ein neues Gesetz ist erlassen und soll rechtzeitig für den Jahrgang 1994 auch greifen. Es erkennt die bestehenden Kategorien an, sieht zugleich aber auch grundlegende Änderungen vor.

Zunächst erklärt es rund 50 praktisch nicht mehr existierende DOC-Bereiche für ungültig, trägt der Individualität und besonderen Qualität bestimmter Bereiche und Lagen Rechnung, ermöglicht ihre Nennung auf DOC- und DOCG-Etiketten und bezieht die glanzvollen international berühmten Vini da Tavola (Sassicaia, Tignanello, Ornellaia, Darmagi, Grifi usw.) in das DOC-System ein. Ferner führt es zwischen Vino da Tavola und DOC die neue Kategorie IGT (Indicazione Geografica Tipica) als italienische Version des Vin de Pays ein. Bis zu 60 % des ita-

lienischen Weins sollen in die Kategorien IGT, DOC oder DOCG fallen.

Weitere Bezeichnungen, deren Kenntnis nicht unwichtig sein dürfte, sind Riserva für über längere Zeit ausgebauten DOC- oder DOCG-Wein, Classico für den Kern eines DOC- oder DOCG-Bereichs, Superiore für höheren Alkoholgehalt oder einen besseren Teilbereich und schließlich Vigna oder Vigneto für eine Einzellage.

Rebsorten

An Rebsorten hat Italien Tausende – viele davon faszinierende Originale, z.B. Arneis, Favorita, Fiano, Picolit und Schioppettino; sie alle können Gutes leisten, sind aber Lokalerscheinungen. Andere dagegen, so der rote Sangiovese, haben sich fast überall durchgesetzt, der Sangiovese freilich ist tief im Herzen toskanisch geblieben. Auch der weiße Trebbiano hat sich weit ausgebreitet – als Ugni Blanc ist er sogar über die Grenzen Italiens hinausgewachsen – und erbringt doch nur außerordentlich nichtssagenden Wein. Der große Nebbiolo hat im Nordwesten seine Hochburg, ist dort aber nicht allein: Er muß sein Reich mit Barbera, Dolcetto und mit obskureren Sorten wie Freisa, Grignolino, Ruchè und Brachetto teilen. Im Nordosten gibt es ein paar ungewöhnliche Trauben, z.B. Verduzzo und Vespaiolo (weiß) und Refosco, Raboso und Lagrein (rot) in Konkurrenz mit eingebürgerten hochwertigen französischen Sorten.

Weine und Regionen

Aglianico del Vulture

Dieser Rotwein, der in der Basilicata von der Aglianico-Traube entsteht, ist einer der feinsten und komplexesten Italiens. Er vereint tiefe Farbe, ein rauchiges Brombeerbukett und viel Tannin mit großer Haltbarkeit. In Taurasi (Kampanien) hat Aglianico DOCG-Status.

Alto Adige (Südtirol)

Die kühle Gebirgsgegend gehörte früher zu Österreich, und die Bevölkerung spricht noch heute Deutsch. 19 anerkannte Rebsorten werden hier sortenrein zu leichten, lebendigen, aromatischen Weinen verarbeitet. Besonders empfehlenswert sind Chardonnay, Pinot Bianco, Traminer und Riesling Renano und bei Rotwein der fruchtige Lagrein Dunkel mit Bitterschokolade im Abgang. Auch der rote Teroldego Rotaliano verdient Beachtung.

Arneis

Die mit Noten von Nüssen, Kräutern und Birnen ausgestattete Arneis-Traube erbringt einen der charaktervollsten Weißweine Piemonts und Italiens.

Asti

Der oft verleumdete, billige, süße Schaumwein aus Piemont von der Muskatellertraube hat geringen Alkoholgehalt, ein kräftiges und doch delikates Traubenbukett und trinkt sich gut gekühlt an einem Sommertag herrlich – solange er sehr jung und frisch ist. Ähnlich ist der Moscato d'Asti. (Übrigens wurde das Wort *spumante* = Schaumwein von den Asti-Etiketten getilgt.)

Barbaresco und Barolo

Die Nebbiolo-Traube erbringt in den nebeneinanderliegenden Bereichen Barolo und Barbaresco in Piemont Rotweine, die in der Jugend traditionell praktisch untrinkbar sind – nichts als Tannin und herbe Frucht –, aber nach mindestens vier Jahren Lagerung zu verlockend duftigen, geschmeidigen, aber stets körperreichen Gewächsen heranreifen. Der massivere ist der Barolo – er heißt auch der König von Piemont, der Barbaresco wird wohl die Königin sein –, beide aber werden heute zugänglicher bereitet und mit mehr Frucht und reiferem Tannin versehen.

Nebbiolo-Weine, die nicht so hart mit Gaumen und Brieftasche umgehen, sind Carema, Gattinara

Links: Die herbe Nebbiolo-Traube erbringt vor allem in Barolo und Barbaresco Weine von phänomenaler Wucht und Langlebigkeit.

Rechts: Ein unverwechselbar toskanisches Bild. Hier in Montalcino südlich von Siena wird von einem Brunello genannten Sangiovese-Klon kräftigerer, muskulöserer Wein produziert als in Chianti.

(jetzt DOCG), Ghemme (mit anderen Trauben verschnitten), Nebbiolo del Piemonte, Nebbiolo d'Alba und Nebbiolo delle Langhe sowie Verschnitte mit anderen Trauben in der Lombardei und im Veltlin.

Barbera d'Alba
Neben dem vornehmen Nebbiolo ist Barbera die rote Haupttraube von Piemont (und die am zweithäufigsten angebaute Italiens). Ihr Wein hat kräuterwürzig-fruchtigen Charakter mit kräftiger Säure und schwachem Tannin; es gibt ihn für baldigen Verbrauch oder – im Eichenfaß ausgebaut und einige Jahre in der Flasche gereift – für längere Haltbarkeit. In Alba entsteht die vollste Art, gefolgt vom meist etwas milderen und fruchtigeren Barbera d'Asti.

Bardolino
Der ziemlich leichte Rot- und Roséwein entsteht von denselben Traubensorten wie Valpolicella, jedoch auf andersartigen Böden um den Gardasee. Mit seiner Frische und Kirschkernfrucht schmeckt er jung und kühl am besten.

Bianco di Custoza
Die DOC-Zone südlich von Bardolino und westlich von Soave bietet frischen, fruchtigen Weißwein nach dem Vorbild des Soave, oft aber besser und charaktervoller.

Brunello di Montalcino
Brunello ist der Name einer um Montalcino in der Toskana angebauten hochwertigen Sangiovese-Spielart; sie liefert einen gehaltvollen, dunklen, konzentrierten Rotwein (schwerer und tanninreicher als Chianti), der lange – oft allzu lange – im Faß reift und sich meist nochmals 5 bis 10 Jahre in der Flasche hält. Trotz DOCG-Status ist sein Renommee (oder das des berühmtesten Weinguts Biondi Santi) stark überzogen und rechtfertigt nur in wenigen Beispielen die allgemein sehr hohen Preise. Die milde, pflaumenwürzige, jüngere Version Rosso di Montalcino ist preiswerter und meist mehr zu empfehlen.

Carmignano
Die kleine DOCG-Zone bildet eine Enklave im Chianti-Gebiet westlich von Florenz und bietet einen feinen Rotwein auf Sangiovese-Basis, der seit eh und je etwas Cabernet Sauvignon enthält. Der Wein ist ähnlich wie Chianti, aber eleganter, und entwickelt sich langsamer (Riserva 10, Normalversionen 5 bis 8 Jahre). Ein ansprechender Rosato und eine jüngere Carmignano-Version namens Barco Reale haben DOC-Status.

DAS ITALIENISCHE WEINETIKETT
Der Aufstieg der Super-Toskaner, die ja der Kategorie Vino da Tavola angehören, hat zu noch mehr Verwirrung Anlaß gegeben, doch das dürfte durch das neue Weingesetz Besserung erfahren. Das hier abgebildete Etikett ist ein Muster an Präzision.
Von oben nach unten: Es handelt sich um einen Wein aus dem Bereich Chianti Classico; der offizielle Status lautet Denominazione di Origine Controllata e Garantita (DOCG); Isole e Olena ist der Name des Weinguts. Es folgt der Jahrgang und die Angabe, daß es sich um eine Erzeugerabfüllung der Cantina (Kellerei) di Isole e Olena handelt. Am unteren Rand stehen die Flaschengröße, die Adresse des Erzeugers und der Alkoholgehalt. Auf der Seite erscheint ein Entsorgungshinweis für die Flasche sowie die von der EG künftig vorgeschriebene Kontrollnummer.

Chianti

In einem Dutzend Jahre hat sich der einst unzuverlässige Chianti zu einem der höchstgeachteten Rotweine Italiens gewandelt und macht damit seinem DOCG-Status Ehre, obwohl in diesem so umfangreichen Gebiet (es umfaßt einen großen Teil der Toskana) Qualitätsstand und Stile unterschiedlich sind.

Chianti besteht größtenteils aus Sangiovese und zeigt charakteristische Herbheit. Es gibt ihn sowohl als jungen, frischen, fruchtigen Chianti, als auch in einem teureren, seriöseren Stil mit echter Geschmackstiefe und einer herben Art, die einige Zeit zur Milderung braucht (Normalversionen 2 bis 4 Jahre, Riserva mindestens 4 Jahre).

Chianti ist in sieben Bereiche unterteilt; die seriöse Art gehört meist zum Chianti Classico aus dem historischen Kerngebiet zwischen Florenz und Siena. Ein zweiter Bereich mit hochwertigem, langlebigem Wein ist Chianti Rufina. Aus den übrigen fünf kommen leichtere, süffige Weine, die meist nur als Chianti ohne regionalen Beinamen bezeichnet werden.

Ebenfalls empfehlenswerte Sangiovese-Weine aus der Toskana sind u.a. der volle, minzewürzige Rotwein aus der kleinen DOC Parrina an der Küste sowie die warmen, würzigen, kräftigeren aus der nördlichen Nachbar-DOC Morellino di Scansano.

Colli Orientali und Collio

Die beiden in Friaul gelegenen DOC-Bereiche bringen je rund 20 Weine (die meisten davon sortenrein) hervor. Collio ist bekannt für den hohen Qualitätsstand (und Preis) seiner trockenen, intensiv fruchtigen und herrlich eleganten Weißweine von Pinot Bianco, Pinot Grigio, Sauvignon Blanc, Tocai Friulano usw., aber auch die Rotweine z.B. von Cabernet Sauvignon und Merlot sind oft gut. In den Colli Orientali wachsen mehr Rotweine, darunter eindrucksvoller Merlot, Cabernet Sauvignon und Refosco, außerdem aber auch feine süße Weine (sehr zu empfehlen der Ramandolo und Verduzzo.

Copertino

Der robuste, volle und würzige Rotwein ist billig, weil er aus Apulien im nicht im Modetrend liegenden Süden stammt, aber dennoch empfehlenswert.

Dolcetto

Der bekannteste der vielen sortenreinen Weine dieses Namens aus Piemont ist der Dolcetto d'Alba, zuverlässig aber sind sie alle, und mit ihrer lebendigen Kirschenfrucht und Bitterschokoladenote schöne Alternativen zu Beaujolais. Am besten schmecken sie jung und kühl.

Est! Est!! Est!!!

Das Bemerkenswerteste an diesem schlichten, trockenen Weißwein aus der Gegend nördlich von Rom ist wahrscheinlich immer noch sein Name; neuere Verbesserungen führen jedoch zu frischeren und fruchtigeren Ergebnissen.

Weiße Trauben, vor allem Trebbiano, bildeten früher für Chianti eine Last, doch hier bei Panzano beweist der Erzeuger Fontodi, daß sich aromatischere Sorten wie Pinot Bianco und Sauvignon sehr wohl lohnen.

Franciacorta
Aus der Gegend östlich von Mailand kommen die meisten Spitzenschaumweine Italiens. Die weniger bekannten stillen Rot- und Weißweine stehen ebenfalls auf hohem Qualitätsniveau.

Frascati
Gute Beispiele des Hausweins von Rom sind duftig und pikant, die Mehrzahl zeigt sich allerdings weich und flach, jung zwar süffig, oft aber oxidiert. Der Wein aus der nahegelegenen DOC Colli Albani ist als billigere Alternative zu empfehlen.

Galestro
Dieser Wein wurde als Auffangbecken für den Überschuß an Weißweintrauben in Chianti erfunden. Das Resultat ist ein anständiger, aber etwas charakterloser, leichter, trockener Weißwein.

Gavi
Der Modeweißwein von Piemont hat mehr Charakter als der Galestro. Er wird weitgehend von der zitrusfruchtigen Cortese-Traube gewonnen und ist stark überteuert.

Grave del Friuli
Die große DOC-Zone in Friaul steht für Rotwein von Merlot, Cabernet, Pinot Nero und Refosco sowie für Weißwein von Pinot Bianco, Tocai, Pinot Grigio, Riesling Renano, Sauvignon, Traminer, Chardonnay und Verduzzo – alle sauber, geschmeidig, fruchtig, jeweils sortentypisch und durchaus zu empfehlen.

Lambrusco
In seiner kommerziellen Form ist Lambrusco ein süßlicher Perlwein in Rot, Weiß oder Rosé. Echte einheimische Versionen dagegen (z.B. Lambrusco di Sorbara) präsentieren sich tief rot, angenehm trocken, frisch und saftig. Jung und kühl schmeckt er zur gehaltvollen Küche der Emilia-Romagna.

Lugana
Der trockene Weißwein vom Südufer des Gardasees hat Qualität und Persönlichkeit, wie sie in Italien bei dieser Art von Weinen nicht häufig vorkommt – schön abgerundet, duftig und zart nußwürzig schmeckt er jung am besten.

Marsala
Der berühmte, mit Alkohol angereicherte Wein aus Sizilien ist ganz und gar aus der Mode, doch ein alter Vergine, die knochentrockene Spitzenqualität, ist so komplex, wenn auch nicht ganz so subtil wie ein feiner alter Sherry. Die einfacheren Kategorien Fine und Superiore können gesüßt sein.

Merlot del Veneto
Dieser Wein vertritt die große Zahl leichter bis mittelschwerer, pflaumenwürziger, oft grasiger Merlots (DOC und Vino da Tavola) aus Nordostitalien.

Monica di Sardegna
Der einfache, milde Rotwein von der Monica-Traube wird überall auf Sardinien produziert und will jung getrunken sein.

Montepulciano d'Abruzzo
Die Montepulciano-Traube (die nichts mit dem Vino Nobile di Montepulciano aus der Toskana zu tun hat) bringt in den Marken vollmundige, reife, würzige Rotweine hervor.

Moscato Passito di Pantelleria
Der intensiv süße, gehaltvolle, aprikosenduftige Wein wird auf der winzigen Insel Pantelleria südwestlich von Sizilien von sonnengetrockneten Trauben bereitet. Die Qualität ist groß, die Quantität klein.

Orvieto
Der Wein aus Umbrien ist, wenn er (wie meist) vorwiegend auf Trebbiano beruht, hell, trocken und ziemlich nichtssagend, wenn aber andere Traubensorten hinzukommen, insbesondere im Classico-Bereich, kann er nußwürzigen, pfirsichduftigen Charakter entwickeln; aber auch dann empfiehlt es sich nicht, ihn lange aufzubewahren. Die nicht mehr sehr häufige liebliche Version ist Abboccato.

Pomino
Die DOC-Zone in der Toskana zeigt mit Cabernet und Merlot im von Sangiovese beherrschten geschmeidigen, eleganten Rotwein und mit Pinot Bianco im cremigen Weißwein deutlich französische Einflüsse. Die Weine sind gut, die Preise aber hoch.

Prosecco di Conegliano-Valdobbiadene
Der trockene bis liebliche schäumende Prosecco aus dem Veneto ist keine Champagner-Imitation, sondern eine erfrischende, apfelduftige, preiswerte Alternative – jung und gut gekühlt am besten.

Rosso Cònero
Die vollen Rotweine aus dem DOC-Bereich in den Marken beruhen auf der Montepulciano-Traube, die ihnen ansprechenden, warmen und würzigen Charakter verleiht.

Salice Salentino
Die eindrucksvollen, langlebigen, tieffruchtigen Rotweine mit Schokoladennote aus Apulien sind oft sehr empfehlenswert.

Sizilien
Der Marsala ist der berühmteste Wein aus Sizilien, doch frische, leichte Weißweine und volle, würzige Rotweine von einheimischen Trauben (meist ohne DOC-Status) sind inzwischen stark verbessert.

Soave
Soave ist viel mißbraucht worden und hat neuerdings wieder sehr gewonnen. Es gibt noch viel Massenware, doch aus dem Kerngebiet Soave Classico in den Bergen hinter Verona kommt meist vorbildlicher Soave – frischfruchtig mit markantem Stroh- und Mandelcharakter.

Torgiano
Lungarotti ist nahezu der einzige Erzeuger in dem umbrischen DOC- und (nur für rote Riserva) DOCG-Bereich bei Perugia. Der auf Sangiovese beruhende Rotwein wirkt wie ein vollmundiger, geschmeidiger Chianti; der von Trebbiano mit der charaktervolleren Grechetto-Traube zusammen gekelterte Weißwein ist ebenfalls gut, aber teuer.

Toskana
Siehe Brunello di Montalcino, Carmignano, Chianti, Pomino und Vino Nobile di Montepulciano.

Trentino
Im Gebiet südlich von Südtirol entstehen ähnliche Weine wie dort, meist sortenrein, doch überwiegen

Bis weit in die Alpen wachsen nahe der österreichischen Grenze in Südtirol und im Trentino zahlreiche sortenreine Weine – in Südtirol sind es allein 19 verschiedene.

die allgemein reiferen, volleren Rotweine (z.B. Cabernet Sauvignon, Lagrein und der mandelduftige Marzemino). Bei Weißwein sind Pinot Bianco, Chardonnay und Pinot Grigio am besten.

Valpolicella
Der bekannteste Rotwein aus dem Veneto liegt zwischen leichtem, einfachem, jung mit noch frischer Kirschen- und Mandelnote am besten schmeckendem Alltagswein und dem von vorgetrockneten Trauben bereiteten konzentrierten, süßen Recioto und dem ebenso konzentrierten, aber kraftvolleren, trockenen Amarone. Dazwischen steht der Valpolicella Classico mit der typischen reifen Kirschenfrucht und Bittermandeln im Nachgeschmack.

Verdicchio dei Castelli di Jesi
Dieser Wein, einer der vielen frischen, trockenen, leicht duftigen, jung am besten zu trinkenden Weißweine Italiens, wird von der Verdicchio-Traube bei Ancona in den Marken produziert und kommt traditionell in einer amphorenähnlichen Flasche auf den Markt.

Vernaccia di San Gimignano
Ein nuß- und honigwürziger, öfter aber schlichter, zitronenduftiger Weißwein aus der Toskana von der Vernaccia-Traube; jung am besten.

Vino Nobile di Montepulciano
Der auf Sangiovese beruhende Rotwein aus dem Süden der Toskana erhielt als erster DOCG-Rang – allerdings mehr aus politischen als qualitativen Gründen. Im Stil liegt er zwischen dem eleganten Chianti und dem wuchtigen Brunello di Montalcino. Die jüngere, leichtere Version Rosso di Montepulciano ist oft empfehlenswert, alles in allem aber nicht so zuverlässig wie der Rosso di Montalcino.

Vin Santo (auch Vino Santo)
Die in ganz Italien verbreitete Art hat ihre besten Beispiele in der Toskana. Es handelt sich dabei um einen Dessertwein von Trauben, die bis Weihnachten zum Trocknen ausgelegt und dann manchmal jahrelang in kleinen Fässern vergoren werden. Es gibt ihn süß oder trocken, stets intensiv, komplex, pikant, mit Orangen-, Rosinen- und Aprikosennoten.

Jahrgänge

Barolo und Barbaresco

1992	6	▼
1991	6	★
1990	9	▼
1989	9	▼
1988	8	★
1987	6	▲
1986	7	★
1985	9	★
1984	5	▲
1983	6	▲

Valpolicella (Recioto und Amarone)

1992	6	▼
1991	5	★
1990	9	▼
1989	6	★
1988	9	★
1987	4	▲
1986	7	★
1985	9	★
1984	4	▲
1983	9	★

Toskanischer Rotwein

1992	7	▼
1991	7	★
1990	10	▼
1989	6	★
1988	9	★
1987	7	▲
1986	7	▲
1985	9	★
1984	4	▲
1983	8	▲

Schlüssel

0–10 Qualitätsbewertung (10 = Spitzenjahrgang)

▲ austrinken
★ trinkreif, aber noch haltbar
▼ lohnt weitere Aufbewahrung

(Siehe auch Seiten 44–47)

Spanien

Jahrhundertelang lag Iberien am Rand der bekannten Welt, endete Europa in einer Einöde von Gebirgen und Ebenen hinter den Pyrenäen. Auch in der jüngeren Geschichte gedieh hier ein strenger Isolationismus, und das schmeckt man noch heute im Wein – obwohl die Bedürfnisse der Exportmärkte dafür gesorgt haben, daß der einst für alle spanischen Rot-, Weiß- und Roséweine so charakteristische Eichenholzeinfluß inzwischen abgeschwächt worden ist.

Spanien hat eine größere Rebfläche als alle anderen Länder Europas, doch nur die drittgrößte Weinproduktion (auch in der Welt insgesamt). Die Erträge sind niedrig, zum Teil weil selbst der Massenweinbau hier nicht so effizient betrieben wird wie etwa in Frankreich oder Deutschland, zum Teil aber auch wegen des Klimas. Hitze und Dürre halten die Reben mit Wasser knapp, und Bewässerung (von der die meisten Weinbaugebiete Australiens völlig abhängig sind) ist in der EG bis auf wenige Ausnahmen untersagt. Der dürrste und ödeste Teil ist die Mitte; dort wächst vor allem Massenwein – bestenfalls frischer und leichter, ansonsten nichtssagender Weißwein ohne Frucht. Die feineren Tischweine kommen meist aus dem Norden – die Rotweine vollmundig und eichenholzwürzig, die Weißweine heute eher frisch und fruchtig als schwer und eichenholzbefrachtet. Im Süden entstehen berühmte, zum Teil mit Alkohol angereicherte Dessertweine.

40 über das ganze Land verteilte Bereiche haben inzwischen den Status einer Denominación de Origen (DO) erhalten, nach dem Herkunft, Rebsorten, Bereitung und Ausbau des Weins genau vorgeschrieben sind. Die Spitze bildet die DOCa (Denominación

Die Weinbauregionen Spaniens

de Origen Calificada), die bisher nur einem Bereich, selbstverständlich Rioja, zuerkannt worden ist. Es sind damit keine weitergehenden Vorschriften verbunden, sondern lediglich die Anerkennung, daß in Rioja strengere Regeln gelten als in anderen Gegenden Spaniens.

Unterhalb der DO rangiert der Vino de la Tierra, Landwein, mit 61 Vertretern; da es aber immer mehr guten, preiswerten DO-Wein gibt, zeigen ausländische Einkäufer wenig Interesse am Vino de la Tierra. Tafelwein (Vino de Mesa) ist meist sehr schlicht, doch in zwei Punkten sind Verbesserungen eingetreten: Einige große Exporteure setzen Eichenholzspäne zu (entgegen den EG-Regeln), um billigen Weinen Kokosnuß- oder Vanille-Aroma zu verleihen, und eine kleine Handvoll Erzeuger benutzt nach italienischem Vorbild diese Kategorie zur Produktion hochwertiger Weine außerhalb der DO-Vorschriften. In der Regel aber sind es die DO-Weine, die uns auf dem Markt begegnen.

Eine weitere wichtige Klassifizierung für spanischen Wein, insbesondere Rotwein, hängt mit dem Alter und der Ausbauzeit zusammen. Hierbei sind die Details unterschiedlich, allgemein aber muß ein als Crianza bezeichneter Wein zwei Jahre, zum Teil im Eichenfaß, gereift sein, eine Reserva noch länger (bei Rotwein drei Jahre, davon mindestens ein Jahr im Eichenfaß), und eine Gran Reserva nochmals um einiges länger (bei Rotwein fünf Jahre, davon mindestens zwei Jahre im Eichenfaß).

Rebsorten

Spanische Weinerzeuger ärgern sich zwar darüber, wenn behauptet wird, daß ihre Rebsorten ein Handikap für sie bedeuten, aber es ist so. Spanien hat die klassischen französischen Rebsorten bisher nur in Penedès und in Costers del Segre in einigem Umfang angenommen, hat aber auch nicht wie Italien den Vorteil, interessante einheimische Traubensorten vorweisen zu können. Der Star der nicht gerade hervorragenden Truppe ist Tempranillo, unterstützt und gefolgt von Graciano und Monastrell sowie von mediterranen Rebsorten wie der roten und weißen Garnacha (Grenache) und der roten Cariñena (Carignan). Unter den weißen Trauben kann Albariño großartig sein, er wird aber nur in Galicien angebaut. Verdejo, die Traube von Rueda, folgt auf dem nächsten Rang, aber auch sie ist relativ rar, und so bleiben noch Parellada, Xarel-lo, Macabeo und Airén (die meistangebaute Traube der Welt, aber eine der ausdruckslosesten).

Beim Rebenpflanzen ist es nicht immer damit getan, einen Hang in guter Lage auszusuchen: Auf der Insel Lanzarote werden die Weinstöcke in erstarrte Lavaströme gesetzt und mit Windschutzmauern umgeben.

Weine und Regionen

Cariñena
Der Bereich südöstlich von Rioja bringt vorwiegend Rotwein hervor, der bestenfalls robustem, rustikalem Rioja ähnelt. Dessen klassische Eleganz erreicht er allerdings nie, und zwar weitgehend wegen der Vorherrschaft der roten Garnacha im Verschnitt, die in besseren Riojas höchstens eine Nebenrolle spielt.

Cava
Die meisten spanischen Schaumweine nach der *méthode traditionnelle* tragen die Bezeichnung Cava. Moderne Technik und Traubenmaterial aus den relativ kühlen Weinbergen Nordspaniens (meist in Katalonien) geben einen vielversprechenden Hintergrund ab. Leider hat Cava nur allzu oft eine erdige, an Apfelkerne erinnernde Stumpfheit. Schuld daran sind die Trauben: Xarel-lo, Macabeo (Viura) und Parellada halten sich nun einmal nicht gut. Die Qualität wächst zusehends, und die Beimischung von Chardonnay trägt ihr Teil bei – sicherheitshalber sollte man Cava aber in einem Geschäft mit raschem Umsatz kaufen und gut gekühlt trinken.

Costers del Segre
Das Gebiet hoch im Nordosten ist praktisch identisch mit dem Haus Raimat, das dort milde, volle Rotweine, gute Weißweine und Schaumweine aus Weinbergen hervorbringt, die ausnahmsweise bewässert werden dürfen. Die klassischen französischen Rebsorten Cabernet Sauvignon, Merlot, Pinot Noir und Chardonnay herrschen vor, aber auch eindrucksvoller Tempranillo wird erzeugt.

Jumilla
Es gibt noch immer deftige, alkoholstarke Rotweine hier, doch ausländische Investitionen in der ostspanischen Region haben auch mildere, leichtere, oft sehr empfehlenswerte entstehen lassen, außerdem werden einfache, ansprechende Rosés erzeugt.

La Mancha
Das weite Zentralplateau Spaniens brachte früher fast nur billige, nichtssagende Weiß- und Rotweine hervor. Auch heute noch geht das meiste davon in Verschnitten auf, doch es kommen immer mehr preiswerte, bescheiden fruchtige Weißweine und auch einige saubere, lebendige Rotweine auf den Markt.

Málaga
Der große Name aus der Vergangenheit – er hatte seine hohe Zeit im 19. Jahrhundert – ist heute wie so mancher andere mit Alkohol angereicherte Wein völlig aus der Mode. Er kommt von der Costa del Sol und ist fast stets süß; seinen rosinenhaft würzigen

Navarra in Nordspanien hat im letzten Jahrzehnt große Fortschritte gemacht: Zu den schon lange berühmten Rosados sind inzwischen junge, saftige Rotweine als Alternative zum Beaujolais sowie vollere, eichenfaßgereifte als Alternative zum Rioja hinzugekommen.

Charakter hat er von der Pedro-Ximénez- und der Moscatel-Traube; ausgebaut wird er wie Sherry in der *solera* (siehe Seite 128).

Montilla

Der Wein aus dem DO-Bereich Montilla-Moriles nordöstlich von Jerez nimmt sich wie ein einfacher Sherry aus. Seine Haupttraube ist allerdings der in Jerez nur noch selten anzutreffende Pedro Ximénez. Sie erbringt Weine, die meist weniger interessant sind als Sherry.

Navarra

Trauben wie Cabernet Sauvignon und Tempranillo haben sich in dem vorher fast ausschließlich der Garnacha gewidmeten Gegend nördlich von Rioja durchgesetzt, und infolgedessen finden die Rotweine aus Navarra – sowohl in der jungen, fruchtigen als auch in der volleren, festeren, eichenfaßgereiften Version – wohlverdienten Anklang. Die seit langem hochangesehenen Rosés sind heute viel fruchtiger und ansprechender als früher, und auch bei Weißwein gibt es Fortschritt, obwohl sie nicht soviel Interesse beanspruchen dürfen wie die Rotweine.

Penedès

Miguel Torres ist gewiß nicht der einzige und auch nicht der einzige gute Weinerzeuger in Penedès, aber er hat das Image der Region maßgeblich verändert. Die Weine von Torres und anderen Erzeugern der Spitzenklasse sind im Stil halb international: Unter den Rebsorten trifft man vertraute Namen (u.a. Cabernet und Chardonnay), oft aber werden sie mit Tempranillo und Parellada gemischt, die den Weinen einen eigenen regionalen Charakter verleihen. Billig sind sie nicht gerade, aber sehr gut.

Priorato

Delikatesse ist in Priorato, der kleinen DO im Nordosten bei Tarragona, ein Fremdwort. Hier entstehen hauptsächlich stramme, wuchtige Rotweine mit mindestens 13,5 % Alkohol. Überraschenderweise sind sie trotzdem oft ausgesprochen gut.

Rías Baixas

Der DO-Bereich in Galicien im kühlen, regnerischen Nordwesten bringt ungewöhnlich guten, aprikosenduftigen trockenen Weißwein von Albariño, der gewiß besten weißen Traube Spaniens, hervor. Schade ist nur, daß die Albariño-Weine so sehr in Mode und deshalb schrecklich teuer sind. Ribeiro weiter im Osten zeigt Potential für Weißwein von verschiedenen einheimischen Rebsorten, darunter auch Albariño, und könnte künftig preisgünstigere Alternativen bieten.

Ribera del Duero

Nicht nur in Portugal wachsen an dem Fluß, der dort Douro und in Spanien Duero heißt, feine Weine. Die DO Ribera del Duero in Nordwestspanien ist bekannt für extreme Temperaturgegensätze, aber auch für den extrem hohen Qualitätsstand – und Preis – ihrer Rotweine, vom legendären Vega Sicilia bis zu seinem jüngeren Erzrivalen Pesquera; die Hauptttraube Tempranillo erbringt hier, manchmal verstärkt durch etwas Cabernet Sauvignon, wuchtige, aromatische, konzentrierte Gewächse. Alle brauchen einige Jahre Reifezeit, und die besten halten sich 12 Jahre und länger.

Rioja

Seit Generationen ist Rioja das bei Tischweinen führende Anbaugebiet Spaniens; allerdings hat es im Lauf der Jahre auch Enttäuschungen gegeben – heute bietet Penedès mehr Originalität und Ribera del Duero die vornehmeren Rotweine. In den 1970er Jahren erhielt der Rioja ein unverkennbar eichenholzwürziges Image – die Rotweine waren zugleich voll sommerlicher Frucht, und die Weißweine gaben sich reichhaltig und nußwürzig. Dann schließlich kehrten sich die Erzeuger mehr und mehr vom Eichenholz ab (außerdem wurden die im Invstitionsrausch der 1970er Jahre angeschafften Fässer langsam alt und gaben keinen Geschmack mehr her). Die von einer nicht allzu interessanten Mischung aus Viura, Malvasia und Garnacha Blanca gekelterten Weißweine nahmen frischere, zitronenduftige Art und internationalen Stil an, und die Rotweine von Tempranillo, Graciano, Garnacha und Mazuelo ließen an Interesse nach. Inzwischen verändert sich alles erneut: Die müden, alten Fässer sind durch neue ersetzt worden, die Traubenqualität wird sorgfältiger beachtet, und die Preise haben sich stabilisiert.

DAS SPANISCHE WEINETIKETT
Ein typisches traditionelles spanisches Etikett: Man muß sich die wesentlichen Informationen aus dem schmückenden Beiwerk heraussortieren.
Von oben nach unten: Vega Sicilia ist der Name des Weinguts, Unico der Name des Weins; Cosecha heißt Jahrgang, die Denominación de Origen lautet Ribera del Duero. Nach einer Aufzählung der gewonnenen Medaillen und Preise folgt der Hinweis, daß es sich um eine Gutsabfüllung handelt (*embotellado en la propiedad*); unter der Adresse des Weinguts ist die Anzahl der von diesem Wein abgefüllten Flaschen angegeben. Auch Flaschengröße und Alkoholgehalt sind angegeben.

In Spanien sind die Winzer traditionell nur Traubenanbauer. Sie befördern ihr Lesegut auf ihre eigene Weise zur Verarbeitung in die Bodegas oder, wie hier in Ribera del Duero, in Genossenschaftskellereien.

Das Anbaugebiet ist in drei Bereiche unterteilt: Rioja Alta, Rioja Alavesa und Rioja Baja – der erste ist der kühlste und der letzte der wärmste. Um mehr braucht man sich freilich nicht zu kümmern, denn Rioja ist immer eine Mischung aus allen dreien – einfach weil die meisten *bodegas* (Weinkellereien) nicht über größeren eigenen Weinbergbesitz verfügen, sondern ihre Trauben bei verschiedenen Winzern kaufen.

Rueda

Der Bereich nordwestlich von Madrid tritt als eine der besten Quellen Spaniens für preisgünstigen, recht charaktervollen trockenen Weißwein in Erscheinung. Diese Weine entstehen vorwiegend von der Verdejo-Traube, manchmal mit etwas Sauvignon Blanc, sind frisch und lebendig mit kräuter- und nußwürzigem Geschmack und schmecken jung am besten.

Sherry

Sherry kommt ausschließlich aus einem Bereich mit Kreideboden um die andalusische Stadt Jerez de la Frontera nahe der südwestspanischen Küste. Er entsteht von der neutralen, säurearmen Palomino-Traube und reift in der *solera*, einem System, das hochkomplexe Weine erbringt, in denen sich die Frische der Jugend mit der Reife des Alters vereint (weil die in den Fässern der Solera heranreifenden Weine ständig mit jüngeren «aufgefrischt» werden: 25–33 % des Inhalts werden jeweils aus einem Faß entnommen und durch eine gleiche Menge Sherry aus dem vorherigen, um eine Stufe jüngeren Faß wieder aufgefüllt). Der Manzanilla wird in Sanlúcar de Barrameda am Meer produziert und ist der leichteste Sherry-Stil – ausgesprochen trocken, delikat und mit einem fast salzigen Beigeschmack. Fino ist ähnlich, aber etwas gewichtiger. Beide haben den charakteristischen Geschmack der Florhefe*. Sie sind die feinsten Apéritif-Sherrys, allerdings wird oft, vor allem im Winter, der körperreichere Amontillado bevorzugt. Bei ihm handelt es sich um Fino, auf dem die Florhefe ihren Lebenszyklus abgeschlossen hat, er ist also älter, dunkler und nußwürziger. Heute entstehen Amontillados für den Export leider meist in einem verkürzten Verfahren und werden obendrein oft gesüßt, was ihren Charakter verwischt.

Oloroso ist Sherry, auf dem sich keine Florschicht gebildet hat. Er ist mit Nuß-, Feigen- und Pflaumennoten der vollste und reichhaltigste, aber dennoch von Natur aus trocken. Kommerzielle Olorosos werden ebenfalls gesüßt (und oft als Cream Sherry bezeichnet); immerhin gibt gesüßter feiner Oloroso einen herrlichen Dessertwein ab. Die selten anzutreffende Art Palo Cortado ist ein Mittelding zwischen Amontillado und Oloroso.

Oben: Das Solera-System der schrittweisen Reifung von Sherry in Reihen von Fässern muß seit eh und je auf einem leistungsfähigen Küferhandwerk beruht haben.

Sherry ist genußreif, sobald er abgefüllt wird, und sollte möglichst bald getrunken werden. Fino und Manzanilla sind besonders fragil und daher nach dem Öffnen am besten im Kühlschrank aufzubewahren; noch besser kauft man halbe Flaschen. Und dekantieren sollten Sie Sherry auf keinen Fall.

* Flor ist eine in der Gegend von Jerez vorkommende Naturhefe, die auf der Oberfläche von jungem Fino in einer schwammartigen Schicht wächst und ihn gegen Oxidation schützt.

Unten: Sherry wird schon jahrhundertelang produziert und ist in England seit der Elisabethanischen Zeit hochbeliebt; leider hat seine Popularität gegen Ende des 20. Jahrhunderts einen Rückschlag erlitten.

Links: Echter Sherry kommt ausschließlich vom blendendweißen Kreideboden der Gegend um Jerez de la Frontera im Süden Andalusiens.

Somontano
Der vielversprechende Bereich in den Ausläufern der Pyrenäen ist erst vor kurzem in den DO-Rang erhoben worden. In den kühlen Weinbergen wachsen einheimische und klassische französische Rebsorten, und das Ergebnis ist ein stetiger Strom ansprechender, recht leichter Rot-, Rosé- und Weißweine.

Toro
Nur in Spanien kann es eine Weinbauregion mit dem Namen «Stier» geben, und als ob sie ihm gerecht werden wollte, produziert sie bullige, wuchtige, vollfruchtige Weine auf Tempranillo-Basis, die zwar nicht so stilvoll und komplex ausfallen wie die aus dem Nachbarbereich Ribera del Duero, dafür aber auch beträchtlich billiger sind.

Valdepeñas
Der traditionelle rote Valdepeñas sieht recht blutarm aus, denn er wird von vier Teilen Airén (der in Valdepeñas vorherrschenden faden weißen Traube) und einem Teil Tempranillo (hier Cencibel genannt) bereitet. Das Resultat ist nicht weiter der Rede wert, zum Glück aber produzieren inzwischen einige Erzeuger allein von Cencibel höchst preisgünstige, ausgewogene, eichenfaßgereifte Rotweine (Reservas und Gran Reservas). Im übrigen gibt es hier einige nichtssagende, bestenfalls saubere und mäßig fruchtige Weißweine und viele recht schlichte Rotweine.

Valencia
In dem DO-Bereich an der Ostküste Spaniens entstehen große Mengen an preiswerten modernen Weißweinen und daneben akzeptable junge Rotweine und *rosados*, inzwischen erlangt auch der malzzuckersüße Moscatel de Valencia eine gewisse Bekanntheit, der zwar keinen Anspruch auf Komplexität erheben kann, in den letzten Jahren aber viel sauberer und frischer geworden ist und eine preisgünstige Alternative zum Muscat de Beaumes-de-Venise bildet.

Westlich der DO Valencia produziert Utiel-Requena überraschend delikate, duftige *rosados* und kraftvolle Rotweine, die zum großen Teil unter dem Namen Valencia in die Welt gehen.

Jahrgänge

Rioja

1992	7	▼
1991	8	▼
1990	8	▼
1989	8	★
1988	6	★
1987	8	★
1986	7	★
1985	7	★
1984	4	▲
1983	7	▲

Ribera del Duero

1992	7	▼
1991	8	▼
1990	8	▼
1989	8	★
1988	5	★
1987	6	▲
1986	6	▲
1985	7	★
1984	4	▲
1983	7	▲

Schlüssel

0–10 Qualitätsbewertung (10 = Spitzenjahrgang)

▲ austrinken
★ trinkreif, aber noch haltbar
▼ lohnt weitere Aufbewahrung

(Siehe auch Seiten 44–47)

Portugal

Abgesehen von den beiden großen Exportartikeln Port und Mateus Rosé liegt die Stärke des portugiesischen Weinbaus in seinen Trauben und seiner Fähigkeit, das Bad ohne das Kind auszuschütten. Der Beitritt zur EG 1986 brachte die Weinwirtschaft, insbesondere die großen, die Erzeugung beherrschenden Genossenschaften, in den Genuß eines langersehnten Aufschwungs, weitgehend durch deftige Zuschüsse. Jahrelang trennten sich die Genossenschaftskellereien von ihren Weinen erst, nachdem diese in Holzfässern oder gar Zementbecken ihre ganze Frucht gegen dürre Herbheit eingetauscht hatten. Der Wandel durch Edelstahltanks und frühere Abfüllung ist noch nicht überall vollzogen, doch ganze Regionen haben sich bereits umgestellt, vor allem Alentejo, Dão und Setúbal, wo sich private Investoren und australische Kellertechniker engagiert haben.

DAS PORTUGIESISCHE WEINETIKETT
Da Portugals Appellationssystem noch im Werden ist, können Etiketten sehr unterschiedlich sein. Hier ein klares, modernes Beispiel: Von oben nach unten: der Name des Erzeugers (Vinhos Sogrape) und des Weins (Terra Franca); das Herkunftsgebiet (Bairrada); die Farbe (Vinho Tinto – Rotwein); der Jahrgang; «Garrafeira» ist die Bezeichnung für einen hochwertigen älteren Wein; und schließlich der Abfüller – es handelt sich hier nicht um eine Gutsabfüllung, vielmehr um einen von dem großen Haus Sogrape abgefüllen Verschnitt.

Der von allen neuen Weinerzeugern, ob einheimischen oder aus der Neuen Welt, als wesentlich erkannte Punkt war der große Reichtum Portugals an interessanten eigenen Rebsorten. Anstatt jede Gelegenheit zu nutzen, um der Welt zu beweisen, daß Portugal guten Cabernet Sauvignon und Chardonnay hervorbringen kann (natürlich kann es das), wurde das Schwergewicht eben auf diese eigenen Rebsorten gelegt – die weiße Fernão Pires, Loureiro und Alvarinho, die rote Periquita und Baga und die Porttrauben Touriga Nacional und Touriga Francesa.

Im Fluß befindet sich dagegen noch das Appellationssystem Portugals, weil es verändert werden mußte, um den EG-Bestimmungen zu entsprechen. Es ist dadurch nun recht kompliziert, um nicht zu sagen verwirrend. Die höchste Stufe ist die DOC (Denominação de Origem Controlada); es gibt 13 Regionen mit diesem Status, die Erzeuger dürfen aber noch die vor dem Beitritt zur EG gültige Bezeichnung RD (Região Demarcada) weiter verwenden; es folgen 44 Bereiche mit der Bezeichnung IPR (Indicação de Proveniência Regulamentada). Außerdem existieren noch die nicht an bestimmte Gebiete gebundenen Marken der Handelshäuser, und manche ihrer Verschnitte sind besonders gut (die Bezeichnung Garrafeira ist ein brauchbarer Hinweis auf ältere Weine in besserer Qualität).

Weine und Regionen

Alentejo

Die Region im Süden des Landes ist aller Beachtung wert. Innerhalb weniger Jahre hat sie sich zu einem der dynamischsten Anbaugebiete entwickelt und produziert sehr preiswerte, lebendige, saftige, fruchtige Rotweine. Auf namhafte Investoren gilt es zu achten – die Rothschilds von Lafite sind schon dabei.

Bairrada

Die Region westlich vom Dão ist gegen Ende der 1980er Jahre in Erscheinung getreten. Hier erbringt die Baga-Traube robuste, pfefferige Rotweine mit Noten von schwarzen Johannisbeeren und Brombeeren und oft großer Langlebigkeit, obwohl sie zuneh-

mend von vornherein milder und zugänglicher bereitet werden. Auch der weiße Bairrada mit seinem kräuterwürzigen Fenchelcharakter ist in den meisten Fällen gut.

Dão

Das Ende des Würgegriffs der Genossenschaften am Dão (bis 1990 durfte dort niemand sonst Trauben kaufen) bringt es mit sich, daß den bisherigen strengen, steifen und holzigen Rotweinen nun fruchtigere und würzigere entgegentreten. Die Weißweine hinken hinterher, doch ein paar frische, zitronenduftige Exemplare weisen den Weg.

Douro

Knapp die Hälfte des Ertrags im Douro-Tal wird jährlich für die Erzeugung von Portwein zugelassen. Der Rest bleibt für Tischwein übrig, um den sich mit Ausnahme von Barca Velha (Portugals inoffizielles Spitzengewächs) und ein oder zwei anderen bis noch vor kurzem niemand besonders bemüht hat. Der scharf umkämpfte Portweinmarkt hat nun ein Umdenken veranlaßt, und mehrere Portweinhäuser produzieren inzwischen eindrucksvolle, würzige, fruchtige, samtige Weine.

Die Portweinlagen am Douro sind in die Qualitätsstufen A bis F eingeteilt. In den Bergen am oberen Douro wachsen vorwiegend Trauben für Tischwein – inzwischen ein immer wichtigerer Zweig.

Madeira

Der zu den großen mit Alkohol angereicherten Weinen der Welt zählende Madeira (er ist noch mehr aus der Mode gekommen als seine Artgenossen) erlangt seinen charakteristisch pikanten Geschmack in einem langen Alterungsprozeß, bei dem er in großen Tanks, den *estufas,* erhitzt wird – nur die feinsten Weine werden sanfter und langsamer im Faß ausgebaut.

Die berühmten Madeira-Stile tragen die Namen der vier klassischen (weißen) Traubensorten der In-

Reben und Bananen machen sich auf den terrassierten Hängen Madeiras den Platz streitig. Die mindere Rebsorte Tinta Negra Mole ist hier stark verbreitet, doch wenigstens künftig muß Madeira von der Traubensorte erzeugt sein, die auf dem Etikett steht.

sel, obgleich bis zum Inkrafttreten einer EG-Bestimmung, die dafür sorgt, daß wenigstens 85 % des Weins von der auf dem Etikett angegebenen Traube stammen müssen, die meisten Madeiras auf der geringeren Rebsorte Tinta Negra Mole beruhten. Am trockensten ist der Sercial, gefolgt vom Verdelho – traditionell werden beide gut gekühlt als Aperitifs getrunken –, während Bual (süß) und Malmsey (sehr süß und dunkel) eher Dessertweine sind. Weitere auf Etiketten übliche Aufdrucke lauten «Finest» für Weine, die nur drei Jahre ausgebaut wurden und von Feinheit weit entfernt sind, «Reserve» für 5jährige und etwas bessere Weine, «Special Reserve» für mindestens 10 Jahre alte und daher konzentrierte und komplexe Weine, «Extra Reserve» für 15jährige Weine – eine Rarität – und schließlich «Vintage», eine noch größere, sehr gute und teure Rarität. Alle Madeiras sind nach der Abfüllung trinkreif, halten sich aber unbegrenzt, solange die Flasche geschlossen bleibt. Dekantieren ist nicht nötig.

Oeste

Die Region nördlich von Lissabon vollzieht den Wandel langsamer als Alentejo, doch drei der sechs IPR-Bereiche zeigen bereits Verbesserungen: Arruda mit kräftigen, herzhaften Rotweinen, Alenquer mit milderen, Torres Vedras mit leichteren, frischeren.

Port

Die süßen, roten Portweine kommen aus dem heißen, trockenen Douro-Tal, wo auf den dünnen Schotterböden und steilen Hängen und Terrassen fast 90 anerkannte Traubensorten wachsen, von denen fünf qualitativ vorherrschen. Es gibt zwei Kategorien von Portwein: Der langlebige, teure Vintage Port entsteht jeweils von Trauben aus einem besonders guten Jahr, wird zwei Jahre nach der Lese abgefüllt und reift in der Flasche weiter. Andere Portweine werden in Holzfässern ausgebaut und sind nach der Abfüllung ausgereift. «Single Quinta Vintage Port» ist Jahrgangs-Port aus einem einzigen Weingut (*quinta*), aber aus geringeren Jahren – oft exzellent und früher genußreif als traditioneller Vintage Port.

Von den faßgereiften Portweinen ist alter Tawny Port meist sehr hochwertig; übrigens ist das auf dem Etikett angegebene Alter – 10, 20, 30 oder 40 Jahre – eigentlich das Durchschnittsalter, da es sich ja um einen Verschnitt mehrerer Jahrgänge handelt. Einfacher Tawny und Ruby sind billigere Portweine. «Late Bottled Vintage» (aus einem einzigen Jahrgang) und «Vintage Charakter» sollen den Stil von Vintage Port zu günstigem Preis bieten, sind aber meist nur ein schwacher Ersatz («Traditional» kann vielleicht echteren Stil bedeuten). Besser ist der sogenannte Crusted oder Crusting Port, der wie Vintage Port (auch Single Quinta) in der Flasche ein starkes Depot bildet und dekantiert werden muß.

Weißen Port gibt es von süß bis trocken, doch bietet er keine große Finesse und trinkt sich am besten gut gekühlt in der Sommerhitze am Douro.

Rosé

Portugiesische Rosés, an ihrer Spitze der übermächtige Mateus, können aus dem ganzen Land stammen, doch die meisten großen Marken kommen aus dem relativ kühlen Norden. Sie werden überwiegend lieblich und perlend bereitet und sind, obwohl oft geschmäht, doch einwandfrei sauber und gefällig.

Setúbal (Entre Tejo e Sado)

Die Halbinsel südlich von Lissabon mit den IPR-Bereichen Palmela und Arrabida bildet die Vorhut der neuen Welle im portugiesischen Weinbau und liefert exzellente, von der Neuen Welt beeinflußte frische, aromatische, eichenfaßgereifte Weißweine von Muscat, Chardonnay und einheimischen Trauben sowie erstklassige würzige, himbeerduftige Rotweine von Periquita, außerdem volle, konzentrierte Cabernets und Merlots. Ferner entsteht hier der traditionelle Moscatel de Setúbal, ein mit Alkohol angereicherter Wein mit Orangen-, Karamel- und Marmeladenoten, der nach 6 oder nach 25 Jahren abgefüllt wird.

Vinho Verde

Über die Hälfte des Vinho Verde aus der regenreichen Provinz Minho im Norden ist herber, säuerlicher Rotwein, in den Export aber gelangt nur die weiße, obendrein gesüßte Art – das ist schade, denn die knochentrockenen Versionen bestimmter Weingüter, vor allem von der Loureiro- und Alvarinho-Traube, sind viel anregender. Immer aber ist Vinho Verde jung (das bedeutet *verde* nämlich in diesem Fall) am besten.

Jahrgänge

Dão und Bairrada

1992	7	▼
1991	7	★
1990	7	★
1989	6	▲
1988	8	★
1987	5	▲
1986	5	▲
1985	8	★
1984	4	▲
1983	8	▲
1982	8	▲

Portwein

1992	9	▼
1991	9	▼
1990	7	▼
1989	6	▼
1988	6	★
1987	6	★
1986	5	★
1985	9	▼
1984	5	▲
1983	8	★
1982	7	★

Schlüssel

0–10 Qualitätsbewertung (10 = Spitzenjahrgang)

▲ austrinken
★ trinkreif, aber noch haltbar
▼ lohnt weitere Aufbewahrung

(Siehe auch Seiten 44–47)

Als der Douro noch nicht durch Staudämme blockiert war, trugen schlanke Boote, die *barcos ravelos*, den Portwein in Pipes (600-l-Fässern) flußabwärts zu den Lodges (Lagerhäusern) in Vila Nova de Gaia.

USA und Kanada

Theoretisch beginnt der moderne Weinbau in den USA mit dem Ende der Prohibition 1933, in der Praxis aber dauerte es noch drei Jahrzehnte, bis der Prohibitions-Katzenjammer überstanden war, so daß erst in den 1960er Jahren eine kräftige Zunahme der Rebfläche und Weinbaubetriebe einsetzte. Inzwischen haben die USA sowohl Argentinien als auch die ehemalige UdSSR überholt und stehen in der Weltrangliste der Weinerzeugerländer auf dem 4. Platz. Nur Italien, Frankreich und Spanien produzieren mehr Wein. Australien, das auf dem 14. Rang steht, erzeugt nur ein Viertel im Vergleich zu der Menge, die aus den USA kommt. Den größten Beitrag zur Weinproduktion der USA leistet Kalifornien mit 95% aller *Vinifera*-Weine, obwohl solche inzwischen in fast allen Bundesstaaten erzeugt werden. Es war auch Kalifornien, das in den 1970er Jahren der Welt bewies, daß großer Wein nicht mehr ausschließlich aus Europa und vorwiegend aus Frankreich kommt.

Alte Weinstöcke, sorgfältig gepflegte junge Reben und blühender Senf am Silverado Trail. Bei organischen Anbauern ist Senf als Bodendecker und zur Gründüngung beliebt.

Inzwischen mußte Kalifornien sich den hochwertigen sortenreinen Weinen stellen, die in Australien, Neuseeland und zum Teil auch in Chile entstanden, und hat dabei seine eigenen Spitzenweine in Stil und Qualität den großen französischen Klassikern noch mehr angenähert.

Daß dies gelungen ist, scheint kaum glaublich, denn in vielerlei Hinsicht steht der kalifornische Weinbau mit dem französischen in Widerspruch. Frankreich legt das Schwergewicht auf den Boden, in Kalifornien dagegen liegt der Akzent, obwohl – vor allem im Napa Valley – auch dem Boden inzwischen

mehr Aufmerksamkeit gewidmet wird, doch noch immer auf dem Klima. Gleichermaßen ist jedem Wein in Frankreich durch die Regeln der Appellations Contrôlées ein fester Rahmen gezogen, der, wenn nicht die Qualität, so doch den Stil garantiert, während in Kalifornien und den USA überhaupt das System der Approved Viticultural Areas (AVA) lediglich die Regionen definiert. Der Weinerzeuger kann ohne bürokratische Einschränkungen anpflanzen, was er will und wo er will (deshalb sind auf dem Etikett die Namen der Rebsorte und des Erzeugers die Schlüssel zum Stil).

Trotz aller Freiheit ist aber die Palette der Rebsorten vor allem für bessere Weine nicht umfangreich. Die meisten kalifornischen Erzeuger wählen Cabernet Sauvignon und Chardonnay. Merlot und Pinot Noir sind zwar auch in Mode, liegen mengenmäßig aber weit zurück. Und das gilt auch für die Rhône-Rebsorten Syrah und Viognier und die italienischen Trauben Nebbiolo und Sangiovese. Sauvignon Blanc und Riesling kommen reichlich vor, sind aber nur selten interessant (ausgenommen süße Riesling-Spätlesen). Colombard, Chenin Blanc und Grenache gehen meist in billigen Konsumverschnitten auf. Allerdings hat Kalifornien im Zinfandel eine eigene Weltklassetraube. Zum großen Teil wird sie zu mattem Rosé (White Zinfandel oder Blush) und Massenwein verarbeitet, sie kann aber unter den richtigen Umständen großartige, reife, würzige und samtige Rotweine erbringen.

In den Staaten Oregon, Washington, New York und Texas gilt größtenteils dasselbe (die einzige Ausnahme ist trockener Riesling, der oft besser gelingt), aber in den meisten übrigen Staaten beruht noch vieles auf den (widerstandsfähigen, aber meist minderwertigen) einheimischen *Vitis-labrusca*-Reben und auf Hybriden.

Die Weinbauregionen der USA

Die Weinbauregionen Kaliforniens

Kalifornien

Mendocino

Nördlich der San Francisco Bay bzw. von Napa und Sonoma liegen die Weinbaugebiete Mendocino und Lake County. Neben vielen kühlen Stellen mit relativ langer Wachstumsperiode hat Mendocino auch geschützte warme Lagen aufzuweisen, aus denen milde, runde, fruchtige Cabernets kommen. Dagegen bringt das vom Pazifik her gekühlte Anderson Valley erstklassige Schaumweine von Chardonnay und Pinot Noir (der beste bisher von dem US-Ableger des Champagnerhauses Roederer) sowie auch rassige Weißweine (insbesondere Chardonnay, Riesling und Gewürztraminer) hervor.

Monterey

Der von Meeresbrisen und Nebel gekühlte Küstenbereich südlich der San Francisco Bay galt lange als zu kalt für den Weinbau, deshalb begann er erst in den 1970er Jahren in Erscheinung zu treten. Die Rebsortenpalette ist bunt: Cabernet und Riesling bewähren sich besonders in Arroyo Secco, die Stars aber sind Chardonnay und vor allem Pinot Noir, der im AVA-Bereich San Benito superbe, burgunderhafte Art erreicht.

Jahrgänge

Kalifornischer Chardonnay

1992	9	★
1991	9	★
1990	9	★
1989	7	▲
1988	8	▲
1987	7	▲
1986	8	▲
1985	9	▲
1984	7	▲
1983	6	▲

Schlüssel

0–10 Qualitätsbewertung (10 = Spitzenjahrgang)

▲ austrinken
★ trinkreif, aber noch haltbar
▼ lohnt weitere Aufbewahrung

(Siehe auch Seiten 44–47)

Napa Valley

Das Gebiet unmittelbar nördlich der San Francisco Bay hat sich als erstes in Kalifornien mit Wein hervorgetan und hält auch weiterhin in der Qualität und mit vielen großen Namen die Spitze. Aus den Bereichen Rutherford-Oakville, Stag's Leap, Howell Mountain, Spring Mountain und Mount Veeder kommen die größten kalifornischen Cabernet Sauvignons und Cabernet-Sauvignon/Merlot/Cabernet-Franc-Verschnitte – kraftvolle, körperreiche, aber auch geschmeidige und fruchtige Weine mit zehn Jahren Entfaltungsfähigkeit. Carneros, ein kühlerer Bereich im Süden, in den sich Napa und Sonoma teilen, produziert hervorragende Pinot Noirs – mit die besten außerhalb Burgunds. Auch eindrucksvoll frische, elegante, dabei schön butterige, komplexe Chardonnays hat Carneros zu bieten, dessen kühles Klima nun auch Champagnerhäuser angelockt hat. Das einzige Problem ist in Napa die Reblaus; sie ist schuld daran, daß der größte Teil der Rebfläche neu bestockt werden muß und dadurch die schon jetzt übermäßig hohen Preise für Napa-Weine noch weiter steigen.

San Francisco Bay

In der Umgebung der Bay und vor allem im Livermore Valley entstand eine der ersten Weinbauregionen Kaliforniens. Cabernet, Chardonnay und Sauvignon leisten hier recht Gutes, doch in manchen Nischen der Santa Cruz Mountains erbringen Cabernet und Zinfandel wirklich großartige Weine.

Santa Barbara und San Luis Obispo

Wie Monterey profitieren auch diese beiden Küstenbereiche vom kühlenden Einfluß des Pazifiks und können hervorragenden Chardonnay, insbesondere im Edna Valley (San Luis Obispo), und Pinot Noir in Santa Maria (Santa Barbara) hervorbringen. Aus wärmeren Gegenden kommen ausgezeichnete, gehaltvolle, robuste Paso Robles Zinfandels und Cabernets sowie guter, vollmundiger Merlot aus dem Santa Ynez Valley.

Sonoma

Weniger auffällig als das Napa Valley ist in Landschaft, Architektur und Wein das zweite bedeutende Weinbaugebiet Kaliforniens, Sonoma mit seinen vielen AVAs (v.a. Russian River und Alexander Valley). Es liegt näher am Pazifik und bringt ähnliche Weine in hoher Qualität, aber etwas sanfterer, milderer Art hervor. Wenn Napa mit seinem Cabernet die Krone beanspruchen darf, so gebührt sie Sonoma für seine fester gefügten und feineren Chardonnays. Auch die Sauvignons (Fumés) zeigen mehr Lebendigkeit und klareren Geschmack.

Sonstige Regionen

Im heißen, fruchtbaren Central Valley wachsen rund 60 % aller Weine Kaliforniens. Das meiste ist billige Massenware, nur ein Erzeuger (Quady in Madera) bringt faszinierende, exotische Süßweine hervor. Aus dem Shenandoah Valley in den Sierra Foothills kommen schwergewichtige Zinfandels.

In den kühleren Küstenbereichen von Santa Barbara wachsen exzellente Pinot Noirs; im wärmeren Santa Ynez Valley dagegen gedeiht der Merlot und erbringt volle, samtige Rotweine.

Neue Weinberge in Dundee (Oregon), einer Hochburg des Pinot Noir – wenn das Wetter mitspielt.

Oregon

Nachdem Mitte der 1960er Jahre nach und nach Weinerzeuger aus Kalifornien nach Oregon gekommen waren, wurde die Gegend im kühlen Nordwesten 1980 etwas verfrüht als die beste Quelle für Pinot Noir in den USA ausgerufen. Gutes Potential ist vorhanden, insbesondere in den Dundee Hills im Willamette Valley (weshalb sonst würde sich Robert Drouhin aus Burgund dort als Weinerzeuger engagieren?), es wird inzwischen auch genutzt, aber das Klima ist ganz ähnlich wie in Burgund, was nur heißt, daß hier häufiger als in Kalifornien mit minderen oder mittelmäßigen Jahrgängen gerechnet werden muß.

Unter so kühlen Voraussetzungen gedeihen hier freilich auch Pinot Gris und Riesling recht gut. Chardonnay fällt mager aus, das aber dürfte den neuen Investoren aus der Champagne gelegen kommen.

Washington State

Vielleicht weil es um Pinot Noir (den heiligen Gral der Weinerzeuger) ging, hat Oregon bisher die Aufmerksamkeit auf sich gezogen. Erst vor recht kurzer Zeit haben auch Außenseiter gemerkt, daß Oregons größerer Nachbar Washington nicht nur produktiver ist, sondern auch eine größere Palette an hochwertigen Weinen hat. Ihr Wahrzeichen ist intensive Frucht, ob es sich um Cabernet Sauvignon, Merlot, Chardonnay, Sauvignon Blanc oder Riesling (auch süße Spätlesen) handelt.

New York State

Wer jemals einen Winter in New York erlebt hat, weiß, daß das Klima dort streng ist und keine lange Wachstumsperiode bietet. Deshalb sind die meisten Reben noch immer Hybriden oder *Vitis labrusca*, aber an den Finger Lakes, am Hudson River und auf Long Island werden auch *Vinifera*-Sorten wie Chardonnay, Riesling und Pinot Noir angebaut. Chardonnay von Long Island hat bereits Wellen geschlagen, weil viele ihn für Burgunder hielten.

Kanada

Hier sind die Winter hart, und deshalb herrschen *Vitis labrusca* und Hybriden vor. Nun haben aber die Weinerzeuger in Ontario die Vintners' Quality Alliance zur Verbesserung des Qualitätsstands bei *Vinifera*-Weinen gegründet. Die besten, meist Chardonnay und Riesling aus warmem Mikroklima am Ontario- und am Eriesee, zeigen sich allgemein französisch im Stil. Die Hybride Vidal Blanc liefert hier ansprechende, abgerundete und frische Weißweine.

Jahrgänge

Kalifornischer Cabernet

1992	8	▼
1991	9	▼
1990	9	★
1989	7	★
1988	7	▲
1987	8	★
1986	9	★
1985	10	★
1984	9	★
1983	6	▲

Südamerika

Die Weinrebe kam mit den spanischen Conquistadores in der Mitte des 16. Jahrhunderts nach Chile, Argentinien und Peru. Heute wird in fast allen Ländern Südamerikas Wein produziert, doch nur Chile kann einen halbwegs modernen Weinbau vorweisen, der Qualitätswein in größeren Mengen hervorbringt. Allerdings gehört selbst Chile nicht in dieselbe Klasse wie Kalifornien, Australien und Neuseeland.

Chile

Die klassischen Rebsorten aus Bordeaux – Cabernet Sauvignon, Cabernet Franc, Merlot, Malbec, Sémillon und Sauvignon Blanc – waren offenbar bereits um 1850/60 fest in Chile etabliert, und als die Weinberge der Welt um die Wende vom 19. zum 20. Jahrhundert von der Reblaus vernichtet wurden, blieb Chile verschont. Der Schädling konnte einfach die natürlichen Schranken nicht überwinden, die das Land rundum schützen – Wüsten im Norden, polare Breiten im Süden, das Meer im Westen und die 4000 m hohen Anden im Osten. Infolgedessen brauchen in Chile die Reben nicht auf reblausfeste Unterlagen gepfropft zu werden.

Das ist selbstverständlich von historischem und weinbautechnischem Interesse, ob man aber im Hinblick auf Qualität und Geschmack des Weins allzu viel Bedeutung hineinlegen darf, ist fraglich. Chiles Reputation, mit seinem idealen Klima und seiner vor Krankheiten geschützten Lagen ein Paradies für den Weinbau zu sein, hat sich bis in die 1990er Jahre hinein eher als Handikap erwiesen, denn die meisten Weinerzeuger waren von der vollendeten Beschaffenheit ihres Traubenguts so überzeugt, daß sie nicht genauer prüften, ob das auch wirklich stimmte. Vielmehr verlangten sie allen Rebsorten riesige Erträge an logischerweise verwässerter Frucht ab und gaben obendrein die minderwertige Sauvignonasse (oder Sauvignon Vert) als Sauvignon Blanc aus. Die politische und wirtschaftliche Lage bis 1989 war auch nicht hilfreich. Sie ließ dem Weinbau wenig Gelegenheit zu Vergleichen mit dem, was in Kalifornien, Australien und Neuseeland geschah, und ebensowenig zu Investitionen in die dringend benötigten modernen Ausrüstungen.

Doch in den letzten drei oder vier Jahren ist vieles in Bewegung geraten. Mehrere namhafte Investoren aus dem Ausland, u.a. die Rothschilds von Château Lafite, haben für einen enormen Schub gesorgt, und so kommt Jahr für Jahr besonders bei Cabernet, Merlot, Chardonnay und Sauvignon, aber auch bei Riesling, Gewürztraminer und Pinot Noir mehr Gleichmäßigkeit und Qualität zustande.

Während in einigen Regionen vor allem Trauben für den einheimischen Brandy namens Pisco angebaut werden oder Weine minderer Qualität (vor allem von der Pais-Traube) entstehen, stammen alle besseren Weine aus dem fruchtbaren Zentraltal, dem eigentlichen Paradies des Weinbaus, das sich 400 km parallel zu den Anden hinzieht. Von Ost nach West aus den Anden zum Pazifik verlaufende Seitentäler sorgen für natürliche Bewässerung und halten ausgezeichnete Hanglagen bereit.

Die vier Täler, deren Namen am meisten auf Weinetiketten erscheinen, heißen Aconcagua, Maipo (das bekannteste), Colchagua und Curico (oder Lontué). Im Süden und zur Küste hin ist es kühler, und dort entstehen vor allem gute Weißweine, während landeinwärts und nach Norden hin im wärmeren Klima Rotweine besser gedeihen. Neuere Weinbaugebiete sind Chillan und vor allem Casablanca, das sich bereits mit Chardonnay und Sauvignon Blanc hervortut.

Argentinien

Argentinien ist das größte Weinerzeugerland Südamerikas und das fünftgrößte der Welt (Chile steht auf dem 16. Rang). Die Weinbaugebiete sind heiß und trocken, Bewässerung ist daher unumgänglich. Bei allgemein enormen Erträgen läßt die Qualität sehr zu wünschen übrig, doch dem Inlandsmarkt macht das nichts aus. Allerdings beginnt sich inzwischen vor allem in der Region Mendoza einiges zu rühren. Von dort kommen gute Cabernets und Merlots und sogar noch bessere Malbecs (mit tabakwürzigem Charakter), ein paar achtbare junge Chardonnays und interessante, aromatische, blumige Weißweine von der Torrontes-Traube.

Die Anden bilden nicht nur einen natürlichen Schutzwall gegen die Reblaus – sie versorgen auch den Weinbau Chiles mit Wasser.

Mexiko

Bei dem größtenteils subtropischen Klima ist es nicht weiter erstaunlich, daß Mexiko unter den Weinerzeugerländern der Welt nur auf dem 32. Rang steht und wenig exportiert. Beachtenswert sind die Rotweine aus Baja California, insbesondere die dunklen, pfefferigen Petite Sirahs und Cabernet Sauvignons.

Australien

Australien ist größer, heißer und jünger als die meisten übrigen Weinbauregionen der Welt, dabei aber dank seiner schieren Dynamik anders als die anderen und ihnen voraus. Bis in die 1960er Jahre entfielen drei Viertel der Produktion und des Verbrauchs auf mit Alkohol angereicherte Weine, und im Jahrzehnt danach waren die Rotweine, die es überwiegend hervorbrachte, robuste Schwergewichtler, bei denen man nicht recht wußte, ob man sie trinken oder mit dem Löffel essen sollte. Der erste kommerzielle Chardonnay wurde 1973 (von Tyrrells im Hunter Valley) auf den Markt gebracht, als der Weißweinboom gerade am Anfang war. Inzwischen stehen australische Chardonnays überall in Großbritannien, aber auch in Nordamerika, Skandinavien, Deutschland und Japan auf dem Tisch, und australische Kellermeister erteilen den neuen Chardonnay-Erzeugern der Welt – in Südfrankreich, Ungarn, Moldova – Unterricht in der Weinbereitung.

Natürlich ist Chardonnay nicht alles. Obgleich die Weinbaugebiete Australiens fast ganz auf die kühleren, so weit wie nur möglich vom Äquator entfernten Gegenden im Südosten und in geringem Umfang auch im Südwesten beschränkt sind (Ausnahmen bilden nur Château Hornsby in Alice Springs und der Granite Belt in Queensland), bieten sie klimatische Vielfalt für so ziemlich alle Rebsorten. Neben einfacheren Trauben wie Colombard, Chenin Blanc, Gordo (eine Muskatellerart), Traminer, Grenache und Mataro (alias Mourvèdre), die vor allem Massenweine erbringen, gedeihen auch Rhine Riesling, Sémillon, Shiraz (alias Syrah) und Cabernet Sauvignon und reifen zu vollerer Art als in Europa. Pinot Noir und Sauvignon Blanc sind zwar besonders anspruchsvoll, doch unentwegte Weinerzeuger suchen zunehmend in größeren Höhen ein kühles Mikroklima, das auch diesen Trauben, vor allem Pinot Noir, behagt.

In diesen kühlen Gegenden entstehen außerdem Chardonnay, Schaumweine und Cabernet Sauvignon mit größerer Subtilität, Komplexität und – wie ihre Erzeuger hoffen – Langlebigkeit. Aber über dem Reiz der modischen neuen Regionen mit ihren unvermeid-

Das Barossa Valley – eine der ersten und noch immer eine der bedeutendsten Weinbauregionen Australiens – ist in der Vielfalt der Stile und Qualitäten nicht zu schlagen.

licherweise teuren, handgemachten Weinen sollten wir das große Erfolgsrezept Australiens nicht vergessen: Fluten von preiswerten, unkomplizierten, üppig fruchtigen, verlockend eichenholzwürzigen Sortenweinen und Verschnitten aus gigantischen High-Tech-Weinkellereien von meisterhaft zusammengestellten Trauben, die in ganzen Wagenladungen aus weit entfernten Regionen herangeschafft werden, wo das richtige Lesegut zum richtigen Zeitpunkt und zum richtigen Preis zur Verfügung steht.

Weine und Regionen

Mit Alkohol angereicherte Weine

Der traditionelle Stil Australiens wird allmählich vom Tischwein verdrängt, ist aber noch immer probierenswert. Es gibt gute portähnliche Weine, vor allem von Shiraz und Grenache, die Höhepunkte aber sind die faßgereiften Liqueur Muscats und Tokays aus Victoria: dunkel, voll, intensiv sirupsüß, vor allem der Muscat mit einem überraschend angenehmen Earl-Grey-Tee-Aroma.

Adelaide Hills

Die Berge östlich von Adelaide sind zwar als Weinbaugebiet nicht neu, doch ihr Stern ist jetzt im Steigen, weil das kühle Klima in großen Höhen konzentrierte, elegante Weine in vielen Stilen hervorbringt. Die höchsten Trümpfe sind limonenduftiger, im Alter toastwürziger Rhine Riesling, komplexer, langlebiger Chardonnay, einige der besten Pinot Noirs und Schaumweine Australiens sowie exzellenter Cabernet Sauvignon und Shiraz.

Barossa Valley

Das um 1840 von deutschen Einwanderern besiedelte Tal ist eine der ältesten Weinbauregionen Australiens und verfügt über die größten und ältesten Kellereien. Hier entstehen von aus allen Teilen Südaustraliens herbeigeschafften Trauben Weine in verschiedensten Stilen, von mildfruchtigen Rieslingen bis zu ölig wächsernen Chardonnays, vollen, eichenholzwürzigen Sémillons und attraktiven, runden, süffigen Schaumweinen sowie von billigen, dicklichen Shiraz/Cabernet-Verschnitten bis zu monumentalen, langlebigen Rotweinen auf Shiraz-Basis, deren Inbegriff Australiens Spitzenwein Grange ist.

Der große Grange wird in der ultramodernen Nuriootpa-Kellerei von Penfolds im Barossa Valley gemischt und dann mit anderen Rotweinen der Spitzenklasse in den ursprünglichen Kellern in Magill ausgebaut.

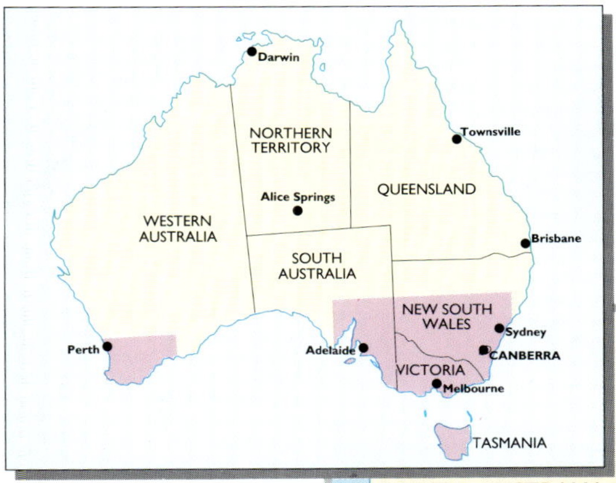

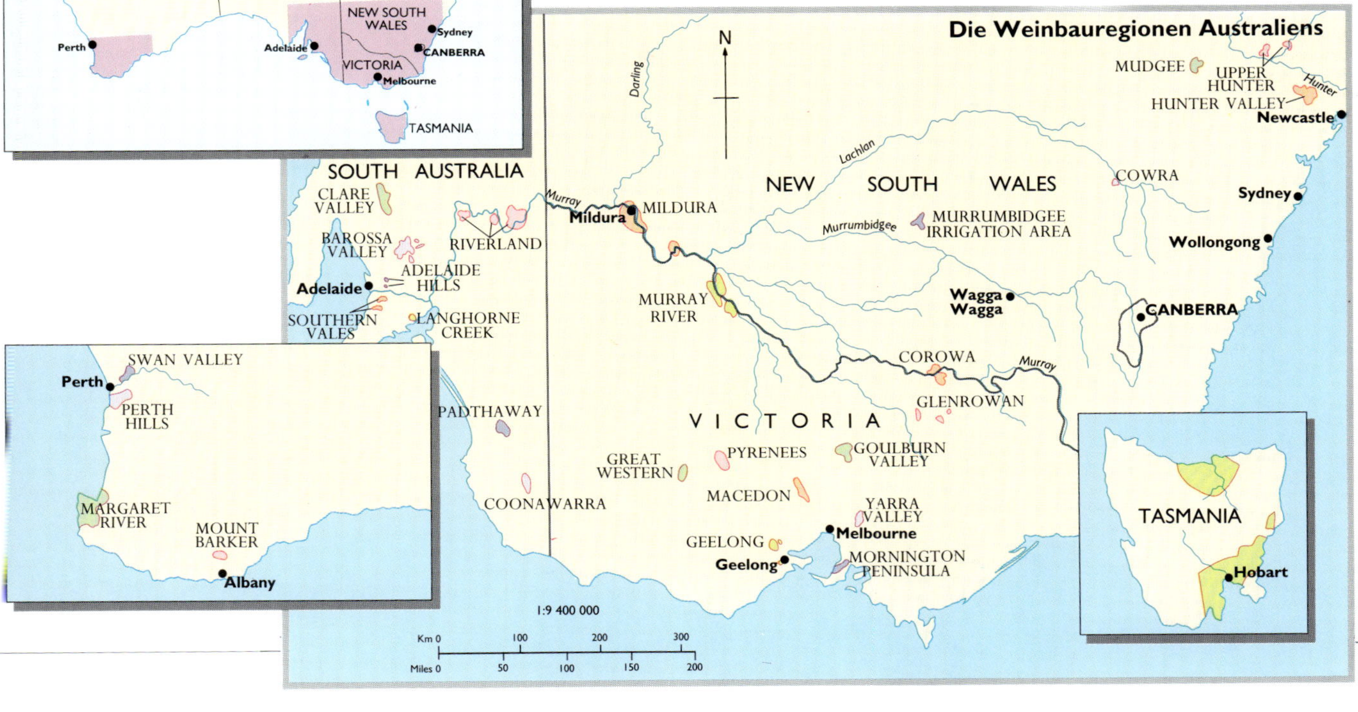

Clare Valley

Das Tal hat sich mit intensiv limonenduftigen Rieslingen, die zu den feinsten und langlebigsten Australiens gehören, einen Namen gemacht. Auch die Rotweine von Cabernet und Shiraz sind eindrucksvoll.

Coonawarra

Das südaustralische Weinbaugebiet mit seinem markanten Terra-Rossa-Boden bildet bislang das stärkste Argument für ein australisches Appellationssystem. Sein Renommee beruht auf superben Cabernet Sauvignons mit verführerisch lebendigen Noten von Minze und schwarzen Johannisbeeren, daneben aber erweisen sich Shiraz und auch Chardonnay als hervorragend, und gute Rieslinge und Sauvignons sind ebenfalls schon entstanden.

Great Western

Dank der Firma Seppelt und ihrer großen Kellerei mitten in Victoria ist Great Western weitgehend gleichbedeutend mit gutem Schaumwein. Eigentlich aber ist hier vor allem Rotweinland mit sehr gutem, vollem, robustem Shiraz und gutem Cabernet.

Hunter Valley

Hunter Valley Sémillon aus Neusüdwales ist einer der einzigartigsten Weine Australiens. Die nicht im Faß ausgebaute Originalversion trinkt sich schon jung, frisch und zitrusfruchtig sehr gut, läßt sich aber auch bis zu acht Jahre lagern und nimmt dann einen trockenen, an Toast, Honig und Stroh erinnernden Charakter an. Inzwischen wird Sémillon aber mehr in der Art wie Chardonnay bereitet, kurz im Faß gereift und jung getrunken. Chardonnay gewinnt ebenfalls an Bedeutung und fällt überaus fruchtig, fett und eichenholzwürzig aus. Bei den Rotweinen herrscht breiter, reifer Shiraz vor, der hier die berühmte Note von verschwitzten Sätteln (siehe Seite 16) aufzuweisen pflegte, doch auch Cabernet tritt immer mehr hervor, und sogar guten Pinot Noir gibt es in diesem warmen Klima. Beachtenswert sind auch die Chardonnays aus der Region Cowra in Neusüdwales.

Margaret River

Der sandige Boden, das warme Klima und die Schönheit dieser Landschaft haben eine Reihe begabter Weinerzeuger nach Westaustralien gelockt. Den größten Beifall finden Bordeaux-ähnliche Cabernets, aber auch erstaunlicher Chardonnay, guter Shiraz und lebendiger Sémillon entstehen hier.

McLaren Vale

Hier wuchsen früher stramme, schwere Rotweine, wie sie von manchen Ärzten gern als Stärkungsmittel verordnet wurden), inzwischen werden leichtere Weine produziert, vor allem beachtenswerter Cabernet Sauvignon und Shiraz, voller Chardonnay und feiner Sauvignon Blanc.

Mudgee

Lagen in großen Höhen kommen in den Genuß kühler Nächte, warmer Tage und einer längeren Wachstumsperiode als im Hunter Valley. Infolgedessen entstehen in Mudgee tiefe, körperreiche Cabernet Sauvignons sowie volle, reife Chardonnays.

DAS AUSTRALISCHE WEINETIKETT

Die Etiketten auf der Rückseite von Flaschen aus der Neuen Welt sind oft recht wortreich, doch die Hauptetiketten auf der Vorderseite zeichnen sich meist durch Klarheit und Eindeutigkeit aus.
Von oben nach unten: Dem Namen des Erzeugers oder Weinguts (Rothbury Estate) folgt die Lage (Brokenback Vineyard), die Region (Hunter Valley) und die Rebsorte (Chardonnay). Billige australische Weine sind oft jahrgangslose Verschnitte, aber ein Gutswein wie dieser stammt meist aus einem bestimmten Jahrgang, der in diesem Fall auf dem Halsetikett angegeben ist. Die vorgeschriebene Angabe des Alkoholgehalts befindet sich auf dem Rückenetikett.

Jahrgänge

Hunter Valley Shiraz

1993	8	▼
1992	6	★
1991	9	▼
1990	6	★
1989	7	★
1988	6	▲
1987	9	★
1986	9	★
1985	7	▲
1984	7	▲

Schlüssel

0–10 Qualitätsbewertung (10 = Spitzenjahrgang)

▲ austrinken
★ trinkreif, aber noch haltbar
▼ lohnt weitere Aufbewahrung

(Siehe auch Seiten 44–47)

Das schöne und friedlich wirkende Hunter Valley, wo viele namhafte Persönlichkeiten daheim sind, steuert 5 % zur Weinproduktion und angeblich 50 % zum Industrielärm Australiens bei.

Aus solchen Tanks im Barossa Valley strömen Fluten von billigem, aber sauberem Wein – der zum großen Teil «in Tüten» (*bag-in-box*) auf den Markt kommt.

Murrumbidgee Irrigation Area
Das heiße, trockene Gebiet in Neusüdwales braucht Bewässerung, produziert dann aber einfachen Weißwein in riesigen Mengen, jedoch auch einen ganz sublimen Dessert-Sémillon mit Edelfäule.

Padthaway
Unmittelbar an die großartige Rotweinregion Coonawarra schließt sich Padthaway als eines der besten Weißweingebiete des Landes an. Am bekanntesten ist es durch Chardonnay geworden, aber auch Riesling und Sauvignon Blanc gedeihen dort ebenso gut.

Riverland
Das riesige bewässerte Weinbaugebiet am Murray River in Südaustralien bringt allein etwa ein Drittel des australischen Jahresertrags auf. Ein Teil wird zu «Bag-in-Box»-Weinen verarbeitet, der Rest liefert preiswerte, frische, fruchtige Sortenweine und Verschnitte.

Tasmanien
In Tasmanien ist es so kühl, daß man schon kalt sagen kann, und der starke Wind macht den Weinerzeugern zu schaffen. Doch Potential für große Weine aus kühlem Klima ist gegeben. Derzeit werden Rebsorten aller Art erprobt, und die besten Anfangsresultate erbringen Chardonnay, Cabernet Sauvignon, Pinot Noir sowie Schaumweine nach der *méthode traditionnelle* – alle in noch kleinen Mengen.

Yarra Valley
Diese Region in Victoria ist eines der historischen und inzwischen auch wieder eines der am schnellsten aufstrebenden Weinbaugebiete Australiens. Abgesehen von der Nähe der Stadt Melbourne lockt viele Weinerzeuger auch die Besonderheit an, daß sich das kühle Klima in mehrere Mikroklimazonen aufteilt und Spielraum für Pinot Noir, Chardonnay und Cabernet der Spitzenklasse sowie für Verschnitte nach dem Bordeaux-Rezept und für hervorragenden Schaumwein bietet. (Letzterer wird von der Domaine Chandon, einem Sproß des Hauses Moët & Chandon, produziert, was man in der Champagne mit einem lachenden und einem weinenden Auge ansieht.)

Sonstige Regionen
In Victoria: Goulburn Valley und Bendigo für volle, geschmacksintensive Rotweine von Cabernet und Shiraz und besonders vollen, wohlschmeckenden trockenen Weißwein von Marsanne; Geelong für konzentrierten Cabernet und Shiraz und klassischen Pinot Noir; Glenrowan für muskulösen Shiraz und für Liqueur Muscat; Mornington Peninsula für eleganten Pinot Noir und Chardonnay; Pyrenees für gehaltvolle, vollmundige, manchmal minzewürzige Cabernets, guten Shiraz und achtbaren Sauvignon. In Westaustralien bringt das heiße Swan Valley empfehlenswerte, volle, solide Rot- und Weißweine und Mount Barker exzellenten Cabernet hervor.

Jahrgänge

Südaustralien (Rotwein)

1993	9	▼
1992	7	★
1991	8	★
1990	9	★
1989	7	▲
1988	8	★
1987	7	▲
1986	6	▲
1985	7	▲
1984	7	▲

Neuseeland

Schimmernde Tanks in der Montana Winery – für die Sauvignon-Blanc-Pioniere Neuseelands war es ein Vorteil, daß sie von der fortschrittlichen Molkereiindustrie her mit Edelstahl vertraut waren.

In den 1980er Jahren trat, nein sprang Neuseeland auf die internationale Weinbühne. Nachdem es in den 1960er und 70er Jahren zunächst die mit Alkohol angereicherten und in den 80er Jahren dann die Müller-Thurgau-Weine, die den Übergang zum Tischwein vollziehen halfen, abgestoßen hatte, spielte es seine Trumpfkarte Sauvignon Blanc und brachte der Welt in Erinnerung, wie der Wein dieser Rebsorte eigentlich schmecken soll.

Das Klima bildet den Schlüssel. Neuseeland ist in der Neuen Welt das Kernland des kühlen Klimas. Obwohl es ein langgestrecktes Land ist – den Breitengraden nach zieht es sich vom Rheingau bis nach Algerien – sind die klimatischen Unterschiede nicht so dramatisch. Der Weinbau ist weitgehend auf die trockenere Ostseite der Nord- und Südinsel konzentriert, wo eine lange, kühle Wachstumsperiode (sofern sie nicht allzu lang und kühl ausfällt) Weißweine von außergewöhnlicher Intensität der Frucht, klassischem Sortencharakter und nervenkitzelnder Säure erbringt, und zwar nicht nur von Sauvignon Blanc, sondern auch von Chardonnay, Riesling (trocken und lieblich), Chenin Blanc und anderen. (Müller-Thurgau ist noch immer die Hauptttraube, gelangt aber kaum in den Export.) Die Intensität und Ausgewogenheit dieser Weine ist so groß, daß selbst Sauvignon und Chenin Ausbau im Eichenfaß vertragen. Am anderen Ende der Reifeskala werden die magersten Chardonnays und Pinot Noirs zu eindrucksvollen Schaumweinen verarbeitet.

Für ein Urteil über die Rotweine ist es noch etwas früh, doch auch sie holen in der Qualität auf, nachdem nun die Rebsorten besser auf Boden und Klima abgestimmt werden. Die aussichtsreichsten Resultate liefern Cabernet Sauvignon im Verschnitt mit Merlot (runder und weniger krautig als Cabernet allein) auf der Nordinsel sowie Pinot Noir im kühleren Süden.

Das neue Regional Denomination System Neuseelands baut ganz auf der geographischen Lage auf und unterteilt das Land in Regionen, Orte und Einzellagen ohne Bezug auf Qualität, Boden oder Klima.

Weine und Regionen

Gisborne

Gisborne auf der Nordinsel steht seit einigen Jahren im Schatten von Marlborough, aber auch der eigenen Reputation für billigen Alltagswein, meist «Bag-in-Box» von Müller-Thurgau. Dabei gerät der dortige Chardonnay durchaus voller als der aus Marlborough, und es gibt noch weitere gute Weißweine, u. a. Gewürztraminer und lebendigen, fruchtigen Chenin Blanc. Die Rotweine dagegen sind unterschiedlicher.

Hawke's Bay

Das drittgrößte Weinbaugebiet Neuseelands erweist sich als das interessanteste für Rotwein. Es liegt auf der Nordinsel, wo das Klima wärmer ist als in Bordeaux oder Coonawarra. Auf kieshaltigem Schwemmlandboden wachsen hier eindrucksvolle tabakduftige, Bordeaux-ähnliche Cabernet/Merlot-Verschnitte und reiner Merlot, auch gute Chardonnays, die hier öliger und stärker ananasduftig ausfallen als in Marlborough.

Marlborough

Das Gebiet am Nordende der Südinsel bezieht seinen Ruhm ganz von Sauvignon Blanc. Der Stil reicht von der reichen, tropischen Frucht des Kultweins Cloudy Bay bis zu eher kräuterwürzigen Stachelbeer- und Nesselnoten, weist stets aber auch durchdringende Frucht und Säure auf. Daneben wächst hier sogar etwas mehr Chardonnay; er fällt karger aus als in anderen Gegenden und wird oft mit Pinot Noir zusammen zu immer besseren Schaumweinen verarbeitet. Cabernet Sauvignon mit und ohne Merlot zeigt grasige Frische mit einer Note von schwarzen Johannisbeeren.

Sonstige Regionen

Ein Unterbereich der Region Wairarapa im Süden der Nordinsel bringt den bisher feinsten, burgunderähnlichsten Pinot Noir Neuseelands sowie auch guten Chardonnay und Sauvignon Blanc hervor. Das kontinentale Klima von Central Otago (im Süden der Südinsel) zeitigt ebenfalls mit Pinot Noir und Gewürztraminer erste Erfolge. Die Insel Waiheke im Hafen von Auckland hat einige bemerkenswerte Cabernet Sauvignon/Merlot-Verschnitte und Chardonnays. Und kleine Weinbaubetriebe bei Nelson (im Norden der Südinsel) produzieren vollen Chardonnay, klassischen Sauvignon Blanc, Riesling Spätlesen und Pinot Noir. Auckland, heute eher ein Kellerei- als Anbauzentrum, hat doch noch immer interessante eigene Weine zu bieten, darunter fetten Chardonnay mit Karamelnote aus Kumeu. Aus Christchurch bei Canterbury kommt attraktiver Chardonnay und Pinot Blanc. Nicht zu vergessen die Champagner-ähnlichen Schaumweine aus allen Teilen Neuseelands.

Die Weinbauregionen Neuseelands

Südafrika

Südafrika darf auf die älteste Weinbautradition in der Neuen Welt Anspruch erheben (nur Südamerika könnte da mithalten), doch in der modernen Geschichte ist es dort unruhiger zugegangen als sonstwo. Zwar ist seit der Verkündigung des Endes der Apartheid durch Präsident de Klerk im Jahr 1991 der südafrikanische Wein wieder auf den Weltmärkten erschienen, doch der Weinbau hat sich in der langen Zeit der Isoliertheit auf andere Weise entwickelt als etwa in Australien oder Kalifornien. Während in den anderen Ländern der Neuen Welt die Produktion von mit Alkohol angereicherten Weinen stark zurückgegangen ist, hat sie in Südafrika ihre Bedeutung behalten, spielt aber im Export keine große Rolle.

Technisch sind die südafrikanischen Kellereien auf dem allerneuesten Stand, doch die Rotweine zeigten eine an verbrannten Gummi erinnernde Strenge, und die seriöseren Weißweine – faßgereifte Chardonnays – waren oft schwerfällig mit Eichenholzaroma überladen. Die Berührung mit dem Geschmack anderer Märkte und mit der Konkurrenz aus Australien, Chile und Bulgarien schafft hier nun Wandel. Die Rotweine mildern sich, Fülle tritt an die Stelle der Strenge. Die Chardonnays nehmen subtilere, komplexere Form an, und die billigen trockenen und lieblichen Weißweine, ob Chenin Blanc (auf den ein Drittel der Rebfläche entfällt), Colombard oder Sauvignon Blanc, sind frischer und fruchtiger geworden.

Das ist auch nur richtig so, denn Südafrika oder mindestens das östliche Kapland ist von der Natur mit sehr guten Voraussetzungen ausgestattet. Fast 100 000 ha Rebfläche konzentrieren sich auf das Küstengebiet in einem Bogen, dessen Mittelpunkt Kapstadt mit seinem idealen mediterranen Klima bildet, und auf Nischen mit vielfältigem Mikroklima, insbesondere in den Vorgebirgen um Paarl und Stellenbosch. Krankheiten kommen in dieser Region kaum vor.

Diese Voraussetzungen behagen den wichtigsten europäischen Rebsorten offensichtlich – neben den bereits genannten gedeihen hier auch Cabernet Sauvignon, Merlot, Shiraz, Cinsaut, Muskateller und ein wenig auch Pinot Noir. Darüber hinaus hat Südafrika mit Pinotage eine ganz eigene Rotweintraube. Sie ist eine Kreuzung zwischen Pinot Noir und dem schlichten Cinsaut und zeichnet sich durch würzig-pfeffe-

rige Art und warme Beerenfrucht aus. Auch Pinotage hat eine gewisse Neigung zu strengem Tannin und Gumminoten, aber ihre besten Weine erlangen im Alter vollmundige Komplexität, und wenn das Tannin nicht zu stark hervortritt, sind sie oft angenehm himbeerduftig und früh genußreif.

Mit fast 5000 Winzern und nur 82 Weingütern beruht der Weinbau quantitativ (wenn freilich auch nicht qualitativ) stark auf Genossenschaften – insbesondere der Kooperatieve Wijnbouwers Vereniging (KWV). Sie ist zugleich der größte Weinproduzent und Ordnungsfaktor, gibt aber derzeit die letztere Rolle immer mehr auf und widmet sich dafür stärker der Produktion und dem Vertrieb. Weitere Giganten sind die Stellenbosch Farmers' Union (SFU) und die Distillers Corporation mit ihrer Schwesterfirma Bergkelder.

Das südafrikanische System der Wines of Origin teilt die Anbaugebiete der Größe nach auf in Regionen, Distrikte, Bereiche und Güter.

Jede exportierte Flasche Wein trägt ein schwarzweißes Siegel als Garantie für Herkunft, Jahrgang und Rebsorte.

Weine und Regionen

Constantia

Der Bereich Constantia am Meer in den Außenbezirken von Kapstadt gab dem berühmtesten Kapwein früherer Jahrhunderte den Namen – einem Dessert-Muskateller, der aus am Weinstock bis tief in den Herbst hinein gedörrten Trauben entstand. Auch jetzt wird wieder ein wenig süßer Muskateller auf diese Weise bereitet.

Paarl

Die mit feuchten Wintern, langen, warmen, trockenen Sommern und verschiedenen Böden ausgestattete Weinbauregion, zu der auch der berühmte Bereich Franschhoek gehört, liegt 50 km von Kapstadt entfernt. Hier wachsen fast alle hauptsächlichen Rebsorten, insbesondere Cabernet Sauvignon, Pinotage, Chardonnay, Sauvignon Blanc und Chenin Blanc.

Robertson

Neben einigen besseren Genossenschaften befinden sich hier mehrere ausgezeichnete Weingüter; sie alle sind aber in dem heißen, trockenen Klima auf Bewässerung angewiesen. Mit Alkohol angereicherte Weine herrschen noch vor, doch die Tischweine setzen sich immer mehr durch, vor allem mit besonders gutem Chardonnay und bemerkenswertem Shiraz.

Stellenbosch

Einige der Spitzenrotweine Südafrikas kommen aus den Vorgebirgen von Stellenbosch, wo neben den drei großen Weinfirmen eine ungewöhnliche Konzentration feiner Weingüter (34 von 82) anzutreffen ist. Die meisten Rebsorten gedeihen hier gut, als besonders eindrucksvoll und langlebig erweist sich Cabernet Sauvignon, vor allem in den beliebten Verschnitten mit Merlot und Cabernet Franc.

Sonstige Regionen

Walker Bay, die kühlste Gegend Südafrikas, im Distrikt Overberg ganz im Süden, erbringt ausgezeichneten Pinot Noir und Chardonnay nach Burgunderart. Olifants River und Swartland sind Quellen für frische, lebendige, preiswerte Weißweine.

Nachdem die jahrelange Isolierung vorüber ist, bemüht sich Südafrika, das Beste aus seinen beneidenswerten natürlichen Voraussetzungen zu machen – nicht zuletzt im mediterranen Klima und vielfältigen Boden der Vorgebirge von Paarl.

Österreich und die Schweiz

Österreichs Weinbau konzentriert sich im Osten des Landes auf Breitengraden, die mit Burgund bis zur Champagne übereinstimmen, doch die Haupttraube, der pfefferige grüne Veltliner, gehört Österreich allein.

Österreich ist seit den 1990er Jahren wieder als kleines, aber hervorragendes Erzeugerland von Weißwein auf den Markt getreten, doch außerhalb der eigenen Grenzen sind seine Weine nur wenig bekannt. Schuld an diesem Mangel an Anerkennung ist zum Teil das lastende Erbe des Weinskandals von 1985, und andererseits trinken die Österreicher die meisten ihrer besten Weine am liebsten selbst.

Es gibt durchaus Parallelen zum deutschen Wein: Die auf dem Reifegrad der Trauben beruhenden Qualitätsstufen sind ähnlich – Tafelwein, Landwein, Qualitätswein, Kabinett und Prädikatswein (dieser weiter unterteilt in Spätlese bis Trockenbeerenauslese). In der neuen Lagenklassifizierung ist wie im Rheingau von «Ersten Lagen» die Rede, und auch manche Rebsorten, vor allem Riesling, sind beiden Ländern gemeinsam. Aber Österreich hat ganz ihm eigene bedeutende Traubensorten, darunter der pfefferige Grüne Veltliner (auf ihn entfällt ein Drittel des Rebbestands), der durch hohen Zuckergehalt ausgezeichnete Bouvier (für süße Weine), der nußwürzige weiße Neuburger, der duftige rote St. Laurent und der saftige, kirschenfruchtige rote Zweigelt. Darüber hinaus gedeihen in Österreich auch klassische französische Rebsorten wie Chardonnay und Pinot Noir, die immer mehr nach burgundischem Vorbild in Eichenfässern vergoren und ausgebaut werden.

Die südlichen Weinbaugebiete Österreichs liegen auf dem gleichen Breitengrad wie Burgund, doch das Klima ist stärker kontinental. So wachsen hier vor allem Weißweine: aromatisch mit stahliger Frische, aber größerer Reife und Alkoholstärke und mit weicherer Säure als bei deutschen Weinen und etwas leichter in der Art als Elsässer. Die Rotweine sind meist leicht bis mittelschwer, fruchtig und duftig mit einer Festigkeit, die eher von Säure als von Tannin stammt.

Die gesamte Rebfläche befindet sich im Osten des Landes und verteilt sich auf drei Weinbauregionen: Niederösterreich bringt viel lebendigen, würzigen Grünen Veltliner hervor, daneben aber auch superben, langlebigen Riesling – vor allem aus der Wachau – sowie leichte, saubere Weißweine aus dem Umgebung von Wien. Das Burgenland dagegen ist ein Mekka für Liebhaber süßer Weine: Um den Neusiedlersee stellt sich Jahr für Jahr Edelfäule ein und bringt Weine hervor, die sich ihren deutschen Pendants gegenüber durch größere Fülle auszeichnen. In einiger Entfernung vom See sind gute, elegante trockene Weißweine, besonders Chardonnay, Traminer, Ruländer und Weißburgunder, und im Süden fruchtige Rotweine anzutreffen. Die Steiermark bringt trockene, duftige Weißweine vor allem von Traminer und Sauvignon Blanc hervor.

Schweiz

Schweizer Weine erklimmen – wenn man von den Preisen absieht – nicht so große Höhen wie die österreichischen. In fast allen Kantonen wächst Wein; die größte Konzentration aber erreicht die Rebfläche in den französischsprachigen Kantonen Waadt und Wallis. Die nicht allzu charaktervolle Chasselas-Traube erbringt hier unter den Namen Fendant und Perlan leichte, erfrischende, fruchtige Weine. Das Wallis, wo es auch die Rebsorten Humagne (rot), Amigne und Heida (weiß) gibt, hat ein Drittel seiner Rebfläche mit Rotweintrauben besetzt, v.a. Pinot Noir und Gamay. Sie bringen für sich allein oder gemeinsam (als Dôle) einfache, leichte, fruchtige Rotweine hervor. Im Tessin wächst Merlot, der als der beste Rotwein der Schweiz gelten darf.

Die Hauptweinbaugebiete der Schweiz sind die Kantone Waadt und Wallis im Westen. Die größere Vielfalt hat das Wallis (links) zu bieten.

Osteuropa

Einen halben Kontinent unter dem einen Mantel «Osteuropa» unterbringen zu wollen, mag oberflächlich oder naiv erscheinen, doch die ehemaligen Ostblockländer, die sich nun in unterschiedlichem Maß dem Kapitalismus anschließen, haben viele Probleme, Weinbautraditionen und Einstellungen gemeinsam. Als der Weinbau noch verstaatlicht und die Preise kontrolliert waren, galt Quantität mehr als Qualität, und der größte Teil des Exports ging in gleichermaßen anspruchslose Länder des Ostens (insbesondere in die ehemalige Sowjetunion). Bulgarien bildete die einzige Ausnahme; es stellte aus dem Nichts einen Weinbau auf die Füße, der auf den Westen und vor allem Großbritannien zielte. Inzwischen werden die staatlichen Weinindustrien allmählich aufgelöst und in private Hände gegeben, die nach Westen exportieren müssen, weil die Exportmärkte im Osten ausgetrocknet sind. Dringend benötigte Investitionen fließen aus Europa und Australien herein und bringen Fachwissen mit, das die einheimischen Weinerzeuger brauchen, um Wein nach westlichem Geschmack produzieren zu können.

Das ist keine leichte Aufgabe. Das Rohmaterial in Gestalt klassischer französischer und deutscher sowie guter einheimischer Rebsorten ist zwar vorhanden, aber die Einstellungen zur Weinbereitung sind oft noch so schlicht und einfach wie die kellertechnischen Ausrüstungen. Die Weinlese zum günstigsten Zeitpunkt und das Aussortieren von Trauben war früher kaum üblich; um die Verhinderung von Oxidation und bakteriellem Befall kümmerte sich kaum jemand, und die Idee «je älter, desto besser» führte dazu, daß die meisten Weine allzu lange in nicht mehr einwandfreien Fässern und Betontanks lagen.

Doch der Wandel ist eingeleitet, der Fortschritt gewinnt an Schwung, und zweifellos wird es in den nächsten Jahren eine anschwellende Flut guter Weine aus diesen Ländern geben – vielleicht nicht allein aus den fünf nachstehend beschriebenen –, solange die politische Lage stabil bleibt.

Bulgarien

In den 1980er Jahren brauchte der bulgarische Cabernet Sauvignon keine Konkurrenz aus den Nachbarstaaten, nicht einmal aus Australien, Chile

Die Weinbauregionen Mittel- und Südosteuropas

oder Südfrankreich zu fürchten. Das hat sich geändert, und der Verbraucher hat den Nutzen davon.

Indessen werden die Weißweine, sonst nie die Stärke Bulgariens, immer besser – sowohl die Chardonnays als auch die billigen, traubig-blumigen Landweinverschnitte von Ugni Blanc und Misket. Bei Rotwein zeigt sich der Trend, einen Teil der Weine früher abzufüllen und dadurch Cabernet Sauvignon, Merlot und den stämmig-würzigen Mavrud sowie Melnik voll saftiger, frischer Frucht anzubieten und nicht abzuwarten, bis sie im Faß die typisch bulgarische tabakwürzige Note erlangen. Die Privatisierung dürfte auch dazu führen, daß die Regionalcharakteristiken kräftiger in Erscheinung treten und die Unterschiede zwischen den Weinbaugebieten Pleven Plovdiv, Russe, Suhindol, Sliven, Stara Zagora, Haskovo usw. zum Vorschein kommen.

Das bulgarische Klassifizierungssystem erkennt nämlich über 40 bestimmte Anbaugebiete an. Unter dieser Kategorie steht der Landwein, meist ein Verschnitt von zwei Traubensorten, davon manchmal eine einheimische wie Gamza oder Pamid. Die Spitzenkategorie bildet der Controliran-Wein aus 27 streng überwachten Bereichen. Reserve und Special Reserve bezeichnen länger ausgebaute Weine und können sowohl für Controliran-Weine als auch für solche aus bestimmten Anbaugebieten gelten.

Ungarn

Ungarn hat die älteste Weinbautradition in Osteuropa. Sie beruht auf dem süßen Tokajer aus einem Gebiet an der Grenze zur Slowakei, der nach einem auf das 17. Jahrhundert zurückgehenden einzigartigen Verfahren bereitet wird, also älter ist als ähnliche

Die Reprivatisierung von Weinbergen, Weingütern und Kellereien in Bulgarien und anderen Ländern Osteuropas beginnt die ersten Früchte in Form neuer, insbesondere jüngerer und frischerer Weinstile zu tragen.

In Ungarn konzentrieren sich Investitionen aus dem Westen vor allem auf moderne Sortenweine und auf den historischen Tokajer. Vielleicht ist es aber nur eine Frage der Zeit, bis beispielsweise auch das «Erlauer Stierblut» mit Hilfe von außen wiederbelebt wird.

Südweintradition in Frankreich und Deutschland. Der «Tokaji Aszú» wird nach seinem Süßegrad eingestuft, der nach der jeweiligen Anzahl von Butten (Lesebehältern) mit von Edelfäule befallenen Trauben auf ein Faß Wein bemessen wird. Ein fünf Jahre gereifter «3 *puttonyos*» (3buttiger) Aszú ist die am wenigsten süße Stufe, die süßeste ist 6buttig und reift acht Jahre. Darüber liegen die Aszú Eszencia und schließlich die legendäre, nektarähnliche Eszencia. Jahrelang mußte Tokaj von seiner früheren Reputation zehren, jetzt aber soll es dank Privatisierung und europäischer Investitionen wieder im alten Glanz erstrahlen.

Auch bei trockenem Wein macht Ungarn inzwischen mit der Hilfe australischer Kellertechniker rasche Fortschritte. Rassige, aromatische Frucht kennzeichnet die neue Generation von Chardonnays, Sauvignon Blancs, Muskatellern und weißen Verschnitten, und auch die Cabernets, Merlots und die Weine der alteingesessenen Rotweintraube Kékfrankos, vor allem aus der warmen Region Villány im Süden, strotzen von geschmeidiger Frucht.

EIN WEINETIKETT AUS MOLDOVA
Von oben nach unten: Dieses moderne Etikett legt den Schwerpunkt auf die Rebsorte (Sauvignon) und die Region (Hincesti). Der eingerahmte Text gibt Hinweise auf die Geschichte und Geographie des Weinbaus in Moldova. Vorgeschrieben sind die danach erscheinenden Informationen: Alkoholgehalt, Jahrgang, Flaschengröße, Erzeuger (Vitis Hincesti) und Adresse. (Übrigens entstand dieser Wein in Zusammenarbeit mit Penfolds und Kellermeister Hugh Ryman aus Australien.)

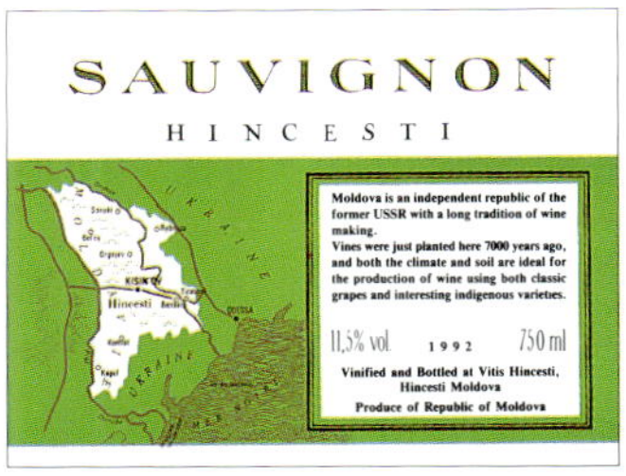

Moldova

Etliche hunderttausend Hektar Rebfläche und reichliche Bestände an klassischen französischen Rebsorten, dazu ideale klimatische Voraussetzungen, machen das zwischen der Ukraine und Rumänien gelegene frühere Bessarabien zum Tummelplatz dynamischer Weinerzeuger aus dem Westen. Unter den ersten Weißweinen der neuen Betriebe befanden sich preiswerte, schlichte Chardonnays, Sauvignon Blancs sowie Weine der milden Lokalsorte Rkatsiteli; bei den Rotweinen handelte es sich um kräftig fruchtigen, rustikalen Cabernet Sauvignon, Merlot und Codru (ein traditioneller eichenfaßgereifter Verschnitt von Cabernet Sauvignon und Merlot). Außerdem gibt es noch erstaunlich gute ältere, in Stil und Qualität Médoc-ähnliche Weine – allerdings gehen die Vorräte zur Neige.

Rumänien

Das Hauptproblem Rumäniens ist ungleichmäßige Qualität durch unhygienische Kellertechniken. Merlot und Cabernet, vor allem aus der Umgebung von Dealul Mare, hat oft volle, milde Frucht, und auch die pfirsich- und aprikosenduftigen süßen Weißweine von der Tamaioasa-Traube, insbesondere aus Murfatlar am Schwarzen Meer, können ebenfalls köstlich sein. Bei den trockenen Weißweinen zeigen hier und dort erfreuliche Pinot Gris, Silvaner und Sauvignons gutes Potential. Gut (und preiswert) ist auch Pinot Noir, nur manchmal etwas dicklich.

Slowakei

Die Slowakei mit ihrem kühlen Klima kann eine Reihe von verlockend lebendigen und duftigen Weißweinen von hoher Individualität vorweisen, darunter moschuswürzigen Irsay Oliver, spritzig duftigen Pinot Blanc, würzigen Traminer und pfefferigen Grünen Veltliner. Auch die Rotweine sind ansprechend und ungewöhnlich, insbesondere die von der duftigen, vollmundigen, beerenfruchtigen St.-Laurent-Traube und der frischen, würzigen, johannisbeerfruchtigen Frankovka.

Der rumänische Weinbau steht noch am Anfang der Modernisierung, doch sein Potential an Rot-, Weiß- und Süßwein ist beträchtlich.

Das östliche Mittelmeer

Die antike Welt um das östliche Mittelmeer ist vermutlich die Wiege des Weinbaus, aber eine illustre Vergangenheit allein ist heute keine Garantie für Qualität. In diesen Landstrichen herrscht vorwiegend ein heißes, trockenes Klima (ähnlich wie in Australien), und ein veralteter Weinbau versorgt Inlandsmärkte, die nur bescheidene Ansprüche stellen (und da endet jeder Vergleich mit Australien). Dennoch gibt es vereinzelt Spitzenqualitäten, oft dort, wo Chardonnay, Sauvignon Blanc, Cabernet Sauvignon und Syrah sich eingenistet haben.

Griechenland

Zwar ist der größte Teil des griechischen Weins entweder Retsina (mit Pinienharz gewürzt) oder nichtssagend und oxidiert, doch eine Handvoll großer Weinfirmen und Weingüter ragen inzwischen aus dem Meer der Normalität hervor und können lebendige, zitronenduftige, kräuterwürzige Weißweine (z.B. von der Robola-Traube) und interessante Rotweinverschnitte bieten. In der wachsenden Zahl der Appellationen tut sich Côtes de Meliton mit guten Rotweinen einheimischer und Bordeaux-ähnlicher Art hervor; Naoussa und Nemea sind gute Namen für kraftvolle, kräuterwürzige Rotweine; Mantinia und Cephalonia produzieren mit die besten trockenen Weißweine, und Samos gilt als Zentrum des süßen Muskatellers.

Israel

Der ganze israelische Weinbau hat sich zu Verbesserungen aufgeschwungen, nachdem seit den 1980er Jahren koscherer Chardonnay, Sauvignon Blanc und Cabernet Sauvignon aus den kühlen Golan-Höhen kommen. Dieses Gebiet wird ohne Zweifel auch in Zukunft die feinsten Weine mit kraftvoller Fruchtintensität und schöner Struktur erbringen, ob es sich dabei nun um Cabernet und Chardonnay oder aber um preiswerteren trockenen Muskateller und Colombard handelt.

So malerisch sie auch aussehen mögen, diese alten Behälter sind für frische, lebendige Weine nach dem modernen Geschmack alles andere als ideal.

Die Vorgebirge auf Zypern bieten dem Weinbau recht kühle und günstige Lagen, leider aber sind die Kellertechniken weitgehend ungeeignet, dem Zypernwein erfreuliche Form zu geben.

Libanon

Es gibt mehrere Erzeuger hier, für die Außenwelt aber ist Wein aus dem Libanon mit Château Musar von Trauben aus dem oberen Bekaa-Tal gleichbedeutend. Der Rotwein ist auf herrlich individuelle Art Weltklasse: Der exotische, irgendwie wild anmutende Verschnitt von Cabernet Sauvignon, Cinsaut und Syrah schmeckt dementsprechend wie eine Kreuzung von Bordeaux und Rhône. Er ist nach 7 Jahren genußreif, entfaltet sich aber noch 15 Jahre weiter.

Zypern

Über den Zypernwein von heute verfällt man schwerlich in Begeisterung: Der schwere, sirupsüße braune Commandaria wird meist seinem alten Ruf nicht mehr gerecht; die Sherry-Imitationen sind bestenfalls sauber und die Tischweine weitgehend flach und oxidiert. Allerdings gibt es auch Versuche (z.B. aus dem großen Haus Keo), die Weißweine aufzufrischen und den erdig-rustikalen Rotweinen mehr Frucht zu verleihen. Ein höherer Anteil der einheimischen Xynisteri-Traube würde den Weißweinen guttun, und etwas Cabernet Sauvignon wäre vielleicht für die Rotweine nicht schlecht.

Großbritannien

Für ein Land, dessen Weinbau die Welt kaum kennt – freilich ist Brüssel ihm inzwischen auf die Spur gekommen –, hat England eine bemerkenswert große Zahl von Weinbergen. Es sind in England und Wales insgesamt 440 (die meisten im Süden), von denen 250 Wein in kommerziellem Umfang hervorbringen, jedoch nicht alle in eigenen Kellereien. Bei einer Rebfläche von knapp 900 ha belief sich die britische Produktion 1992 auf über 3,5 Millionen Flaschen in einer überraschenden Vielfalt von Stilen – trocken, halbtrocken und lieblich, still und schäumend, weiß, rot und rosé, mit und ohne Ausbau im Eichenfaß.

Trotz dieser breiten Palette liegt ein charakteristischer Stil vor. Wein aus England und Wales ist zum größten Teil weiß, nicht im Faß ausgebaut und still, dabei leicht, frisch, aromatisch, spritzig und ideal als Aperitif. Der Stil ist das Spiegelbild des Klimas und der dafür geeigneten Rebsorten – es sind vor allem deutsche und speziell für das kalte deutsche Klima geschaffene Neuzüchtungen, die nun in England die besseren Weine liefern.

Müller-Thurgau bringt zwar selten Aufregendes zustande, wohl aber durchaus gefällige, leichte, blumige Weißweine, und bewährt sich in Verschnitten. Ebenfalls brauchbar, wenn auch ziemlich neutral, ist Reichensteiner, die am zweithäufigsten angebaute Sorte. Als charaktervoller zeigt sich der Schönburger, der – gut ausgereift und bereitet – einen an Gewürztraminer erinnernden Litschiduft aufweist; Kerner besitzt apfelfrische, sanft würzige, rieslingähnliche Qualität, und die Huxelrebe erinnert oft an Holunderblüten und rosa Grapefruit. Auch Bacchus, Faber, Ortega und Madeleine Angevine sind probierenswert, insbesondere aber auch Seyval Blanc, der als Hybridrebe von der EG über die Schulter angesehen wird, im unberechenbaren britischen Klima aber gut gedeiht und unbezweifelbar mit die besten Weine erbringt. Sie entwickeln im Alter feine Honigsüße, vertragen sich gut mit Eichenholz und eignen sich ihrer kräftigen Säure wegen für Schaumwein.

Schaumwein ist in England und Wales ein wachstumsträchtiger Sektor. Speziell für diesen Zweck wer-

Weinberge trifft man selbst in Yorkshire und den West Midlands an, die meisten aber liegen im wärmeren Kent (hier bei Lamberhurst) und in Sussex.

Das Wetter macht in England viel Ärger, aber auch die Vögel stehen ihm manchmal kaum nach – da helfen Breaky Bottoms Vogelschutznetze.

den die Champagnertrauben Chardonnay, Pinot Noir und Pinot Meunier angebaut, und bei dieser Gelegenheit gelangen dem Weingut Denbies in Surrey die Grundweine so erfreulich, daß es auch stillen Chardonnay und Pinot-Noir-Rosé herausbrachte.

Rotweine werden wohl stets unbedeutend bleiben, aber immerhin gibt es annehmbare leichte Beispiele von der Hybridrebe Arc de Triomphe und gelegentlich eine Kuriosität wie der gelungene eichenfaßgereifte Cabernet Sauvignon/Merlot von Devon.

Bislang war es kaum möglich, vom Etikett auf die Qualität zu schließen, inzwischen aber ist das mit dem französischen System entfernt verwandte britische Quality Wine Scheme entstanden, bei dem zwei Kategorien unterschieden werden: English Vineyards Quality Wine und darunter English Table Wine. Vorschläge für eine dazwischenliegende Kategorie, mit deren Hilfe Seyval Blanc aus der Gruppe der Tafelweine herausgenommen werden soll, sind bisher bei der EG nicht auf Gegenliebe gestoßen. (Übrigens ist «britischer Wein» etwas ganz anderes, nämlich ein völlig minderwertiges alkoholisches Getränk von importiertem Traubenkonzentrat.)

Sonstige Länder

China

Seit Jahrtausenden wird in China Traubenwein produziert. Der beste der jüngeren Zeit ist der einfache, fruchtige Chardonnay von der Halbinsel Shandong, der mit Investitionen und fachlicher Unterstützung aus dem Westen entsteht.

Indien

In den Bergen bei Bombay wird nach der *méthode traditionnelle* mit Technologie aus der Champagne und indischen Investitionen ein erstaunlich guter, leider nicht immer gleichmäßiger Schaumwein von Ugni Blanc und zunehmend auch Chardonnay erzeugt.

Japan

Ein großer Teil des sogenannten japanischen Weins ist mit Importen verschnitten, aber eine Handvoll Weinbaubetriebe bringt ganz eigene Erzeugnisse hervor; die besten entstehen von den Bordeaux-Rebsorten.

Luxemburg

An der oberen Mosel werden leichte trockene Weiß- und Schaumweine (*crémants*) von Rivaner (Müller-Thurgau), Elbling und Elsässer Traubensorten produziert.

Nordafrika

Jahrelang lieferte Nordafrika Massenwein nach Frankreich, inzwischen aber sind die Anbauflächen in Algerien, Marokko und Tunesien im Schwinden. Die Rotweine – meist von südfranzösischen Rebsorten, vor allem Carignan – sind allgemein recht stramm. Die besten kommen aus den Küstenbergen Algeriens. Auch die trockenen und süßen tunesischen Muskateller gehören zu den besseren Weinen.

Türkei

Nur 2 % des Ertrags von 600 000 ha Rebfläche und zahlreichen Rebsorten der Türkei werden zu Wein verarbeitet (der Rest entfällt auf Tafeltrauben). Die Qualität, ob von einheimischen oder französischen Rebsorten in Rot oder Weiß, ist rustikal.

Register

Halbfette Schrift verweist auf die Haupteinträge.

Abgang 17
Aconcagua 138
Adelaide Hills 74, 76, **141**
Adstringenz 17
Aglianico del Vulture **118**
Ahr **112**
Airén 51, 125, 129
Albariño 125, 127
Alenquer 132
Alentejo 130
Alexander Valley 136
Algerien 157
Aligoté **58**, 102
Alkoholgehalt 47
Alter der Reben 56
Alto Adige 70, **118**
Alvarinho 130, 133
Amigne 149
Anderson Valley 76, 135
Anjou-Saumur **105**
Anthozyane 44
Appellation Contrôlée (AC) 61, 85, **96**
Approved Viticultural Areas (AVAs) 135
Apremont 109
Arbois 109
Arc de Triomphe 157
Argentinien 65, **138**
Armagnac 58, 59
Arneis **118**
Aroma 10, 15, 16, 44
  Aromakrippe 20 f.
  primäres, sekundäres, tertiäres A. 15
Arrabida 133
Arroyo Secco 135
Arruda 132
Assmannshausen 114
Asti 56, **118**
Aszú 78, 152
Aszú Eszencia 152
Atmen 25
Auckland 145
Ausbau
  genußreifer Wein 44 ff.
  im Eichenfaß ausgebauter Wein 13, 14, 18, 20, 21
Ausgewogenheit 17 f.
Auslese 74, 110
Australische Weine 46, 61, **140 ff.**
  Jahrgänge 142
  Liqueur Muscat 56, 93, 141
  Rebsorten 52, 53, 55, 58, 59, 140
  Weinetikett 142
  Stil 64, 67, 70, 72, 74, 76, 78, 80, 81, 140 f.
Austrocknen 44
Auxerrois 108

Bacchus 156
Bad Dürkheim 114
Bad Kreuznach 113
Baden **112**
Baga 130 f.
Bairrada 65, **130 f.**, Jahrgänge 133
Baja California 139
Bandol 109
Banyuls 57, 80, 109
Barbaresco 57, 70, **118 f.**
Barbera **58**
Barbera d'Alba **119**
Barca Velha 65, 131
Barco Reale 119
Bardolino **119**
Barolo 25, 57, 70, **118 f.**
  Aroma/Geschmack 21
  Einlagerung 45
Barossa Valley 45, 70, 74, 81, 140, 141
Barsac 100
Bas-Médoc 100
Bâtard-Montrachet 102
Béarn 108
Beaujolais 47, 67, 89, **102**
  Aroma/Geschmack 20, 21
  Kombination mit Speisen 32
  Temperatur 27
Beaujolais Nouveau 16, 20, 21
Beaumes-de-Venise 56, 81, 93, 107
Beaune 103
Beerenauslese 78, 110
«Beine» 14
Bekaa-Tal 155
Belüftung 25
Bendigo 143
Bereich 110
Bergerac 65, 72, 78, **108**
Bergkelder 147
Bernkastel 73, 114
Bianco di Custoza **119**
biodynamisch 59, 86, 87
Biondi Santi 119
Blanc de Blancs 104
Blanc de Noirs 104
Blanquette de Limoux 76
Blasenbildung 12
Blaye 101
Blush 58, 135
Boden 61, 82, **83**
Bodenheim 114
Bollinger 104
Bonnezeaux 21, 78, 105
Bordeaux 45, 47, 87, 96, 99
  Aroma/Geschmack 16, 20, 21
  Clairet 99
  Crus Classés 99
  Einlagerung 45, 46
  Etikett 108
  Jahrgänge 101
  Klassifizierung 99 f.
  Rebsorten 52, 53, 54, 57, 72, 100
  Servieren 25, 27, 28
  Stil 60, **62 f.**, 77 f.
  Weinbereitung 88
Bordeaux (Region) 99 ff.
Bordeaux Supérieur 99
Bourg 101
Bourgogne 102
Bourgogne Aligoté 102
Bourgogne Côte Chalonnaise 103
Bourgueil 20, 57, 65, 105
Bouvier 148
Bouzeron 103
Brachetto 118
Brauneberg 113
Brouilly 102
Brun, Daniel le 76
Brunello di Montalcino 58, 70, **119**
Brut 104
Bual 93, 132
Bugey 109
Bukett 15
Bulgarien 54, 65, 70, **150 f.**
Burgenland 78, 149
Burgund (Region) 83, 85, 87, 96, **102 f.**
Burgunder 24, 28, 45, 46, 47, 55
  Aroma/Geschmack 16, 20, 21, 51
  Einlagerung 45, 46
  Jahrgänge 102
  Klassifizierung 102
  Rebsorten 51, 55, 58, 102
  Stil (rot) **66 f.**, (weiß) **68 f.**
  Weinbereitung 89

Cabernet siehe Cabernet Sauvignon
Cabernet d'Anjou 106
Cabernet Franc **57**, 62, 65, 100, 105
  Aroma/Geschmack 16, 20, 21
Cabernet de Saumur 106
Cabernet Sauvignon **54**, 60, 85, 105, 108, 109, 120, 135, 140, 146, 151, 152, 153, 155
  Aroma/Geschmack 15, 16, 20, 21
  Einlagerung 45, 46
  Stil **62 ff.**, 100
Cadillac 78, 101
Cahors 108
Cairanne 47
Canon-Fronsac 101
Carema 119
Carignan **59**, 106, 108, 157
Cariñena 125, **126**
Carmignano **119**
Carneros 66, 69, 76, 135
Carruades de Lafite 100
Casablanca 138
Cava 76, **126**
Cencibel 129
Central Otago 145
Central Valley, Kalifornien **136**
Cephalonia 155
Cérons 78, 100
Chablis 56, 68, 83, **103**
  Aroma/Geschmack 20
  Kombination mit Speisen 30
Champagner 47, 51, **75 f.**
  Aroma/Geschmack 15, 20, 21, **76**
  Bezeichnung 75
  Grand Cru 104
  Premier Cru 104
  Jahrgänge 104
  Lagern 40
  Schaumweinbereitung 92
  Stil 75 f., 91, 104
Champagne 51, 76, 83, 86, **104**
Chandon, Domaine 143
chaptalisation 47, 89
Chardonnay 51, 60, 75, 85, 105, 109, 135, 140, 144, 146, 149, 151, 152, 153, 155, 157
  Alter der Reben 56
  Aroma/Geschmack 16, 20, 21
  Einlagerung 46
  Kombination mit Speisen 30
  Stil 68 ff., 102
  Temperatur 28
Chardonnay de l'Ardèche 70
Charta 111
Chasselas 149
Château 99
Châteauneuf-du-Pape 21, 57, 83, 107
Chemie im Weinberg 86, 87
Chénas 102
Chenin siehe Chenin Blanc
Chenin Blanc **53**, 76, 78, 105, 106, 135, 140, 144, 146
Cheverny 106
Chianti 25, 58, 70, **120**
Chianti Classico 120
Chianti Rufina 120
Chile 53, 54, 65, 70, 72, **138**
Chillan 138
China 70, **157**
Chinon 20, 21, 57, 65, 105
Chiroubles 102
Cinsaut 106, 108, 146, 155
clairet 99
Clairette 106
Clairette de Die 56, 107
Clare Valley 45, 74, 142
Classico 118
Cloudy Bay 145
Codorníu 76
Codru 153
Cognac 58, 59, (Region) 85
Colchagua 138
Colli Albani 121
Colli Orientali **120**
Collines Rhodaniennes 96
Collio 72, **120**
Colombard **58**, 135, 140, 146, 154
Commandaria 155
Comté Tolosan 96
Condrieu 20, 56, 107
Constantia **147**
Controliran 151
Coonawarra 21, 64, 82, **142**
Copertino **120**
Corbières 59, 108
Cornas 107
Cortese 121
Costers del Segre 65, 67, 70, 125, **126**
Costières de Nîmes 109
Côte de Beaune 103
Côte de Beaune-Villages 103
Côte de Brouilly 102
Côte Chalonnaise 67, 70, **103**
Côte de Duras 72
Côte de Nuits 47, 103
Côte de Nuits-Villages 103
Côte d'Or 66, 67, 68, **103**
Côte Rôtie **81**, 107
Coteaux d'Aix-en-Provence 109
Coteaux des Baux-en-Provence 109
Coteaux du Languedoc 108–109
Coteaux du Layon 53, 78, 105
Coteaux de Murviel 109
Coteaux du Tricastin 107
Côtes de Blaye 62
Côtes de Buzet 65, 108
Côtes de Castillon 62, 101
Côtes de Duras 65, 108
Côtes de Francs 101
Côtes du Frontonnais 108
Côtes de Gascogne 58, 59, 108
Côtes du Jura 109
Côtes du Lubéron 107, 109
Côtes du Marmandais 108
Côtes de Meliton 154
Côtes de Provence 109
Côtes du Rhône 57, 89, 107
Côtes du Rhône-Villages 47, 107
Côtes du Roussillon 108
Côtes du Roussillon-Villages 108
Côtes de St-Mont 108
Côtes du Ventoux 107
Coulée de Serrant 87
Cour-Cheverny 106
Cowra 142
Crémant d'Alsace 76, **98**
Crémant de Bourgogne 76, **103**
Crémant de Die Brut 107
Crémant de Limoux 109
Crémant de Loire 106
Crianza 125
Crozes-Hermitage 107
Crus Bourgeois 99
Crus Classés 99
Crus Grands Bourgeois 99
Crus Grands Bourgeois Exceptionnels 99
Curico 138

Dão 130, **131**, (Jahrgänge) 133
Dealul Mare 153
Degustieren 10 ff.
  Aroma 15 f., 20 f.
  Aussehen 11 ff.
  Notizenmachen 10
  Schwenken 14
  Spucken 17, 18
Deidesheim 114
Dekantieren 25 ff.
demi-sec 105
Denominacão de Origem Controlada (DOC) 130
Denominación de Origen (DO) 124
Denominación de Origen Calificada (DOCa) 124, 125
Denominazione de Origine Controllata (DOC) 116 ff.
Denominazione de Origine Controllata e Garantita (DOCG) 116 ff.
deutsche Weine 110 f.
  Etikett 113
  geograph. Einteilung 110
  Jahrgänge 114
  Rebsorten 52, 59, 112
  Stil 67, 70, 78
  VDP 111
deutscher Sekt 115
Distillers Corporation 147
Dolcetto **120**
Dolcetto d'Alba 120
Dôle 149
Dom Pérignon 104
Dordogne 72
Dornfelder 112
Douro 79 f., 89, **131**
Dundee Hills 137

Edelfäule 13, 77 f., 92, 149
Edelzwicker 98
Eden Valley 74
Edna Valley 136
Eichenholz 21, **90**, 91, 148
  Farbe 13, 14
  neues Eichenholz 18
Eichenholzspäne 125
Einlagerung 45 f.
  Genußreife 45, **46**
  Jahrgangstabellen 45 f.
Einzellagen 110
Eiswein 92, 110
Elbling 157
Elsaß 97, 98
  Einlagerung 46
  Jahrgänge 98
  Rebsorten 46, 52, 56
  Stil 60, 62, 67, 74, 78
Eltville 114
Emerald Riesling 74
englische Weine 156 f.
  Rebsorten 58, 59
  Stil 76, 79 f.
Entfaltung 44 f.
Entre-Deux-Mers 100 f.
Erbach 114
Erste Lage 111, 148
Est! Est!!! Est!!! 120
estufas 131
Eszencia 78, 152
Etiketten 10, 47
Eutypiose 85
Extra Dry (Champagner) 104

Faber 156
Farbe 11 ff.
Favorita 118
Fendant 149
Fer-Servadou 108
Fernão Pires 130
Fiano 118
Filtern 26, **90**, 91
Finger Lakes 74, 137
Fitou 59, 108
Flaschengeruch 16, 25
Flaschentypen 62
Fleurie 57, 102
flüchtige Bestandteile 17
Forst 114
Forts de Latour, Les 100
Franciacorta 76
Franken **112**
Frankovka 153
Frankreich **96 ff.**
Franschhoek 147
Fransola 72
Frascati 47, 59, **121**
Freisa 118
Friaul 70, 120, 121
Frischhalten 29
Fronsac 101
Fumé Blanc 20, 72

Gaillac 108
Galestro **121**
Galicia 125
Gamay **57**, 102, 105, 149
Gamay de Touraine 106
Gamza 151
Garnacha 125
Gärung 88, 89 ff.
Gattinara 118
Gavi **121**
Geelong 67, 143
Geruch 15 f.
gespritete Weine 79, 122, 131 f., 133, 141, 147
  Alkoholgehalt 47
  Aroma/Geschmack 21
  Port siehe Port

Sherry siehe Sherry
Weinbereitung 93
Gewichtigkeit 17 f.
Gewürztraminer 15, 21, **56**, 98
Ghemme 119
Gigondas 47, 107
Gisborne 70, **145**
Givry 46, 67, 103
Gläser 24, 25
Glenrowan 143
Golan-Höhen 154
Gordo 140
Goulburn Valley 143
Graach 113
Graciano 125
Gran Reserva 125
Grand Cru 102, 104
Grange (Hermitage) 81, 141
Grave del Friuli **121**
Graves 46, 53, 62, 83, 99, **100**
Graves Supérieur 100
Graves de Vayres 101
Gray Riesling 74
Great Western **142**
Grenache [illegible]4, **57**, 80, 106, 135, 140
Grenache Blanc 106
Griechenland 154
Grignolino 118
Gros Plant 105
Großlagen 110
Grumello siehe Nebbiolo
Grüner Veltliner 21, 148, 149, 153

halbtrocken 110
Hamilton Russell 67
Haskovo 151
Hattenheim 114
Haut-Brion, Château 99
Haut-Médoc 47, 62, 83, 100
Haut-Poitou 70, 72, 105
Hautes-Côtes de Beaune 103
Hautes-Côtes de Nuits 103
Hawke's Bay **145**
Heida 149
Hermitage 20, 30, 55, 59, **81**, 107
Hessische Bergstraße **112**
Hochheim 114
Hornsby, Château 140
Howell Mountain 45, 135
Hudson River 137
Humagne 149
Hunter Valley 16, 45, 53, 70, 140, **142**, (Jahrgänge) 142
Huxelrebe 15[illegible]
Hybridrebe 58

Indicação de Proveniência Regulamentada (IPR) 130
Indicazione Geografica Tipica (IGT) 117 f.
indische Weine 76, **157**
Inferno siehe Nebbiolo
Irsay Oliver 15[illegible]
Israel 70, **154**
Italico Riesling 74
italienische Weine **116 ff.**
  Classico 118
  Etikett 120
  Jahrgänge 12[illegible]
  Rebsorten 54, 57, 58, 59, 118
  Riserva 118
  Stil 65, 70, 72, 73 f., 76, 80
  Vigna (Vigneto) 118

Jacquère 109
Jahrgangstabellen **45 f.**
Japan **157**
Jardin de la France 70, 96
Jerez 79, 128
jeunes vignes 56
Johannisberg 114
Juliénas 102
Jumilla **126**
Jura **109**
Jurançon 108

Kabinett 74, 110, 148
kalifornische Weine 46, 60 f., **135 f.**
  Jahrgänge 136, 137
  Rebsorten 52, 54, 55, 56, 57, 58, 61
  Stil 64, 66, 69, 72, 74, 76, 78
Kanada 70
Keller 40 ff.
Kékfrankos 152
Kerner 112, 113, 156
Klone 59
Kohlensäure einpumpen 92
Kohlensäuremaischung 89
Konsistenz (Speisen und Wein) 32
Kooperatieve Wijnbouwers Vereniging (KWV) 147
Korkengeruch 16
Kristalle im Weißwein 12
Kumeu 145

Lafite, Château 99
Lagerung von Wein 40 ff.
  Einlagerung 45, 46
  Erschütterungen 42
  Licht 41
  Luftfeuchtigkeit 41 f.
  Temperatur 40 f.
Lagrein 118
Lagrein Dunkel 118
Lake County 136
Lalande de Pomerol 100
La Mancha **126**
Lambrusco **122**
Landwein 110, 148
Languedoc 56, 59
Languedoc-Roussillon 96, 108 f.
Laski Rizling 73
late harvest 78
Latour, Château 99
Laurent-Perrier 76
Leflaive, Domaine 87
legs 14
Lese 86 f.
libanesische Weine 154
Liebfrauenmilch 59, 73, 110, **112 f.**, 114
Limberger 114
liqueur d'expédition 92
Liqueur Muscat 56, 93, 141
Lirac 47, 107
Listrac 100
Livermore Valley 136
Loire 20, 21, 32, 46, 52, 53, 57, 96, **105 f.**
  Jahrgänge 105
Long Island 137
Lontué 138
Loupiac 78, 100
Loureiro 130, 133
Luftfeuchtigkeit 41 f.
Lugana **122**
Lugny 103
Lungarotti 122
Lussac 100
Luxemburg **157**
Lynch-Bages, Château 99

Macabeo 125, 126
Mâcon 46, 102
Mâcon Supérieur 103
Mâcon-Villages 103
Mâconnais 57, 70, **103**
Madeira 93, 131 f.
Madeleine Angevine 156
Maderisierung 16
Madiran 108
Maipo 138
Málaga **126 f.**
Malbec 62, 100, 108
Malmsey 93, 132
malolaktische Säureumwandlung 90, 91
Manseng 108
Mantinia 154
Margaret River 70, **142**
Margaux, Château 99, 100
Marlborough 72, 76, **145**
Marokko 157
Marsala **122**
Marsanne **59**, 106
Martinborough 67, 145
Mataro 140
Mateus Rosé 133
Maury 109
Mauzac 109
Mavrud 151
McLaren Vale **142**
Médoc 99, **100**
Melnik 151
Melon de Bourgogne **59**
Mendocino **135**
Mendoza 138
Ménétou-Salon 67, 72, 105
Mercurey 46, 67, 103
Merlot 54, 62 ff., 100, 109, 120, 135, 145, 146, 149, 151, 152, 153
  Aroma/Geschmack 21
Merlot del Veneto **122**
méthode champenoise 75
méthode traditionelle 75, 98, 103, 106, 109, 126, 143, 157
metodo classico 76
Meursault 68, 103
Mexiko 139
Mikroklima 61, 83
Midi 65
Midi/Pyrenäen 97
Minervois 59, 108
Misket 151
Mittelhaardt 114
Mittelrhein 112
moelleux 105
Moët & Chandon 104, 143
Moldova 65, 72, **153**
Monastrell 125
Monbazillac 78, 108
Mondavi, Robert 26, 64
Monica di Sardegna **122**
Montagny 46, 103
Montepulciano d'Abruzzo **122**
Monterey **135**
Montilla 79, **127**
Montlouis 53, 78, 105, 106
Montrachet, Le 102, 103
Montravel 108
Morgon 57, 102
Morio-Muskat 112
Mornington Peninsula 67, 143
Moscatel 126, siehe auch Muscat
Moscatel de Setúbal 133
Moscatel de Valencia 56, 129
Moscato d'Asti 56, 118
Moscato Passito di Pantelleria **122**
Mosel 13, 74, 83
Mosel-Saar-Ruwer **113 f.**
Most 89
Moulin-à-Vent 57, 67, 102
Moulis 100
Mount Barker 143
Mount Veeder 136
Mourvèdre 106, 108
Mouton-Rothschild, Château 64, 99
Mudgee 142
Müller-Thurgau **59**, 73, 112, 113, 114, 115, 144 f., 156
  Aroma/Geschmack 16, 20
Murfatlar 153
Murrumbidgee Irrigation Area **143**
Musar, Château 155
Muscadelle 100
Muscadet 28, 30, **105**
Muscat, Muskateller **56**, 81, 98, 106, 146, 147, 152, 154, 157
  Aroma/Geschmack 15, 16, 21
Muscat de Beaumes-de-Venise 56, 93
Muscat de Frontignan 56, 109
Muscat de Lunel 56, 109
Muscat de Rivesaltes 56, 109

Nachgeschmack 17, 18
Nackenheim 114
Nahe **114**
Naoussa 154
Napa Valley 26, 61, 64, 69, 76, **136**, (Jahrgänge) 137
Navarra 47, **127**
Nebbiolo **57**, 81, 118, 135
Nebbiolo d'Alba 119
Nebbiolo della Langhe 119
Nebbiolo del Piemonte 119
Négrette 108
Nelson 145
Nemea 154
Neuburger 148
Neue Welt 6
neuseeländische Weine 46, **144 f.**
  Rebsorten 54, 56, 144
  Stil 64, 67, 70, 72, 74, 76, 78, **145**
Neusiedler See 149
New York (Staat) 69, 74, 135, **137**
Nierstein 114
Nierstein Gutes Domtal 114
Nordafrika **157**

Oeste **132**
Olasz Rizling 73 f.
Olifants River 147
Omar Khayyam 76
Oppenheim 114
Opus One 64
Oregon 135, **137**
  Stil 67, 69, 74, 76
organische Weinbereitung 93
organischer Weinbau 86, 87
Ortega 156
Orvieto 59, **122**
österreichische Weine **148 f.**
  Stil 74, 78
Osteuropa 150 ff.
östliches Mittelmeer **154**
Otago, Central 67
Overberg 147
Oxidation 16

Paarl 146, **147**
Padthaway 70, **143**
Pais 138
Palmela 133
Palomino **59**, 128
Pamid 151
Parellada 125
Paso Robles 136
Passe-Tout-Grains 32, 102
Passito 92
Pauillac 99, 100
Pécharmant 108
Pedro Ximénez 127
Penedès 65, 67, 70, 72, 125, **127**
Penfolds 26
Periquita 130, 133
Perlan 149
Pesquera 127
Pessac-Léognan 100
Petit Chablis 103
Petit Verdot 62, 100
Petits Châteaux 99
Pétrus, Château 56, 100
Pfalz 32, 56, 70, 74, **114**
Picolit 118, 120
Piemont 57, 58
Pinot Blanc 46, **59**, 61, 98, (Pinot Bianco) 120, 153
Pinot Gris 46, **59**, 73, 97–98, (Pinot Grigio) 120, 153
  Aroma/Geschmack 21
Pinot Meunier **75**, 157
Pinot Noir 26, **55**, 75, 85, 98, 109, 112, 135, 140, 144, 146, 149, 153, 157
  Aroma/Geschmack 21
  Lagern 40
  Stil 66 f., 102
Pinotage 16, 147
Pleven 151
Plovdiv 151
Poggio alle Gazze 72
Polymerisation 44
Pomerol 54, 62, 99, **100**
Pomino **122**
Pommard 103
Portwein 45, 47, **80**, 93, **132 f.**
  Crusted (Crusting) 132
  Late Bottled Vintage 132
  Single Quinta 132, 133
  vintage 14, 80, 132
  Jahrgänge 80
  weißer Portwein 133
  Tawny 14, 80, 132
Porto 80
Portugieser 112, 114
portugiesische Weine 130 ff.
  Etikett 130
  Jahrgänge 133
  Klassifikation 130
  Rebsorten 130
  Stil 65, 70, 130 f.
Pouilly-Fuissé 103
Pouilly-Fumé **71 f.**, **105**
  Aroma/Geschmack 20, 21
Pouilly-Vinzelles 103
Prädikatswein 148
Premier Cru 99, 102, 104
Premières Côtes de Blaye 101
Premières Côtes de Bordeaux 78, 101
Preßwein 90
Priorato **127**
Prosecco di Conegliano-Valdobbiadene **122**
Provence 59, 65
Puisseguin 100
Puligny-Montrachet 68, 87
Puligny-Montrachet-Les-Pucelles 102
Purkar 65
puttonyos 152
Pyrenees (Australien) 143

Qualitätswein 148
Qualitätswein bestimmter Anbaugebiete (QbA) 110
Qualitätswein mit Prädikat (QmP) 110
Quarts de Chaume 78, 105
Quincy 72, 105
Quinta da Bacalhôa 65
Quinta do Noval Nacional 56

Raboso **118**
Raimat 65, 67, 70, 76, **126**
Ramandolo 120
Rebenpflege siehe Weinbau
Reblaus 62, 85, 135
Rebsorten **50 ff.**
récemment dégorgé (RD) 104
Recioto della Valpolicella 47, 80, 123
Recioto 92
Recioto della Valpolicella Amarone 80
récoltant manipulant (RM) 104
Refosco 118, 120
Região Determinada (RD) 130
Régnie 102
Reichensteiner 156
Reserva 125
Retsina 154
Reuilly 72, 105
Rheingau **114**
Rheinhessen **114**
Rheinhessen Silvaner (RS) 114
Rheinpfalz siehe Pfalz
Rhône 20, 21, 47, 56, **106 f.**
  Einlagerung 45, 46
  Rebsorten 55, 56, 59
  Servieren 25
  Stil 56, 81, 107
Rhône-Alpes 96
Rhône Rangers 81
Rías Baixas **127**
Ribera del Duero 58, **127**, 129
  Jahrgänge 129
Riesling 28, **52**, 61, **73 ff.**, 78, 97, 98, 112, 113, 114, 115, 135, 140, 144, 148
  Aroma/Geschmack 15, 16, 20, 21
  Einlagerung 45, 46
  Kombination mit Speisen 30
Riesling Italico 73 f.
Riesling-Sylvaner 74
Rioja 47, 57, 58, 125, **127 f.**
  Aroma/Geschmack 21
  Jahrgänge 129
Rioja Alavesa 128
Rioja Alta 128
Rioja Baja 128
Riserva 118

Rivaner 157
Riverland **143**
Rivesaltes 80, 109
Rkatsiteli 153
Robertson 147
Robola 154
rosado 57, 129
rosato 119
rosé 28, 58, **91 f.**, 99, 133
Rosé d'Anjou 105
Rosinieren, rosinierte Trauben 92
Rosso Cònero **122**
Rosso di Montalcino 119
Rotwein 11, 12, 13 f., 15, 17, 18, 25 ff., 40, 88 ff.
Roussanne 106
Roussette 109
Roussette de Savoie 109
Ruchè 118
Rüdesheim 114
Rueda 72, 125, **128**
Ruländer 112, 149
Rully 46, 67, 103
Rumänien 65, **153**
Russe 151
Russian River Valley 66, 136
Rutherford-Oakville 136

St-Amour 102
Ste-Croix-du-Mont 78, 100
St-Emilion 54, 62, **100**
St-Estèphe 100
St-Georges 100
St-Joseph 107
St-Julien 60, 100
St-Laurent 148, 153
St-Nicolas-de-Bourgueil 105
St-Péray 107
St-Véran 102
Saale-Unstrut **114**
Sachsen **114**
Salice Salentino **122**
salzige Speisen 31 f.
Samos 154
San Benito 135
San Francisco Bay **136**
San Gimignano 123
San Luis Obispo **136**
Sancerre 30, 67, **71 f.**, **105**
  Aroma/Geschmack 20
Sangiovese **58**, 65, 118, 119, 120, 135
Santa Barbara 66, **136**
Santa Cruz Mountains 136
Santa Maria 136
Santa Ynez Valley 136
säuerliche Speisen 31 f.
Säure 18
Saumur 53, 76, **105**, 106
Saumur-Champigny 20, 65, 105
Sauternes 30, 32, 47, 53, **77 f.**, **100**
  Aroma/Geschmack 20
  Einlagerung 45
Sauvignon siehe Sauvignon Blanc
Sauvignon Blanc **52**, 85, 100, 102, 105, 109, 120, 135, 140, 144 ff., 149, 152, 153, 154
  Aroma/Geschmack 16, 20, 21
  Stil 71 f., 77, 78
Sauvignon de St-Bris 72, 102
Sauvignon de Touraine 72
Sauvignon Vert 138
Sauvignonasse 138
Savagnin 109
Savennières 105
Savoyen 70, 76, **109**
Schaumwein 75, **76**, 105, 106, 107, 109, **126**, **145**
  Bereitung 89, **92**
  siehe auch Champagner
Scheurebe 20, **59**, 112
Schioppettino 118
Schloßböckelheim 113
Schnitt siehe Weinbau
Schönburger 156
Schönen siehe Weinbereitung
Schwefel 16, 91
Schweiz **149**
sec 105
Sediment, Bodensatz 12, 13, 25, **26**, 44
Séguret 47
Sekt **115**
sélection des grains nobles 74, 78, 98
Sémillon, Semillon **53**, 100, 140
  Aroma/Geschmack 21
  Einlagerung 45
  Stil 70, 72
Seppelt 142
Sercial 132
Servieren von Wein 22 ff.
  Reihenfolge 29
  Temperatur 22, 27 ff.
Setúbal 130, **133**
Seyssel 109
Seyval Blanc **58**, 157
Shenandoah Valley 136
Sherry 31, 47, **79 f.**, 93, **128 f.**
  Amontillado 79, 128
  Fino 47, 79, 128
  Gläser 24
  Manzanilla 21, 47, 79, 128
  Oloroso 47, 79, 128
  Palo Cortado 128
  Solera 127, 128
Shiraz siehe Syrah
Silvaner, Sylvaner **59**, 98, 112, 113, 153
Sizilien **122**
Sliven 151
Slowakei **153**
Soave 20, 47, 59, **122**
Solera siehe Sherry
Somontano **129**
Sonoma 66, 69, **136**
Sortenwein 60
spanische Weine **124 ff.**
  Crianza 125
  Etikett 127
  Gran Reserva 125
  Jahrgänge 129
  Klassifikation 124 f.
  Rebsorten 57, 58, 125
  Reserva 125
  Stil 65, 67, 70, 76
Spanna siehe Nebbiolo
Spätburgunder 67, 112, 114
Spätlese 74, 98, 110, 148
Spring Mountain 136
Stag's Leap 45, 64, 136
Stampfen siehe Weinbereitung
Stara Zagora 151
Steiermark 149
Stellenbosch 146, **147**
Stellenbosch Farmer's Union (SFU) 147
stumpfe Phase 16
südafrikanische Weine **146 f.**
  Rebsorten 53, 54, 55, 58, 146
  Stil 65, 67, 70, 72, 79, 80, 147
Südamerika **138 f.**
Südtirol siehe Alto Adige
Suhindol 151
sur lie 105
süße Speisen 31 f.
Süßreserve 92, 111
Süßweine
  Säuregleichgewicht 18
  Weinbereitung 92
Swan Valley 143
Swartland 147
Syrah, Shiraz **55**, 64, 80, 81, 106, 108, 109, 135, 140, 146, 155
  Aroma/Geschmack 16, 20, 21
  Einlagerung 45, 46
  Lagerung 40

Tafelwein 110, 148
Tamaioasa 153
Tannat 108
Tannin 17, 18, 25, 44, 45, **90**
Tasmanien 67, 70, 76, **143**
Tavel 107
Temperatur, Serviertemperatur 22, 27 f.
  Lagertemperatur 40 f.
Tempranillo 14, 57, **58**, 125
Teroldego Rotaliano 118
terroir 60, 82
Tessin 149
Texas 69, 72, 135
Tinta Negra Mole 132
Tocai Friulano 120
Tokaji Aszú 152
Tokay, Tokajer 21, 45, 46, 78, 97, 98, 152 f.
Torgiano **122**
Toro **129**
Torres 67, 72, 127
  Mas La Plana 65
Torres Vedras 132
Torrontes 138
Toskana 45, 58, 65, 72
  Super-Toskaner 65
Touraine 57, **105**
Touriga Francesa 130
Touriga Nacional 130
Traminer 140, 149, 153
«Tränen» 14
Trebbiano **59**, 118, siehe auch Ugni Blanc
Trentino **122 f.**
trocken 110 f.
Trockenbeerenauslese 78, 110, 148
Trollinger 114
Trousseau 109
Tunesien 157
Türkei 157
Tyrells 140

Ugni Blanc **85**, **106**, **118**, 151, 157
Ungarn 70, 72, 78, 151 f.
Ürzig 113
USA 79, **134 ff.**
  Jahrgänge 136, 137
  Rebsorten 135
Utiel-Requena 129

Vacqueyras **47**, **107**
Vacuvin 29
Valdepeñas **129**
Valencia **129**
Valpolicella 21, 47, **123**
Valréas 47
VDP (Verband Deutscher Prädikats- und Qualitätsweingüter e.V.) 111
Vega Sicilia 127
vendange tardive 74, 98
Verdejo 125, 128
Verdelho 132
Verdicchio **123**
Verduzzo 118, 120
Veresterung 44
Vernaccia di San Gimignano **123**
Vespaiolo 118
Victoria 76, **143**
Vidal Blanc 137
vieilles vignes 56
Vigna (Vigneto) 118
Villány 152
Vin Délimité de Qualité Supérieure (VDQS) 96
Vin Doux Naturel 56, 93
Vin Jaune 109
Vin de Pays 60, 96
Vin de Pays des Côtes de Gascogne 31, 58, 108
Vin de Pays du Jardin de la France 70
Vin de Pays d'Oc 65, 70, 96, 109
Vin (Vino) Santo **123**
vin de table 82
Vinho Verde 12, 28, **133**
Vino de Mesa 125
Vino da Tavola 117
Vino Nobile de Montepulciano 58, **123**
Vino de la Tierra 125
Vintage Keeper 29
Viognier **56**, 106, 135
Viré 103
Vitis labrusca 58, 135
Vitis vinifera 50
Viura 126
Vosne-Romanée 103
Vougeot 103
Vouvray 20, 53, 76, 78, 105, 106

Waadt 149
Wachau **149**
Waiheke 145
Waipara 67
Wairarapa 145
Walker Bay 67, 147
Wallis 149
Washington (Staat) 64, 69, 72, 74, 135, **137**
Weinbau **84 f.**
  biodynamisch 59, 87
  Boden 82, **83**
  Chemikalien 86
  Ertrag 85 f.
  Klima 82, **83**
  Krankheiten, Schädlinge 85
  organisch 86, 87
  Reife, Lese 86 f.
  Schnitt, Erziehung 84 ff., 86
Weinbereitung **88 ff.**
  Abfüllen 90, 91
  Abstechen 90, 91
  Filtern 26, 90, 91
  Gärung 88, 89, 91
  Keltern 88, 90
  Klären 90, 91
  Schönen 90, 91
  Schwefeldioxid 89
  Stampfen 89
  Taunin siehe Tannin
  Verschneiden 90
  Zucker 89
Weinetiketten 10, 47, 56, 60, **99**, **108**, **113**, **120**, **127**, **130**, **142**, **153**
Weinkarten (Restaurant) **46 f.**
Weinsprache 19
Weißburgunder 112, 149
Weißwein 11 f., 13 f., 15 f., 18, 27 f., 40
Welschriesling 73
Westaustralien **143**
Willamette Valley 137
Wine Saver 29
Württemberg **115**

Xarel-lo 125, 126
Xynisteri 155

Yarra Valley 67, 70, **143**
Yquem, Château d' 100

Zinfandel 45, **58**, 135
Zweigelt 148
Zypern **155**
  Sherry-Imitationen 155

Bildquellen:

The Anthony Blake Photo Library: Andy Collison 38 oben rechts; Mathew Faber 33; J. Murphy 36; Tony Robins 37 oben links; Kieran Scott 32. Cephas Picture Library: 93, 139 oben; Jerry Alexander 83 unten rechts; Nigel Blythe 73, 114, 156; R. & K. Muschenetz 134; Alain Proust 147; Mick Rock 42 links, 51 unten, 53 Mitte, 56, 57 oben und unten, 58, 59, 71, 75, 77, 80, 83 ganzseitiges Photo, 84, 85, 91 oben links, unten links, unten Mitte und unten rechts, 92, 120/121, 127, 130/131, 132/133, 136, 137, 141, 143, 149, 151, 152, 153, 157; Ted Stefanski 54 oben; Helen Stylianou 154; Robert Dieth: 112/113. Patrick Eagar: 106, 109, 110, 140, 144. Explorer: S. Cordier 52 Mitte; P. D. Forestier 89 unten links; Hug 55 oben; Francis Jalain 87 rechts, 108; P. Lorne 96; Philippe Maille 104; Michael Plassart 83 oben; J. P. Nacivet 102; D. Reperant 63, 68/69, 98, 99, 101; Philippe Roy 41 unten rechts, 89 oben rechts und unten rechts, 91 oben rechts, 139 oben; P. Thomas 81; H. Veiller 132; Patrick Weisbecker 148. Robert Harding Picture Library 115, 122/123; Robert Frerck 125; Adam Woolfitt 128 oben. Impact Photos: Steve Benbow 89 oben links. Janet Price: 142. Reed Consumer Books Picture Library: David Birch 35; Martin Brigdale 31; Amanda Heywood 31; James Murphy 34 oben rechts; Ian O'Leary 34 unten links; Charlie Stebbings 39 oben; Alan Williams 126, 128/129; Paul Williams 37 unten rechts, 38/39 unten. Scope: Jean-Luc Barde 89 oben Mitte, 116, 118/119, 128 unten; Jacques Guillard 66/67, 79, 82/83, 103, 107; Michel Guillard 41 oben, 91 oben Mitte; Jacques Sierpinski 155; Jean-Daniel Sudres 86/87, 89 unten Mitte, 105; John Ferro Sims 118; Spiral Cellars Ltd: 42 Mitte, 43 unten.

James Johnson – freigestellte Photos (außer 26), 14 unten
Anita Corbin/John O'Grady – Porträts der Autorin
Simon Wheeler – Kapitelanfang 8/9, 48/49, 94/95

Hugh Johnson Collection – abgebildete Gegenstände 18/19, 22/23, 25, 27, 28/29
Michael Johnson (Ceramics) Ltd – sämtliche Gläser, alle von Riedel
Lovell Johns – Kartographie Kapitel 3
Radius – Karthographie Kapitel 2